Hartmut Kasten

Weiblich – Männlich

Geschlechterrollen durchschauen

2., überarbeitete Auflage
Mit 3 Abbildungen und 20 Tabellen

Ernst Reinhardt Verlag München Basel

Prof. Dr. *Hartmut Kasten*, Dipl.-Psychologe, Pädagoge M. A., Staatsinstitut für Frühpädagogik, Ludwig-Maximilians-Universität München, Fakultät für Psychologie und Pädagogik

Titelfoto: Image Source AG, Köln

Bibliografische Information der Deutschen Bibliothek

Die Deutsche Bibliothek verzeichnet diese Publikation in der Deutschen Nationalbibliografie; detaillierte bibliografische Daten sind im Internet über <http://dnb.ddb.de> abrufbar.

ISBN 3-497-01650-0
2., überarbeitete Auflage

Printed in Germany
Reihenkonzeption: Oliver Linke, Augsburg

Ernst Reinhardt Verlag, Postfach 38 02 80, D-80615 München
Net: www.reinhardt-verlag.de   Mail: info@reinhardt-verlag.de

Inhalt

Einleitung

Körperliche Geschlechtsunterschiede zwischen Frauen und Männern fallen ins Auge und dringen ins Ohr – nur selten sind wir uns unsicher (und dann vielleicht auch ein wenig verunsichert), ob unser Gegenüber dem männlichen oder weiblichen Geschlecht angehört. Die Arten- und Völkerkunde lehren uns, dass innerhalb der Rassen körperliche Geschlechtsunterschiede unterschiedlich deutlich ausgebildet sind: Bei den Menschenrassen weist die malaiische die geringsten körperlichen Geschlechtsunterschiede, bei den Menschenaffen die der Gorillas die größten körperlichen Geschlechtsunterschiede auf.

Von der Ethologie und vergleichenden Verhaltensforschung wissen wir, dass sich Frauen und Männer mehr oder weniger unterschiedlich verhalten in Abhängigkeit davon, welche (zumeist ungeschriebenen) Vorschriften und Regeln für die beiden Geschlechter in der jeweiligen Gesellschaft oder Kulturepoche gelten.

Einige (vor allem männliche) Wissenschaftler vermuten, dass die teilweise weit auseinander klaffenden gesellschaftlichen Normen für die Geschlechter sich auf biologische Geschlechtsunterschiede zurückführen lassen, aus denen sie sich – sozusagen naturwüchsig – entwickelt haben. In diesem Buch findet sich eine Fülle von Belegen, die diese Vermutung absurd erscheinen lassen: Bereits in der frühen Kindheit beginnt in unserer Gesellschaft (und in anderen Kulturen) die Geschlechtersozialisation, durch die Mädchen und Frauen bis heute häufiger benachteiligt werden als Männer.

In den folgenden Kapiteln werden die – miteinander verflochtenen – biologischen, psychologischen und gesellschaftlichen Wurzeln aufgezeigt, aus denen sich Geschlechtsunterschiede entwickeln und Geschlechtsrollen aufgebaut werden. Beschrieben wird, wie über die gesamte Lebensspanne hinweg Kinder, Jugendliche, Erwachsene und alte Menschen als männliche oder weibliche Individuen denken, fühlen und handeln lernen – und sich dabei beständig wandeln. Wichtige Gesetzmäßigkeiten beim Erwerb und bei der Veränderung von Geschlechtsrollen werden im Folgenden – unter Heranziehung von anschaulichen Beispielen – dargestellt. Deutlich gemacht wird aber auch, dass viele Wechselwirkungen zwischen biologischen, psychologischen und soziologischen Faktoren bei der Entstehung „typisch männlichen" und „typisch weiblichen" Verhaltens wissenschaftlich noch nicht entschlüsselt sind – dies gilt in besonderem Maße für die späteren Lebensabschnitte.

Reichhaltig und wissenschaftlich fundiert ist das Material, auf das zurückgegriffen wird, wenn die verschiedensten Erscheinungsformen von Geschlechtsunterschieden in unserem Leben – im Beruf und Privatleben, im Spiel und Streit, in Elternschaft und Partnerschaft, in Gesundheit und Krankheit – dargestellt werden.

Aufmerksam gemacht wird auf die Tatsache, dass die Ausbildung psychischer, sozialer und auch körperlicher Geschlechtsunterschiede keinem Alles-oder-Nichts-Gesetz gehorcht: Nicht nur biologisch kann aus einem genetisch (vom Chromosomenbestand her) weiblichen Individuum ein männliches werden (und umgekehrt), auch psychologisch und in ihrem Sozialverhalten kann eine Frau (oder ein Mann) sich wandeln und – im Extremfall – eine Geschlechtsrollenreise „hinüber in das andere Land" antreten. Lebenslange, teilweise tief greifende Veränderungen im Geschlechtsrollenverhalten sind gerade in einer Zeit massiver gesellschaftlicher Wandlungsprozesse immer häufiger zu beobachten: Auch dazu finden sich in diesem Buch zahlreiche Beispiele.

1 Ausbildung biologischer Geschlechtsunterschiede

Über das Geschlecht entscheidet – zunächst – ein Chromosom

Die biologischen Geschlechtsunterschiede bilden sich aus in einer Reihe aufeinander aufbauender, zeitlich festgelegter Schritte: Bereits bei der Zeugung (und Empfängnis) wird durch die Vereinigung von Samenzelle und Eizelle das genetische Geschlecht festgelegt. Für das weibliche Geschlecht ist ein paarig angelegtes X-Chromosom zuständig, je ein X- und ein Y-Chromosom bestimmen das männliche Geschlecht. Anthropologen meinen, dass aufgrund dieser Differenzierung die männlichen Organismen komplizierter und ungewöhnlicher (und daher möglicherweise auch störanfälliger!) als weibliche Organismen angelegt sind.

Am Anfang war Eva: Das „Ur-"Geschlecht ist weiblich

Während der ersten Monate der embryonalen Entwicklung werden die Keimdrüsen ausgebildet: Und zwar entwickelt sich zunächst sowohl beim vom Chromosomenbestand her männlichen als auch beim chromosomal weiblichen Embryo eine sozusagen geschlechtsneutrale Keimdrüse, die aus Rinde, Mark und eingewanderten Keimzellen besteht. Ab der siebten Woche bilden sich bei chromosomal männlichen Feten aus dem Mark die Hodenanlagen, bei weiblichen Feten entsteht aus der Rinde der Eierstock. Das Prinzip, dass sich aus einer ursprünglich geschlechtsneutralen Anlage später eine männliche oder eine weibliche Form ausbildet, ist bei der Entwicklung des biologischen Geschlechts öfter anzutreffen. Es gibt Anhaltspunkte dafür, dass vom Y-Chromosom durch eine Botschaftersubstanz, das H-Y-Antigen, die Entwicklung männlicher Keimdrüsen veranlasst wird. Das X-Chromosom scheint dagegen auf die Keimdrüsenentwicklung keinen Einfluss zu nehmen: Für die Entstehung eines Eierstocks sind anscheinend keine Botschafterstoffe verantwortlich – er bildet sich sozusagen von selbst. Aus stammesgeschichtlicher Sicht ist dies plausibel, denn der geschlechtlichen Fortpflanzung voraus ging die ungeschlechtliche Fortpflanzung, zu der nur ein Geschlecht, das weibliche „Ur"geschlecht, erforderlich war.

Sobald die Keimdrüsen fertig ausgebildet sind, beginnen sie mit der Hormonabsonderung, welche die weitere Entwicklung entscheidend bestimmt. Das Fehlen bzw. Vorhandensein der männlichen Keimdrüsenhormone (Androgene) bewirkt dabei die Ausbildung der weiblichen bzw. männlichen Geschlechtsorgane. Die Keimdrüsen sind in ihrer Funktion nicht unabhängig, sondern werden beeinflusst durch die im Hypophysenvorderlappen produzierten Hormone.

Ausbildung (nicht immer eindeutiger) körperlicher Geschlechtsmerkmale

Im Anschluss an die Ausdifferenzierung der Keimdrüsen entwickelt sich im Fetus das körperliche oder somatische Geschlecht: Die Geschlechtsorgane und andere körperliche, geschlechtsspezifische Merkmale werden ausgebildet. Dabei scheint für jedes Individuum, unabhängig vom durch den Chromosomenbestand festgelegten Geschlecht (!), eine Entwicklung in männliche oder weibliche Richtung möglich, wobei neben eindeutiger körperlicher Geschlechtsausbildung noch eine Vielzahl von Zwischenformen entstehen können. Im Normalfall entwickeln sich zunächst die inneren Geschlechtsorgane und im Verlauf der 12. bis 16. Woche die äußeren Geschlechtsorgane. Das innere weibliche Genital besteht aus der Gebärmutter, den Eileitern und dem inneren Teil der Vagina, das innere männliche Genital aus den Hoden, die später nach außen wandern, und den Samenleitern.

Interessanterweise bilden sich die inneren Genitalien aus zwei verschiedenen Zellanlagen, während die äußeren Geschlechtsorgane aus der gleichen Zellanlage, dem Sinus urogenitalis, heranreifen. Es handelt sich hierbei also wieder um eine sexuell geschlechtsneutrale, nach zwei Seiten offene Anlage, die sich zum weiblichen äußeren Genital (Vagina) ausdifferenziert, wenn nicht während einer kritischen Phase durch Androgene, den männlichen Keimdrüsenhormonen, die Ausbildung eines männlichen äußeren Genitals (Penis) veranlasst wird. Wenn keine Botschafterstoffe einwirken, kommt es also auch hier wieder zur Entwicklung weiblicher Genitalien.

Geschlechtsausbildung ist eine Sache der (Hormon-)Dosis

In Tierversuchen konnte gezeigt werden, dass genetisch männliche Embryos durch entsprechende Hormongaben verweiblicht und genetisch weibliche Embryos durch entsprechende Hormongaben vermännlicht werden können.

Androgenmangel: Männliche Individuen entwickeln sich weiblich

Auch beim Menschen sind vergleichbare, gelegentlich vorkommende Fälle dokumentiert worden: Männliche Individuen, bei denen – aus welchen Gründen auch immer – keine Androgenausschüttung stattfindet bzw. die sich als unempfindlich gegenüber Androgenen erweisen, durchlaufen äußerlich eine normale weibliche Entwicklung. Die Hoden steigen nicht ab, und mit Beginn der Pubertät kommt es aufgrund der in den Hoden erfolgenden Östrogenproduktion zu einer normalen Verweiblichung des äußeren Genitals. Erst durch das Ausbleiben der Menstruation aufgrund der nicht vorhandenen inneren weiblichen Geschlechtsorgane kann eine genauere medizinische Diagnose getroffen werden. In ärztlichen Fachzeitschriften wird über viele verschiedenartige Formen und Abstufungen, die auf den Mangel an Androgenwirkung zurückzuführen sind, berichtet; die späteren Geschlechtszuweisungen innerhalb der Familie und durch die soziale Umwelt können sowohl in „richtiger" (männlicher) Richtung, wie auch in „falscher" (weiblicher) Richtung erfolgen.

Androgenüberschuss: Weibliche Individuen entwickeln sich männlich

Zwei andere medizinische Syndrome belegen, dass beim Menschen auch die Vermännlichung genetisch weiblicher Individuen vorkommen kann. Beim „androgenitalen Syndrom" wird durch eine – oftmals erblich bedingte – Hormonstörung bei genetisch weiblichen Individuen die Ausbildung eines männlichen äußeren Genitals veranlasst. Erfolgt eine gezielte Hormonbehandlung und eine chirurgische Korrektur der Genitalien, so sind die betreffenden Individuen durchaus fortpflanzungsfähig. Wenn keine Behandlung erfolgt, durchlaufen sie eine männliche Pubertät: Junge Männer wachsen heran, deren biologischer und hormonaler Entwicklungsgang nicht zu erraten ist. Bei vielen dieser Menschen ist jedoch auch noch zu einem späteren Zeitpunkt das äußere körperliche Geschlecht unter eventueller Einbeziehung von hormonellen und chirurgischen Eingriffen fast nach Belieben korrigierbar. Eine wichtige Rolle spielen dabei natürlich die in früheren Lebensabschnitten bereits erfolgten Geschlechtszuweisungen in der Familie und anderen sozialen Gruppen.

Bräutigam (1964) berichtete in einer medizinischen Fachzeitschrift über ein Kind, das wegen des Aussehens seiner äußeren Genitalien für ein Mädchen gehalten und auch als solches erzogen worden war. Später, im Rahmen einer ärztlichen Untersuchung, wurde festgestellt, dass es sich aufgrund des Chromosomenbestands und der (nicht abgestiegenen) Hoden um einen Jungen handelte. Die Entwicklung des Kindes – als Mädchen – verlief normal. Es fiel zwar immer wieder auf durch – für Mädchen – ungewöhnlich wildes, waghalsiges und übermütiges Verhalten, durch männliche Tätigkeitsvorlieben und Berufswünsche (Maschinenbauingenieur) und zeigte wenig Interesse an typisch weiblichen Beschäftigungsbereichen (Haushalt, Kochen, Kuchenbacken). Natürlich kam es – auch aufgrund der Hormonsituation – nicht zu einer weiblichen Pubertät. Die nicht abgestiegenen Hoden und das chromosomale Geschlecht wurden erst im Alter von 18 Jahren diagnostiziert, zu einem Zeitpunkt also, an dem die Entwicklung des zugewiesenen und subjektiven Geschlechts bereits weitgehend abgeschlossen war. Ein Wunsch nach Änderung dieses Geschlechtes bestand nicht, und nach operativer Entfernung der Hoden und Behandlung mit Östrogenen entwickelten sich auch sekundäre weibliche Geschlechtsmerkmale.

Berichtet wird auch über den „gestageninduzierten Hermaphroditismus", eine Form von Vermännlichung weiblicher Embryos aufgrund einer medikamentösen Hormonbehandlung der Mutter, welche aus Schwangerschaft erhaltenden Gründen erfolgte. In den 50er Jahren wurden Frauen häufig, um eine Fehlgeburt zu verhindern, mit synthetischen, den Gestagenen verwandten Hormonen behandelt. In Abhängigkeit von der Menge der verabreichten Hormone und der Sensibilität der Embryos wurden Babys mit mehr oder weniger vermännlichten äußeren Genitalien geboren. In der Regel wurden solche Fehlentwicklungen frühzeitig entdeckt und durch entgegengesetzte Hormongaben korrigiert; die betreffenden Mädchen entwickelten sich normal und waren auch fortpflanzungsfähig.

Beide in der klinischen medizinischen Forschung beschriebenen Fälle werden unter dem Begriff Pseudo-Hermaphroditismus (Zwittrigkeit) zusammen gefasst; durch die Vorsilbe „Pseudo" soll verdeutlicht werden, dass bei den entsprechenden Fällen vom genetischen bzw. Keimdrüsen-Geschlecht her betrachtet keine Zwittrigkeit besteht. Diese manifestiert sich in der Hauptsache durch eine Uneindeutigkeit der inneren und/oder äußeren Geschlechtsteile.

Einstellungen und Verhaltensweisen hormongestörter Mädchen

Ehrhardt (1980) verglich Mädchen aus beiden Gruppen von Pseudo-Hermaphroditismus anhand von Verhaltens- und Einstellungs-Kategorien mit einer Gruppe normaler Mädchen und konnte eine Reihe von signifikanten Unterschieden belegen, die – unter Anlehnung an eine von Merz (1980) zusammengestellte tabellarische Übersicht – in vereinfachter Form in Tabelle 1 wiedergegeben werden.

Tabelle 1: In welcher Hinsicht unterscheiden sich Mädchen, die im Mutterleib durch Androgen- (Gruppe 1) bzw. Gestageneinwirkung (Gruppe 2) vermännlicht wurden, von normalen Mädchen (Gruppe 3)? (nach Merz 1980)

Einstellungs- und Verhaltenskategorien, hinsichtlich derer sich Unterschiede nachweisen lassen	Gruppe 1: Androgenitales Syndrom	Gruppe 2: Normale Mädchen	Gruppe 3: Gestageninduzierter Pseudohermaphroditismus
Bevorzugung männlicher Kleidung	trifft sehr zu	trifft nicht zu	trifft zu
Bevorzugung männlicher Spielpartner	trifft sehr zu	trifft nicht zu	trifft zu
Bezeichnung als Wildfang („tomboy")	trifft sehr zu	trifft nicht zu	trifft zu

Fortsetzung von Tabelle 1

Einstellungs- und Verhaltens- kategorien, hinsichtlich derer sich Unterschiede nachweisen lassen	Gruppe 1: Andro- genitales Syndrom	Gruppe 2: Normale Mädchen	Gruppe 3: Gestagen- induzierter Pseudo- hermaphro- ditismus
Bevorzugung von Jungenspielzeug	trifft zu	trifft nicht zu	trifft zu
Bevorzugung körperlicher Aktivität im Spiel und beim Sport	trifft meist zu	trifft nicht so oft zu	trifft zu
Hochzeit und Ehe stehen selten im Mittelpunkt von Spiel und Tagträumen	trifft zu	trifft kaum zu	trifft oft zu
Ehe wird seltener als Beruf und Karriere bevorzugt	trifft zu	trifft kaum zu	trifft zu
Mit Schwangerschaft und Mutterschaft befasst man sich seltener	trifft zu	trifft kaum zu	trifft oft zu
Geringes Interesse an Säuglingspflege	trifft sehr zu	trifft kaum zu	trifft oft zu
Negative Einstellung zur eigenen weiblichen Rolle	trifft zu	trifft meist nicht zu	trifft oft zu

Keine gesicherten Unterschiede konnte Ehrhardt im Hinblick auf sexuelles Verhalten und Sexualität bezogene Interessen (Masturbation, gegenseitiges Beschauen und Berühren der Genitalien usw.) nachweisen.

Eine ungestörte, normale Entwicklung ist dadurch charakterisiert, dass sich das genetische (chromosomale) Geschlecht über das Keimdrüsen- und Hormongeschlecht und das äußere (somatische oder körperliche) Geschlecht auf die soziale Erziehung des Kindes als Junge bzw. Mädchen und somit auf die Ausbildung einer entsprechenden „eindeutig" femininen bzw. maskulinen Geschlechtsidentität auswirkt.

Bei manchen der erwähnten Fälle von Pseudo-Hermaphroditismus ist dies anders: Es kann durchaus vorkommen, dass zwei Individuen mit demselben genetischen und vorgeburtlichen hormonalen Status unterschiedliche äußere Geschlechtsmerkmale ausbilden und sich infolgedessen – auch aufgrund unterschiedlicher Zuweisungs- und Erziehungserfahrungen – in verschiedene Richtung entwickeln.

Ausbildung „männlicher" und „weiblicher" Hirnareale

Die geschlechtsspezifische Differenzierung von Hirnarealen erfolgt zwischen der 16. und 28. Woche der intrauterinen Entwicklung. Dabei reagieren ursprünglich weiblich (oder geschlechtsneutral) angelegte Hirnbereiche im Hypothalamus bzw. im lymbischen System auf die Ausschüttung von männlichen Geschlechtshormonen (Testosteron bzw. Östradiol) in den Keimdrüsen. Durch tierexperimentelle Versuche, insbesondere an Ratten, fanden sich Anhaltspunkte dafür, dass es eine sensible Periode für die Ausdifferenzierung von „männlichen" und „weiblichen" Hirnarealen gibt. (Neugeborene Ratten, bei denen man die Androgenzufuhr blockiert, zeigen als geschlechtsreife Tiere typische weibliche sexuelle Verhaltensweisen, wie Lordosis, d. h. Emporrecken des Hinterteils; umgekehrt manifestiert sich bei weiblichen Ratten, denen nach der Geburt Androgene verabreicht werden, später deutlich männliches Sexualverhalten, z. B. Aufreiten.) Im Hypothalamus und lymbischen System finden sich Kernstrukturen, in denen sozusagen eine Erinnerung an den frühen Hormonzustand des Individuums gebildet wird und die auch das zukünftige Sexualverhalten beim Menschen mitzusteuern scheinen. Identifiziert wurde z. B. eine Region im vorderen Hypothalamus, der interstitielle Nucleus, die normalerweise bei Männern deutlich größer als bei Frauen ist und bei homosexuellen Männern deutlich kleiner als bei heterosexuellen Männern. Die Forschung steckt hier jedoch noch in den Kinderschuhen. Es konnte z. B. auch gezeigt werden, dass Männer auf eine einmalige Östrogeninjektion

(Östrogene sind weibliche Geschlechtshormone) keine Reaktion zeigen. Frauen reagieren auf eine entsprechende Östrogeninjektion mit der Produktion von luteinisierenden, d. h. den Eisprung auslösenden Hormonen. Bei homosexuellen Männern ermittelten verschiedene Forscher einen deutlichen Anstieg von luteinisierenden Hormonen im Blutplasma nach einer Östrogeninjektion; deshalb wird vermutet, dass diese Männer einen stärker weiblich differenzierten Hypothalamus aufweisen. Angenommen wird auch, dass sich diese feinanatomischen Geschlechtsunterschiede in spezifischen Hirnstrukturen, die sich nachgeburtlich noch weiter ausdifferenzieren, aufgrund kontinuierlich unterschiedlicher Erfahrungen von männlichen und weiblichen Individuen (Männer als Jäger und Beschützer der Horde, Frauen als Sammlerinnen und Hüter des Nachwuchses) während vieler Jahrtausende in der stammesgeschichtlichen Entwicklung ausbildeten.

Eine Reihe weiterer Untersuchungen am Menschen befasste sich mit der Auswirkung früher embryonaler Hormonbesonderheiten auf das spätere geschlechtstypische Verhalten. Hinweise ergaben sich dafür, dass Mädchen, die im Mutterleib einer höheren Androgenkonzentration ausgesetzt waren, noch als Kinder im Schulkindalter häufiger jungenhaftes bzw. typisch männliches Verhalten zeigen. Sie waren an Puppen und ähnlichem Spielzeug uninteressiert und entwickelten ein für Mädchen nicht gerade typisches, starkes Interesse an Beruf und Karriere.

Festzuhalten ist, dass im ausgereiften Organismus Steuerfunktionen für das Sexualverhalten im Hypothalamus und limbischen System lokalisiert werden können. Ob sich z. B. beim Mann sexuelle Erregung beim Anblick einer attraktiven Frau aufbaut, wird entscheidend mitbestimmt durch die Ausschüttung (oder Nichtausschüttung) von sexuellen Steuerhormonen im Hypothalamus.

Die Wechselwirkungen, welche bei der erwachsenen Frau die zyklische und beim erwachsenen Mann die azyklische, gleichmäßige Produktion von Sexualhormonen veranlassen, sind heute weitgehend erforscht.

Die Hypophyse sondert unter dem Einfluss des Hypothalamus geschlechtsspezifische Hormone ab – bei der Frau FSH und LH, beim Mann IZSH –, welche die Keimdrüsen – Ovarium (Eierstöcke) bzw. Hoden – anregen, ihrerseits Geschlechtshormone zu produzieren. Bei der Frau wird durch das follikelstimulierende Hormon (FSH) in den Eierstöcken die Produktion von Oströgen ausgelöst. Dieses regt auf dem Weg über den Hypothalamus in der Hypophyse die Absonderung von

LH, dem Luteinisierungshormon, an, welches in den Eierstöcken den Eisprung und zugleich die erhöhte Produktion des Corpus-luteum-Hormons auslöst. Dieses Hormon veranlasst auf dem Weg über den Hypothalamus, dass in der Hypophyse die weitere Produktion von LH gebremst wird. Der gesamte Vorgang ist ein *zyklischer Prozess*, der sich allmonatlich wiederholt.

Beim Mann dagegen verläuft die Produktion von Testosteron in den Hoden *gleichmäßig* dadurch, dass die Hypophyse, gesteuert vom Hypothalamus, das Hormon IZSH absondert, welches die Hormonproduktion in den Hoden anregt.

Männliche und weibliche Gehirnhälften-Spezialisierungen

Mit der unterschiedlichen Differenzierung der linken und rechten Hirnhemisphäre bei Frauen und Männern beschäftigen sich Neurophysiologen und Neuropsychologen schon seit Jahrzehnten. Doch erst in jüngster Zeit sind in diesem Forschungsbereich durch Verwendung neuartiger, so genannter bildgebender Messverfahren – z. B. die computerunterstützte Messung des Stoffwechsels bzw. von elektrischen Prozessen in einzelnen Hirnarealen mithilfe des Positronen-Emissions-Tomographen oder des Kernspin-Tomographen – erstaunliche Fortschritte zu verzeichnen; von einem gesicherten und fundierten Gesamtbild ist man jedoch noch weit entfernt.

Es gibt Anhaltspunkte dafür, dass Frauen besonders bei Aufgaben, die sprachliche Fähigkeiten voraussetzen – wie schwierige Texte verstehen, seinem Gegenüber einen Sachverhalt erläutern, unsinnige Wörter erkennen und bestimmen, welche sich reimen – häufiger als Männer beide Hirnhälften verwenden. Einige Wissenschaftler meinen hieraus die Schlussfolgerung ziehen zu können, dass Frauen generell sprachbegabter sind als Männer, weil sie beim Reden und Sprachverstehen die linke und die rechte Hirnhemisphäre benutzen. Die linke Hälfte ist nämlich im wesentlichen Ort des Verstandes, mit ihm werden geistig-intellektuelle Funktionen ausgeführt, die rechte Hälfte dagegen beherbergt – plakativ vereinfacht – in der Hauptsache die Gefühle. Die oft kolportierte Redewendung von der ganzheitlichen Orientierung der Frauen soll hier ihre oberflächliche Entsprechung finden.

Es finden sich auch einige Belege dafür, dass – zumindest manche – Frauen ihre Gehirne effektiver nutzen als Männer: Von mathematisch hochbegabten Studenten beiderlei Geschlechts erwiesen sich die weiblichen Versuchspersonen als die ökonomischeren Rechenkünstler. Gemessen an den elektrischen Potentialen und Stoffwechselprozessen waren bei ihnen die zuständigen Areale im Schläfenlappen des Gehirns nur durchschnittlich aktiv, während sie bei den männlichen Kollegen auf Hochtouren liefen.

Bereits 1985 wurden geschlechtsspezifische Bereiche im Hypothalamus entdeckt, dessen Bedeutung als eine der zentralen Schaltstellen im Gehirn unbestritten ist: Der „suprachiasmatische Kern", welcher die „innere Uhr" des Menschen, bei Frauen auch den Eisprung, kontrolliert, ist bei Frauen ausgedehnter. Bei Männern dagegen umfasst der bereits erwähnte interstitielle Kern in der „präoptischen Region" ein größeres Areal; er enthält ungefähr doppelt so viele Nervenzellen wie bei Frauen und scheint vermutlich eine Rolle zu spielen beim männlichen Sexualverhalten. Unklar ist bis heute, welche Funktionen die beiden Hirnareale jeweils beim anderen Geschlecht noch haben.

Ein Bereich des Corpus callosum (ein Nervenstrang, der die beiden Gehirnhälften miteinander verbindet), das so genannte Splenium, war in mehreren Untersuchungen bei Frauen dicker als bei Männern. Daraus wurde geschlossen, dass im typisch weiblichen Gehirn zwischen den Hemisphären ein intensiverer Austausch stattfindet. Bis heute steht jedoch nicht sicher fest, ob das Corpus callosum bei Frauen im Durchschnitt tatsächlich auch mehr Nervenbahnen enthält. Das Problem bei allen anatomischen und neurophysiologischen Untersuchungen ist der riesige Überlappungsbereich: Männer- und Frauengehirne ähneln einander weitgehend; die in einer geringen Zahl von Fällen (Wissenschaftler sprechen von ein bis fünf Prozent!) nachgewiesenen Unterschiede, die sich teilweise nur an winzigen Details festmachen lassen, werden in Verbindung gebracht mit genetischen, d. h. angeborenen Differenzen, können aber durchaus auch als Ergebnis intrauteriner Einflüsse oder als Resultat geschlechtsspezifischer Erziehung und Sozialisation verständlich gemacht werden.

Dies ist möglicherweise auch der Fall beim räumlichen Vorstellungsvermögen, über das Frauen – so wird seit Jahrzehnten hartnäckig berichtet – nur in begrenzterem Umfang als Männer verfügen. Räumliches Vorstellungsvermögen, also z. B. das Erkennen von Lageveränderungen, wie Kippen und Drehen, dreidimensionaler Objekte im Raum, ist im Normalfall lokalisiert in der rechten Hirnhälfte – und bei Männern, so vermuten viele Forscher, in der Regel besser ausgebildet, weil sich bei diesen die Hemisphären in der Kindheit länger spezialisieren und ausdifferenzieren können: Jungen haben bekanntlich bei der Geburt einen Reifungsrückstand gegenüber Mädchen und durchlaufen – auch hirnphysiologisch – eine im Durchschnitt um zwei Jahre längere Reifungszeit bis zum Abschluss der Pubertät, mit der die Gehirnhälften-Spezialisierung oder „Lateralisation" angeblich abgeschlossen wird. Die Fragwürdigkeit dieser Annahmen wird deutlich, wenn man sich vor Augen führt, dass die nachgewiesenen Kompetenzunterschiede im Bereich räumlichen Vorstellungsvermögens zumeist relativ schnell – durch ein gezieltes Training oder Förderprogramm manchmal in einigen Tagen – vermindert werden können. Tief wurzelnde, genetisch begründete Begabungsunterschiede dürften sich – allein durch pädagogische Maßnahmen – nicht so schnell korrigieren lassen.

Kanadische Forscher fanden zudem Anhaltspunkte dafür, dass sich auch in späteren Lebensabschnitten unter Einwirkung von Geschlechtshormonen noch neuronale Veränderungen in den Hirnhemisphären abspielen: Sie konnten nachweisen, dass Frauen kurz vor ihrem Eisprung in Sprachtests am besten, in Aufgaben zur räumlichen Wahrnehmung dagegen schlechter abschneiden, und vermuten, dass ein steigender Östrogengehalt im Blut die Neuvernetzung von Nervenzellen fördert. Diese nützt sprachlichen Kompetenzen, an denen zumeist umfassendere, miteinander in Verbindung stehende Hirnareale beteiligt sind und hemmt räumliches Vorstellungsvermögen, das in einer umgrenzten Region der rechten Hemisphäre stattfindet.

Einige weitere Belege für geschlechtsspezifische Hemisphärendifferenzierungen erbrachten Untersuchungen zum dichotischen Hören und dichaptischen Tasten: Beim Verstehen sprachlicher Laute erweist sich das rechte Ohr bei Männern als etwas leistungsfähiger; nichtsprachliche Reize dagegen, wie Melodien oder vertraute Alltagsgeräusche, werden von Frauen auf dem rechten Ohr etwas besser verarbeitet. Beim gleichzeitigen Ertasten der haptischen Merkmale von Objekten, die dem Blickfeld verborgen sind, mit je einer Hand, erweist sich bei Jungen regelmäßig die rechte Hand als leistungsfähiger; bei Mädchen dagegen sind beide Hände gleich leistungsfähig.

Geschlechtsspezifische Vorteile bei der Lösung verschiedener Testaufgaben

In einer ganzen Reihe von neueren Untersuchungen wurde immer wieder belegt, dass Frauen bei folgenden Testaufgaben im Durchschnitt signifikant besser abschneiden als Männer:

Tests der Wahrnehmungsgeschwindigkeit: Aus einer Reihe von abgebildeten, mehr oder weniger komplexen Wahrnehmungsobjekten, wie Autos, Häuser, Landschaften, müssen z. B. identische Paare identifiziert werden.

Tests des Wahrnehmungsgedächtnisses: Aus dem Gedächtnis muss rekonstruiert werden, ob und welche Gegenstände aus einem Ensemble, einem Arrangement von vielen Objekten, entfernt oder in ihrer Lage verändert wurden.

Tests der Ideen- und Wortflüssigkeit: Es sollen z. B. möglichst schnell möglichst viele zweisilbige Wörter mit demselben Anfangs- oder Endbuchstaben oder Objekte mit derselben Farbe aufgezählt werden).

Test der feinmotorischen Koordination: z. B. das Aufreihen von Perlen, das Einstecken von kleinen Stiften in die Löcher eines Brettes, das Einfädeln von Garn in Nähnadeln).

Rechentests: In ihnen werden die vier Grundrechenarten verwendet (z. B. $66 : 3 - 11 + 17 \times 2 = ?$).

Männer schneiden dagegen durchschnittlich besser ab bei folgenden Tests:

Tests des räumlichen Vorstellungsvermögens und der mentalen Rotation: z. B. müssen dreidimensionale Wahrnehmungsobjekte wieder erkannt werden, nachdem ihre Lage im Raum durch Drehen, Kippen usw. u. U. mehrfach verändert wurde.

Tests zielgerichteter motorischer Fertigkeiten: z. B. Werfen und Auffangen kleiner Objekte.

Tests der Wiedererkennung einfacher Strukturen in komplexen Gebilden: z. B. Identifikation eines Trapezes aus einem Wirrwarr sich überlappender geometrischer Figuren.

Test der Fähigkeit, mathematische Schlussfolgerungen zu ziehen: z. B. Beantwortung der Frage: Wie viele Obstbäume muss man pflanzen, wenn man eine Plantage mit 1200 Bäumen erhalten will und einbeziehen muss, dass nur jeder dritte Obstbaumsetzling angehen wird?

Besonders deutlich wird die unterschiedliche Vorgehensweise von Frauen und Männern, wenn es darum geht, sich in einer fremden Stadt zurecht zu finden: Frauen orientieren sich dabei i. d. R. an konkreten Wegmarken, z. B. markanten Gebäuden, Plätzen, Denkmälern; Männern nehmen dagegen häufiger abstraktere Merkmale zu Hilfe, wie die Himmelsrichtung, Entfernungen, Haupt- und Nebenstraßen.

Abbildung 1: Kippfigur

Auch bei nicht leistungsorientierten Wahrnehmungsaufgaben wurden Geschlechtsunterschiede dokumentiert, z.B. bei der Reihenfolge des Erkennens der beiden Alternativen von Kippfiguren. In der obigen Kippfigur erkennen Männer häufiger zunächst die junge Frau mit der niedlichen Stupsnase, Frauen zunächst die ältere Frau mit dem markanten Kinn.

Kleine Frauenhirne und große Männerhirne

In nicht allzu ferner Vergangenheit wurde u. a. die Tatsache, dass das Hirnvolumen der Männer das der Frauen um ca. 10% übertrifft, zum Anlass genommen, den Frauen einen angeborenen „physiologischen Schwachsinn" – so der deutsche Nervenarzt Möbius (1903) – zu bescheinigen. Frauen wurde unterstellt, dass ihre Großhirnrinde kleiner und weniger ausdifferenziert ist als bei Männern und dass sie deswegen stärker instinktgesteuerte Wesen seien, denen es an steuernder Vernunft mangele. Da es Frauen also an produktiver Geisteskraft und der Fähigkeit rational zu urteilen fehle und sie außerdem von ihrer körperlichen Konstitution den Männern unterlegen seien, wären sie von Natur aus dazu bestimmt, den Männern zu dienen und ihnen untertan zu sein. Diese patriarchale Position wurde lange Jahrzehnte hartnäckig gegen jede neue und bessere Einsicht verteidigt. Heute wissen wir, dass sich Männer- und Frauenhirne zumindest im Hinblick auf ihre durchschnittliche intellektuelle Leistungsfähigkeit nicht unterscheiden und dass die Größen- und Gewichtsunterschiede sich erklären aus der unterschiedlichen feinanatomischen Beschaffenheit: Das Gehirn von Männern weist ein größeres Volumen an Liquor (Flüssigkeit) und weißer Substanz auf. Letztere besteht aus langen Nervenfasern, die verschiedene Hirnregionen miteinander verbinden und der schnellen Informationsvermittlung dienen. Das Gehirn von Frauen verfügt demgegenüber über mehr graue Substanz, die sich aus Nervenzellen und Dendriten zusammensetzt. Letztere verbinden benachbarte Nervenzellen und befähigen Frauen zur raschen Signalverarbeitung. Diese grundlegenden feinanatomischen Unterschiede müssen ebenfalls in Betracht gezogen werden, so meinen einige Neurophysiologen (z. B. Gur et al. 1999), wenn Frauen und Männer bei diversen Testaufgaben unterschiedliche Leistungen erbringen.

Zuweisungsgeschlecht und Ausbildung einer sozialen Geschlechtsidentität

Auch noch nach der Geburt finden sowohl in körperlicher wie in psychischer Hinsicht weitere geschlechtliche Differenzierungen statt. Diese psychosexuellen Entwicklungsprozesse werden in weitem Umfang durch die individuelle Biographie und Lerngeschichte bestimmt; biologische Faktoren spielen jedoch bei der Ausdifferenzierung der männlichen bzw. weiblichen Geschlechtsidentität eine grundlegende Rolle. Den äußeren Genitalien des Neugeborenen kommt dabei entscheidende Bedeutung zu: Arzt oder Hebamme legen aufgrund des Eindrucks, den sie von den Genitalien bekommen, das biologische Geschlecht fest. Das dem Neugeborenen zugewiesene Geschlecht bestimmt die Richtung zahlloser weiterer Ereignisse und legt den Rahmen fest für ein in sich mehr oder weniger widerspruchsfreies Erziehungsprogramm als „Junge" oder als „Mädchen". Man geht heute davon aus, dass der überwiegende Teil der psychosexuellen Entwicklung erst nach der Geburt erfolgt durch Vorgänge, die mit Begriffen, wie Lernen, Erziehung und Beeinflussung umschrieben werden. Der überragende Stellenwert dieser nachgeburtlichen Lern- und Erziehungsprozesse lässt sich am Beispiel der oben erwähnten Hermaphroditen verdeutlichen. Genetisch männliche Babys, die aufgrund einer Hormonstörung keine äußeren männlichen Geschlechtsorgane entwickeln, werden als Mädchen erzogen und entwickeln eine weibliche Geschlechtsidentität. In neueren Untersuchungen finden sich Anhaltspunkte dafür, dass zwischen biologischem und körperlichem Geschlecht und psychosexueller Geschlechtsidentität keinesfalls immer eindeutige Entsprechungen zu bestehen brauchen. Fälle von *Transsexualität* – d. h. der Nichtentsprechung von körperlichem und psychischem Geschlecht (häufig verbunden mit einem operativ und hormonal unterstützten Wechsels von einem Geschlecht zum anderen) – untermauern diesen Tatbestand.

Eine wichtige Unterscheidung: Biologisches, soziales und psychisches Geschlecht

Wenn bereits die biologische Geschlechtsausbildung, die Frau- oder Mann„werdung", eine Sache der Dosis ist, so liegt die Vermutung nahe, dass auch die Entwicklung des sozialen und psychischen Geschlechts nicht dem Alles- oder Nichts-Gesetz gehorcht. Auf dem Nährboden philosophisch-weltanschaulicher Vorstellungen – z. B. Platos Kugelmodell, nach dem Mann und Frau wie zwei Hälften einer Kugel sich ergänzen – haben sich in den Erfahrungswissenschaften bis in die letzten Jahrzehnte hinein Auffassungen gehalten, die nun allmählich durch neuere Forschungsergebnisse ersetzt werden: Die in unserer Gesellschaft aufweisbaren Geschlechtsrollenstereotype ordnen der Frau und dem Mann typische Eigenschaften zu, die oft gegensätzliche Merkmalspaare bilden, unsere Erwartungen leiten und Handlungen bezogen auf bestimmte weibliche oder männliche Personen in konkreten sozialen Situationen steuern.

Geschlechtsrollenstereotype: Was ist „typisch" männlich und „typisch" weiblich?

Endlos ist die Liste der stereotypen Eigenschaften, die immer wieder angetroffen werden können, wenn „typisch weibliche" bzw. „typisch männliche" Verhaltensweisen charakterisieren werden.

Frauen sind

Männer sind

abhängig	abenteuerlustig
ängstlich	aggressiv
attraktiv, aufreizend	aktiv
behutsam, vorsichtig	ausgeglichen
charmant	bestimmend
einfühlsam	direkt
emotional	dominant
familienorientiert	ehrgeizig
friedlich	entschieden
gefühlsbetont	entschlusskräftig
gehorsam	entscheidungsstark
geschwätzig	führungsbewusst
hilflos	groß
kinderlieb	hart
kleidungsbewusst	kämpferisch
launisch	kontrolliert
nachgiebig	kraftvoll, kräftig
nett	kühn, verwegen
passiv	mutig, tapfer
rücksichtsvoll	nicht leicht verletzbar
sanft	objektiv, sachlich
schutzbedürftig	rational
schwach	realistisch
sensibel	selbstbewusst
sicherheitsbedürftig	stark
taktvoll	überlegen
umgänglich	unabhängig
unentschlossen	unternehmungslustig
unlogisch	verantwortungsbewusst
unselbständig	weinen nicht
verständnisvoll	wettbewerbsorientiert
weich	zuverlässig
zart	

Die Geschlechtsrollenstereotype erleichtern oder erschweren den Zugang zu Einrichtungen, Berufen und Gruppierungen, die in der Gesellschaft vorgegeben sind. Frauen können – auch heute noch – häufiger in sozialen Berufen angetroffen werden, Männer findet man dagegen häufiger in naturwissenschaftlichen und technischen Berufen. Bis vor kurzem mussten Frauen mit negativen Reaktionen rechnen, wenn sie bestimmte Einrichtungen des öffentlichen Lebens allein, d. h. ohne männliche Begleitung, besuchten. Für die meisten Bordelle und manche Nachtlokale gilt dies wohl noch heute. Nachweisen lässt sich jedoch eine gewisse Angleichung („Nivellierung") der Geschlechtsrollenstereotype von Mann und Frau, die getragen wird von einem umfassenderen gesellschaftlichen Wandel, der einen gewissen Abbau geschlechtsspezifischer Diskriminierungen („Frauen sind minderwertiger, weil ...") mit sich bringt und vor allem dazu führt, dass Frauen etwas häufiger in Domänen und Lebensbereichen angetroffen werden können, die früher nur Männern vorbehalten waren, z. B. auch in Leitungsfunktionen der Politik, Kultur und Wirtschaft.

In den Sozialwissenschaften wurde das eindimensionale Modell von Mann und Frau, nach dem sich Männlichkeit und Weiblichkeit auf einer Dimension erfassen lassen, die vom Pol extremer Maskulinität über einen Neutralbereich zum Pol extremer Femininität reicht – immer häufiger in Frage gestellt und allmählich durch ein dualistisches oder zweidimensionales Modell ersetzt. Die Grundannahme dieses Modells lautet: Eine Person kann – unabhängig von ihrem biologischen Geschlecht (!) – sowohl maskuline als auch feminine Merkmale besitzen. Für die Forschung bedeutete das, nicht mehr weiter nach absoluten Persönlichkeitseigenschaften der Geschlechter zu suchen, sondern Ausschau zu halten nach relativen Unterschieden und graduellen Abstufungen in den Persönlichkeitseigenschaften von Männern und Frauen.

Auf der Grundlage von umfangreichen Untersuchungen wurde ein *Fragebogen zur Messung von geschlechtsspezifischen Merkmalen* entwickelt (vgl. Spence et al. 1975), der aus einer F- und einer M-Skala besteht und auch in der heutigen Forschung noch Verwendung findet. Die „F-Skala" setzt sich zusammen aus sozial erwünschten Eigenschaften, die in unserem Kulturraum als charakteristisch für eine „typische Frau" gelten, die „M-Skala" enthält „typisch männliche" Attribute. Die M-Skala repräsentiert die Dimension „Instrumentalität", die F-Skala die Dimension „Expressivität". „Instrumentalität" setzt sich im Wesentlichen zusammen aus aufgabenbezogenen Eigenschaften, „Expressivität" dagegen vor allem aus Eigenschaften der sozial-emotionalen Unterstützung, wie aus Tabelle 2 zu ersehen ist.

Tabelle 2: Skala „Instrumentalität – Expressivität"

Skala „Instrumentalität" (M)	Skala „Expressivität" (F)
– aktiv – Druck gut standhaltend – konkurrierend – leicht Entscheidungen fällend – nicht leicht aufgebend – selbstsicher – sich überlegen fühlend – unabhängig	– der Gefühle anderer bewusst – fähig auf andere einzugehen – freundlich – gefühlsbetont – herzlich in Beziehungen zu anderen – hilfreich zu anderen – sanft – verständnisvoll gegenüber anderen

Die mithilfe des Fragebogens von Spence durchgeführten zahlreichen Untersuchungen belegen zum einen, dass Frauen sich im Durchschnitt als expressiver und Männer sich im Durchschnitt als instrumenteller beschreiben. Zwischen den Geschlechtern gibt es jedoch einen großen Überlappungsbereich, d. h. eine Reihe von Frauen beurteilt sich als instrumenteller als manche Männer und eine Reihe von Männern beurteilt sich als expressiver als manche Frauen.

Wesentlich ist, dass damit das traditionelle Verständnis von Männlichkeit und Weiblichkeit als komplementäre bzw. einander ausschließende Eigenschaftsmuster widerlegt ist: Instrumentalität und Expressivität sind zwei unabhängig voneinander existierende Dimensionen, das Ausmaß der Expressivität einer Person ist nicht von ihrem Ausmaß an Instrumentalität abhängig (und umgekehrt). Anknüpfend an dieses duale Modell von Männlichkeit und Weiblichkeit wurde von Bem (z. B. 1976) das Konzept „Androgynie" (Zwittrigkeit) wieder eingeführt. Vorstellungen vom Menschen als zwittrigem Wesen fanden sich schon in der Antike: Alle Menschen besitzen in ihrer Persönlichkeit immer auch Anteile des Gegengeschlechts. Dementsprechend wird von Bem Androgynie bestimmt als – in überdurchschnittlichem Ausmaß (!) – Vorhandensein von expressiven *und* instrumentellen Eigenschaften bei einem Menschen. Personen, die nur in unterdurchschnittlichem Ausmaß über expressive und instrumentelle Eigenschaften verfügen, werden als „undifferenziert" bezeichnet.

Tabelle 3: Charakterisierung von vier Persönlichkeitstypen (in Anlehnung an Bem 1976)

Instrumen-talität	hoch	(1) maskulin	(2) androgyn
	niedrig	(3) un-differenziert	(4) feminin

niedrig   hoch

Expressivität

„Undifferenziertheit" und „Androgynie" lassen sich mit dem dualen „Expressivität-Instrumentalität"-Modell wie in Tabelle 3 dargestellt kombinieren.

Es können nun also – ausgehend von der Unterscheidung zweier unabhängiger Dimensionen – vier psychologische Persönlichkeitstypen unterschieden werden, die in unserem Kulturkreis unabhängig vom biologischen Geschlecht angetroffen werden können:

1. *maskuline Typen* (überwiegender Anteil maskuliner Eigenschaften),
2. *androgyne Typen* (mit überdurchschnittlich hohem Anteil maskuliner und femininer Eigenschaften),
3. *undifferenzierte Typen* (mit unterdurchschnittlich niedrigem Anteil maskuliner und femininer Eigenschaften) und
4. *feminine Typen* (überwiegender Anteil femininer Eigenschaften).

Dass die Unterscheidung dieser vier Persönlichkeitstypen praktisch sinnvoll ist, konnte in neueren Untersuchungen mehrfach demonstriert werden. Beispielsweise erreichen in Forschungsarbeiten zur psychischen Gesundheit der Geschlechter androgyne und maskuline Typen bessere Werte als feminine und undifferenzierte Typen.

Anzufügen bleibt, dass sich von der Zugehörigkeit einer Person zu einem bestimmten psychologischen Persönlichkeitstyp auch gewisse Voraussagen über ihr soziales Geschlechtsrollenverhalten treffen lassen. Typisches Macho-Verhalten wäre zu erwarten von einem Menschen, der nur über hohe Maskulinitäts-Persönlichkeitsanteile verfügt; eine feminine Person männlichen Geschlechts würde in unserer Gesellschaft als „Softie", u.U. auch als „Schwuler" bezeichnet werden.

Sind Geschlechtsunterschiede nun genetisch verankert?

Die Tatsache, dass sich Frauen und Männer durch ein geschlechtsbestimmendes Chromosom genetisch unterscheiden, ist seit vielen Jahrzehnten bekannt. Doch die Entschlüsselung aller der Auswirkungen, die auf das Geschlechtschromosom zurückgeführt werden müssen, steckt noch in den Kinderschuhen. Erst in jüngster Zeit wurden die technischen Mittel entwickelt, um einzelne Abschnitte des Erbmaterials zu identifizieren, die für bestimmte Auswirkungen verantwortlich gemacht werden können. Die Humangenetik ist jedoch heute noch nicht in der Lage, exakt anzugeben, welche einzelnen „männlichen" bzw. „weiblichen Merkmale" auf welchen Abschnitt des Geschlechtschromosoms zurückzuführen sind.

Fest steht, dass die Geschlechtschromosome für die Produktion von Geschlechtshormonen verantwortlich sind. Die in Abbildung 2 dargestellten Auswirkungen der Geschlechtshormone, Androgene und Östrogene, auf das Verhalten von Frauen und Männern – auf dem Weg über die Psyche – sind dagegen biologisch nicht bewiesen. Sie sind jedoch plausibel, worauf vor allen Dingen von Biopsychologen (z. B. Bischof-Köhler 2002) und Anthropologen (z. B. Rudolph 1980) unter Heranziehung reichhaltigen Belegmaterials immer wieder hingewiesen wird.

Zu betonen ist, dass ein starrer 1:1-Zusammenhang zwischen genetischer Ursache und Auswirkung auf eine einzelne, ganz bestimmte, geschlechtsspezifische Verhaltensweise nach Ansicht der meisten Wissenschaftler nicht unterstellt werden kann. Vielmehr ist davon auszugehen, dass vielfältige Wechselwirkungen und Rückkopplungsprozesse zwischengeschaltet sind, die den Weg von „innen" (dem genetischen Merkmal) nach „außen" (dem geschlechtsspezifischen Verhalten) verschlungen und kompliziert machen.

Zusammenfassung

Die vorangehenden Ausführungen zur biologischen (und sozialen) Geschlechtsausbildung haben deutlich gemacht, dass es einen „normalen" (statistisch häufigsten) Entwicklungsweg gibt, der ausgeht vom genetischen oder chromosomal festgelegten Geschlecht, weiterführt über das sich in den ersten Wochen im Mutterleib ausbildende Hormongeschlecht zum inneren und äußeren körperlichen Geschlecht und schließlich zur Ausdifferenzierung von geschlechtsspe-

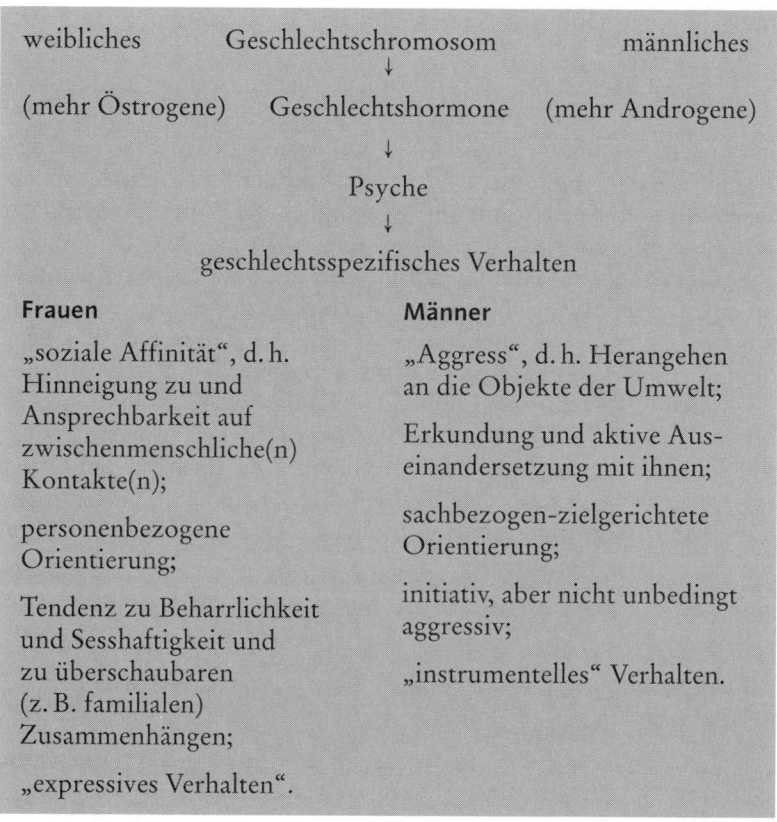

weibliches   Geschlechtschromosom   männliches
                           ↓
(mehr Östrogene)   Geschlechtshormone   (mehr Androgene)
                           ↓
                         Psyche
                           ↓
              geschlechtsspezifisches Verhalten

Frauen

„soziale Affinität", d. h. Hinneigung zu und Ansprechbarkeit auf zwischenmenschliche(n) Kontakte(n);

personenbezogene Orientierung;

Tendenz zu Beharrlichkeit und Sesshaftigkeit und zu überschaubaren (z. B. familialen) Zusammenhängen;

„expressives Verhalten".

Männer

„Aggress", d. h. Herangehen an die Objekte der Umwelt;

Erkundung und aktive Auseinandersetzung mit ihnen;

sachbezogen-zielgerichtete Orientierung;

initiativ, aber nicht unbedingt aggressiv;

„instrumentelles" Verhalten.

Abb. 2: Angenommener Zusammenhang zwischen Geschlechtschromosomen und geschlechtsspezifischem Verhalten

zifischen Gehirnbereichen (im Hypothalamus und limbischen System) überleitet. Auf diesen biologischen Grundlagen aufbauend wird nachgeburtlich im Laufe des Heranwachsens durch Lern- und Erziehungsprozesse die individuelle und soziale Geschlechtsidentität ausgebildet. Aufmerksam gemacht wurde auf eine Reihe von Abkopplungen von der „normalen" Entwicklung, in deren Gefolge ein in sich widersprüchliches Gebilde von „Geschlechtsmerkmalen" entstehen kann. Dieses wird häufig – jedoch nicht zwangsläufig – auch vom Individuum und seiner Umwelt als konflikt- und komplikationshaltig erlebt, kann jedoch durch medizinische und/oder psychologische Maßnahmen so weit korrigiert werden, dass eine Zuordnung in eine männliche oder weibliche Geschlechtsrolle langfristig relativ eindeutig gelingt.

Die vorangehenden Ausführungen haben weiter verdeutlicht, dass die stufenförmig aufeinander aufbauenden Geschlechtsdifferenzierungen eine immer größere Vielfalt der möglichen Erscheinungsformen zulassen und mit sich bringen: Auf der Stufe der chromosomalen Geschlechtsbestimmung ist lediglich eine Differenzierung in XX- und XY-Geschlechtschromosomen möglich. Die Differenzierungsbreite und Variabilität nimmt von Stufe zu Stufe beträchtlich zu, um auf der Stufe der sozialen Geschlechtszuweisung eine Vielfalt zu erreichen, die möglicherweise durch das Zugrundelegen einer Skala mit den sich gegenüberliegenden Endpunkten „männlich" und „weiblich" nicht zufriedenstellend abgebildet werden kann. Sozialwissenschaftler schlagen deshalb vor, bei der Beurteilung der individuellen Geschlechtsidentität zwei voneinander unabhängige Skalen mit „männlichen" bzw. „weiblichen" Merkmalen zu verwenden, so dass jede Person nach ihren „männlichen" und „weiblichen" Anteilen beurteilt werden muss.

2 Psychologische Theorien der Entwicklung von Geschlechtsunterschieden

Psychologen haben sich vor allem damit beschäftigt, wie Jungen und Mädchen in ihren Familien erzogen werden. Sie haben beschrieben, welche Verhaltensunterschiede sich zwischen den Geschlechtern im Verlauf des Heranwachsens beobachten lassen. Sie haben versucht zu erklären, wie es dazu kommt, dass Jungen und Mädchen schon im Kindergartenalter unterschiedliche Verhaltensrepertoires, Interessen und Beschäftigungsvorlieben ausbilden. Sie haben nach den Ursachen für den Aufbau unterschiedlicher Geschlechtsrollen gefragt. Sie haben sich nicht nur dafür interessiert, wie es kommt, dass Mädchen in der Regel lieber mit Puppen spielen, Jungen dagegen häufig Autos und Konstruktionsspielzeug bevorzugen, sondern auch dafür, dass sich Jungen (und natürlich auch Mädchen) untereinander oft deutlich unterscheiden, was die „Jungenhaftigkeit" (bzw. Mädchenhaftigkeit) ihres Verhaltens betrifft.

Im Mittelpunkt des Interesses standen vor allem die Altersabschnitte Kindheit und Jugend und die Rolle der Eltern. Erst in jüngerer Zeit werden zunehmend häufiger auch die Einflüsse, welche andere Personen und die Medien auf die Geschlechtsrollenentwicklung ausüben, untersucht. Spätere Lebensphasen wurden lange Zeit kaum in den Mittelpunkt wissenschaftlicher Untersuchungen gerückt; dass sich im Erwachsenenalter und höheren Alter im Hinblick auf die einmal etablierte Geschlechtsrolle noch Veränderungen abspielen können, wird erst in den letzten Jahren zunehmend häufiger zur Kenntnis genommen.

Die Theorien der Psychologie, die sich mit der Ausdifferenzierung und Festigung von geschlechtsspezifischem Verhalten befassen, erstrecken sich überwiegend auf frühe Entwicklungsstufen. Vernachlässigt werden häufig die biologischen und soziologischen Einflussfaktoren, obwohl deren Bedeutung für die Geschlechterdifferenzierung keineswegs in Abrede gestellt wird.

Im Wesentlichen lassen sich *vier psychologische Theorien* der Entwicklung von Geschlechtsunterschieden von jeweils begrenzter Reichweite aufzeigen, die Bekräftigungstheorie, die Imitationstheorie, die Identifikationstheorie und die kognitive Theorie. Eine noch nicht ausgearbeitete – und natürlich auch noch nicht überprüfte – umfassendere Theorie müsste die brauchbaren Elemente der vier begrenzten Theorien in sich aufnehmen und den eigenen Geltungsbereich Stück für Stück zu erweitern versuchen.

Bekräftigungstheorie: Lob und Strafe zählen

Die *Bekräftigungstheorie* der Entwicklung von Geschlechtsunterschieden behauptet, dass geschlechtsspezifisches Verhalten dadurch zustande kommt, dass Jungen und Mädchen schon im Kleinkindalter für Verhaltensweisen, die ihrem Geschlecht angemessen sind, bekräftigt werden, d. h. Lob, Zustimmung, Anerkennung oder Belohnungen erhalten. Dagegen werden unangemessene, dem anderen Geschlecht zuzurechnende Verhaltensweisen nicht bekräftigt und im günstigen Falle lediglich ignoriert; häufiger jedoch erfolgen Missbilligung, Kritik, Vorenthaltung von Privilegien, Liebesentzug oder andere negative Sanktionen – also unterschiedliche Formen von Bestrafung.

Annahmen der Bekräftigungstheorie

Im Einzelnen geht die Bekräftigungstheorie von folgenden Annahmen aus:

1. *Von Jungen und Mädchen wird schon im Kindesalter unterschiedliches Verhalten erwartet.* Ein „richtiger" Junge weint nicht, wehrt sich, setzt sich durch, wenn es um sein Recht geht. Bei einem Mädchen dagegen werden Tränen toleriert, es braucht sich nicht unbedingt zu wehren und anderen gegenüber behaupten, im Gegenteil: Nachgiebigkeit, Weichheit und Anpassungsfähigkeit sind Eigenschaften, die von ihm erwartet werden.

2. *Eltern und andere Bezugspersonen verhalten sich Jungen und Mädchen gegenüber unterschiedlich.* Jungen werden z. B. ermuntert, keine Schwäche zu zeigen, hart zu sein gegen andere und sich selbst, sich zu behaupten und zu wehren und sich durchzusetzen, wenn sie etwas wollen; auch aggressives Verhalten wird bei ihnen eher geduldet als bei Mädchen. Mädchen werden bekräftigt und gelobt, wenn sie brav und folgsam sind („Tob nicht so wild herum,

Du bist doch kein Junge!") und sich „mädchenhaft", z. B. also gesittet und ordentlich, anschmiegsam und gefühlsbetont verhalten.

3. *Jungen und Mädchen werden durch das unterschiedliche Verhalten ihrer Bezugspersonen in jeweils unterschiedlicher Richtung beeinflusst.* Jungen lernen, sich wie Jungen zu benehmen – Mädchen lernen, sich wie Mädchen zu benehmen.

Auch wenn seit ein paar Jahrzehnten die Zahl der Eltern zunimmt, die es ablehnen, ihre Kinder nach den überlieferten Geschlechtsrollenklischees zu erziehen und eine gewisse Angleichung der Geschlechter für erstrebenswert halten, so finden sich doch in einer Reihe von Untersuchungen Belege dafür, dass die vorangehend aufgeführten Annahmen zumindest teilweise oder eingeschränkt zutreffen. Nach wie vor lassen sich in der Art und Weise, wie Kinder gekleidet werden (Mädchen in Rosa und Röcken/Kleidern, Jungen in Hellblau und Hosen), im Spielzeug, das sie geschenkt bekommen (Mädchen erhalten Puppen und Puppenzubehör, Malstifte und Bastelutensilien, Jungen Autos, Konstruktions- und Experimentierspiele), in den Büchern, die ihnen angeboten werden (Mädchen bekommen Pferdebücher geschenkt, Jungen Abenteuerbücher), recht deutlich geschlechtsspezifische Rollenerwartungen nachweisen. Zu belegen ist auch, dass Mütter wie Väter bei ihren Söhnen Leistungsorientierung und Wettbewerbsverhalten stärker unterstützen als bei ihren Töchtern. Diese werden häufiger für Sauberkeit und Ordentlichkeit bekräftigt und wenn sie braves, angepasstes Verhalten zeigen. Eltern sind ihren Töchtern gegenüber zärtlicher, liebevoller und gefühlsbetonter, von ihren Söhnen erwarten sie Affektkontrolle und Unabhängigkeit; die Söhne werden insgesamt auch häufiger bestraft. Töchter werden stärker kontrolliert und dadurch in ihren Unternehmungen und ihrer Bewegungsfreiheit eingeschränkt. In wissenschaftlichen Untersuchungen finden sich auch Bestätigungen für die Annahme, dass Eltern auf das von ihren männlichen und weiblichen Kindern gezeigte Verhalten unterschiedlich reagieren. Dies trifft weniger stark zu auf Verhaltensweisen, die für Jungen und für Mädchen vom Geschlechtsrollenklischee her ohnehin zu erwarten sind: Jungen sind aggressiver und ungestümer, Mädchen gefühlsbetonter und nachgiebiger. Es lässt sich aber deutlicher nachweisen in Verhaltensbereichen, die von den Eltern nicht als zur traditionellen Geschlechtsrolle zugehörig erlebt werden. Dazu gehört z. B. der Bereich „um Hilfe und Unterstützung bitten": Gezeigt werden konnte, dass Mädchen ihre Eltern viel häufiger als Jungen um Hilfe bitten und dass Eltern ihren Töchtern auch öfter, ihren Söhnen seltener Hilfe und Unterstützung gewähren.

Beschränkungen und Widersprüche der Bekräftigungstheorie

Für die Annahme, dass die zwischen Mädchen und Jungen beobachteten Verhaltensunterschiede tatsächlich entstanden sind, weil diese von ihren Eltern auf unterschiedliche Weise behandelt wurden, gibt es kaum bestätigende Untersuchungen. Das hängt damit zusammen, dass sich der ursächliche Zusammenhang zwischen registrierten Geschlechtsunterschieden im Verhalten und vorangegangener elterlicher Bekräftigung in wissenschaftlichen Studien nur schwer nachweisen lässt. In den meisten Untersuchungen werden die Eltern lediglich zu ihrem Erziehungsverhalten befragt, so dass die von den Eltern beschriebenen Zusammenhänge zwischen dem eigenen Erziehungsstil und dem geschlechtsspezifischen Verhalten ihrer Kinder auch mit anderen Ursachen in Verbindung gebracht werden können. Es könnte z. B. angeboren oder von etwas älteren gleichgeschlechtlichen Vorbildern übernommen worden sein. Um tatsächlich Ursache-Wirkung-Zusammenhänge zu belegen, müssten Eltern und Kinder in ihrer natürlichen Umgebung über längere Zeit immer wieder beobachtet werden. Nur so ließe sich demonstrieren, dass bei den Kindern registrierte Veränderungen im geschlechtsspezifischen Verhalten auch wirklich zustande gekommen sind, weil sie in der Vergangenheit von ihren Eltern regelmäßig auf unterschiedliche Weise behandelt wurden.

Insgesamt betrachtet finden sich für die Bekräftigungstheorie in der psychologischen Forschung durchaus widersprüchliche Befunde, die ihre Gültigkeit stark einschränken: Es gibt zwar Hinweise darauf, dass für Jungen und Mädchen unterschiedliche Geschlechtsrollen-Erwartungen existieren. Dass solche Erwartungen das elterliche Erziehungsverhalten steuern und sich dieses direkt auswirkt auf das kindliche geschlechtsspezifische Verhalten, ist nicht sicher. Weiter finden sich deutlich mehr Untersuchungen, die untermauern, dass Eltern ihre männlichen und weiblichen Kinder recht ähnlich behandeln, als Untersuchungen, die belegen, dass Eltern sich ihren Söhnen und Töchtern gegenüber unterschiedlich verhalten.

Im Widerspruch zur Bekräftigungstheorie scheint auch die Beobachtung zu stehen, dass Kleinkinder zu schreien aufhören, wenn sie

Zuwendung erhalten. Denn aus Sicht der Bekräftigungstheorie müsste das Schreien durch Zuwendung ja belohnt und damit verstärkt werden. (Dass die *Art der Zuwendung* entscheidend ist und einmal bekräftigend, einmal nicht bekräftigend wirken kann, wird von der Bekräftigungstheorie nicht in Betracht gezogen.) Auch dadurch, dass sich die Forschung schwerpunktmäßig auf die Befragung von Müttern beschränkte, die der Mittel- oder Oberschicht angehören, und z. B. Väter und Angehörige unterer Sozialschichten kaum einbezogen hat, können möglicherweise Ergebnisse zutage gefördert worden sein, die der Bekräftigungstheorie widersprechen. Man weiß z. B., dass vor allem Väter aus sozioökonomisch schwächeren Sozialschichten tendenziell autoritärer orientiert sind, stärker zu Geschlechtsrollenklischees neigen und von ihren Söhnen und Töchtern fordern, sich „anständig und wie es sich nun einmal gehört" zu benehmen.

Zudem befasste sich die bekräftigungstheoretische Forschung vor allem mit drei Bereichen geschlechtsspezifischen Verhaltens: Abhängigkeitsverhalten, aggressives Verhalten und Spielverhalten. Verallgemeinerungen auf andere Bereiche geschlechtstypischen Verhaltens sind dadurch nur sehr eingeschränkt möglich.

Positive und negative Bekräftigung, also Lob und Anerkennung auf der einen Seite, Kritik und Missbilligung (und nicht zu vergessen: Beschämung, die erlebt wird, wenn der Spott gleichaltriger Geschlechtsgenossen ertragen werden muss) auf der anderen Seite, spielen eine wichtige Rolle beim Erwerb von geschlechtsspezifischem Verhalten.

Thomas hat zum ersten Mal seine Rollerblades, die er zum Geburtstag geschenkt bekommen hat, angeschnallt und unternimmt die ersten, vorsichtigen Laufversuche. Prompt stolpert er über eine kleine Unebenheit und fällt auf die Knie. Es tut höllisch weh, und er fängt laut an zu weinen. Seine Mutter, die das Ganze schweigend beobachtet hat, tut sich schwer ihren 4-jährigen Sohn zu trösten. Schließlich sagt sie ungehalten: „Jetzt stell Dich nicht so an, Du willst doch mal ein großer, starker Mann werden!"

Es handelt sich hier um die negative Bekräftigung eines – in den Augen der Mutter (und nach traditionellem Geschlechtsrollenklischee!) – geschlechtsunangemessenen Verhaltens. Sie vermittelt ihrem Sohn, dass es nicht gut ist, wenn er einfach losheult. Jungen reißen sich zusammen, beißen die Zähne zusammen, sind tapfer und vergießen keine Tränen! Das schickt sich allenfalls für Mädchen, denen man dann auch bereitwillig Trost spendet.

Robert und Patricia sind Zwillingsgeschwister und waren als Klein-kinder unzertrennlich. Sie haben sehr viel miteinander gespielt, sich prächtig verstanden und immer gut vertragen. Mit dem Eintritt in einen Kindergarten nimmt ihr gutes Einvernehmen zusehends ab. Wie in den meisten Kindergärten üblich wird im Freispiel in der Regel in Kleingruppen gespielt, denen entweder nur Jungen oder nur Mädchen angehören. Robert findet schnell Anschluss bei drei etwas älteren Buben, die sich seit Tagen schon mit dem neuen Mechanik-Baukasten beschäftigen. Patricia will zunächst, wie gewohnt, bei ihrem Bruder bleiben. Doch wird ihr sehr schnell und deutlich von den älteren Jungen vermittelt („Das hier ist kein Mädchen-Spiel-zeug!"), dass man sie nicht gern dabei hat. Daraufhin nimmt sich die Erzieherin ihrer an und schlägt ihr vor, beim Glasperlenauffädeln mitzumachen, mit dem schon zwei andere Mädchen – auch neu im Kindergarten – beschäftigt sind.

Der Tagesablauf, die Ausstattung und das pädagogische Personal sind in vielen Kindergärten dafür verantwortlich zu machen, wenn Mädchen und Jungen dazu angeregt werden, sich *fast ausschließlich mit geschlechtstypischem Spielzeug im Kreise von Geschlechtsgenossen/innen* zu befassen. Was hierdurch vermittelt wird, kann als beständige und umfassende positive Bekräftigung von Verhaltensweisen, die dem traditionellen Geschlechtsrollenklischee entsprechen, aufgefasst werden. Wenn vom Elternhaus nicht gegengesteuert wird, kann es – wie im Falle der Zwillingsgeschwister Robert und Patricia – dazu kommen, dass Bruder und Schwester im Laufe der Zeit immer weniger miteinander anzufangen wissen.

Imitationstheorie: Die Vorbilder sind es!

Die *Imitationstheorie der Entwicklung von Geschlechtsunterschieden* geht davon aus, dass Jungen und Mädchen für ihr Geschlecht typisches Verhalten dadurch erwerben, dass sie gleichgeschlechtliche Modelle beobachten und deren geschlechtsangemessenes Verhalten nachahmen und übernehmen. Eine wichtige Rolle spielt dabei – und hier trifft sich die Imitationstheorie mit der Bekräftigungstheorie – ob das beobachtete Modellverhalten erfolgreich oder erfolglos ist, auf Anerkennung oder Kritik stößt, belohnt oder bestraft wird: Nachgeahmt wird vor allem das erfolgreiche Modellverhalten. Das gilt z. B. in besonderem Maße für aggressives Verhalten, wie in einer Reihe von experimentellen Untersuchungen schon in den 60er Jahren gezeigt werden konnte. Kinder imitieren aggressives Verhalten eher, wenn es von Modellen demonstriert wird, die in ihren Augen hohen Status besitzen (Eltern, ältere Kinder des eigenen Geschlechts) und wenn das Modellverhalten erfolgreich ist bzw. nicht bestraft wird. Gezeigt wurde aber auch, dass – nach dem Motto „Etwas bleibt immer hängen" – eine gewisse Bereitschaft zur Nachahmung von aggressivem Verhalten selbst dann angebahnt wird, wenn das Modell nur einen niedrigen Status innehat und für seine Aggressivität bestraft wird.

Annahmen der Imitationstheorie

Konkret angenommen wird, dass Jungen ihre Väter bzw. andere männliche Vorbilder, Mädchen ihre Mütter bzw. andere weibliche Vorbilder nachahmen. Unterstellt wird dabei dreierlei:

1. Kinder haben faktisch häufiger Gelegenheit, gleichgeschlechtliche Modelle zu beobachten.
2. Sie sind von sich aus eher bereit, ein gleichgeschlechtliches Modell nachzuahmen als ein gegengeschlechtliches.
3. Am häufigsten nachgeahmt wird während der Kindheitsjahre der gleichgeschlechtliche Elternteil.

Diese drei Annahmen werden durch Ergebnisse wissenschaftlicher Untersuchungen nur teilweise bestätigt. In der frühen und mittleren Kindheit werden in unserem Kulturkreis Jungen und Mädchen wesentlich häufiger und länger von weiblichen Bezugspersonen betreut (Mütter, Kindergärtnerinnen, Lehrerinnen). Trotzdem übernehmen Jungen auf dieser Altersstufe nicht schwerpunktmäßig weibliche Verhaltensweisen. Man kann davon ausgehen, dass in der späteren Kindheit und im Jugendalter – zumindest in Deutschland und in anderen westlichen Industrieländern – Jungen und Mädchen in annähernd gleicher Weise Gelegenheit haben, gleich- bzw. gegengeschlechtliches Modellverhalten zu beobachten. Dass sie trotzdem dazu neigen, gerade während der späten Kindheits- und Pubertätsjahre, sich vom anderen Geschlecht abzugrenzen und die wesentlichen Merkmale des dem eigenen Geschlecht angemessenen Verhaltens allmählich zu übernehmen, kann die Imitationstheorie nicht befriedigend erklären. Zweifellos ist es so, dass in der späten Kindheit geschlechtsspezifische Verhaltensmuster und Interessen im Ansatz bereits ausgebildet worden sind. Sie können daher als Grundlage aufgefasst werden für die in diesem Alter zunehmend häufiger zu registrierende Neigung, sich bevorzugt auf gleichgeschlechtliche Kontakte zu beschränken.

Forschungsbefunde belegen weiter, dass Kinder (Jungen stärker als Mädchen) erst mit ungefähr 6 Jahren damit beginnen, eine Vorliebe für gleichgeschlechtliche Modelle zu entwickeln. Nach L. Kohlberg, einem bekannten nordamerikanischen Entwicklungspsychologen, müssen Kinder zunächst ein Bewusstsein der eigenen unveränderlichen Geschlechtsidentität aufgebaut haben, ehe sie in der Lage sind, ihrem Geschlecht angemessene Verhaltensweisen auszuwählen und zu übernehmen. Dass Jungen früher als Mädchen in ihrer Geschlechtsrolle gefestigt sind, obwohl sie insbesondere in den ersten 6 Lebensjahren in der Regel seltener Umgang mit männlichen Modellen haben, kann von einer reinen Imitationstheorie jedenfalls nicht befriedigend erklärt werden.

Auch für die Behauptung der Imitationstheorie, dass Söhne schwerpunktmäßig ihre Väter, Töchter schwerpunktmäßig ihre Mütter nachahmen, finden sich nur wenig bestätigende Forschungsergebnisse. Kinder übernehmen von beiden Elternteilen Modellverhalten und ähneln somit sowohl dem Vater wie der Mutter.

Trotzdem lässt sich zusammenfassend festhalten, dass die Imitationstheorie zur Erklärung der Ausbildung geschlechtstypischen Verhaltens durchaus nützlich sein kann, wenn sie in Kombination mit anderen theoretischen Konzepten verwendet wird und in ihrem Geltungsanspruch eingeschränkt wird auf bestimmte Altersphasen und besondere Lernsituationen.

Kinder erwerben Verhaltensweisen, die zu ihrem Geschlecht „passen", auch durch Beobachtung und nachfolgende Imitation von Modellverhalten. Das Lernen durch Nachahmung, welches hier abläuft, spielt eine gewichtige Rolle in der menschlichen Entwicklung auch in anderen Bereichen. Viele alltägliche Fähigkeiten und Fertigkeiten werden so erworben. (Lernen durch Nachahmung gibt es übrigens schon im Tierreich, z. B. bei Vögeln und höheren Säugetieren.)

Als die Patentante zu Besuch kommt, begrüßt Lisa (5 Jahre) sie mit einem Knicks – sehr zum Erstaunen der Eltern, die dergleichen noch nie bei ihrer Tochter gesehen haben. Die große Verwunderung der Eltern wird noch verständlicher, wenn man sich vor Augen führt, dass diese sich, seit ihre Tochter auf der Welt ist, regelrecht bemüht haben, eine traditionelle Geschlechtsrollenerziehung zu vermeiden. Durch behutsames Nachforschen können sie in Erfahrung bringen, dass Lisa den Knicks abgeschaut hat bei einem etwas älteren

Mädchen aus der Nachbarschaft, welches schon die erste Klasse der Grundschule besucht und mit der Lisa ab und zu spielt.

Erwähnenswert ist noch, dass sich der Knicks nicht dauerhaft in Lisas Repertoire geschlechtstypischer Verhaltensweisen verankert, was wohl damit zusammenhängen dürfte, dass er von Seiten der Eltern (und anderer, für Lisa wichtiger Bezugspersonen) keine Bekräftigung erfährt.

Identifikationstheorie: Übernahme innerer Haltungen

Die *Identifikationstheorie der Entwicklung von Geschlechtsunterschieden* nimmt an, dass den so genannten Primärbeziehungen eine zentrale Bedeutung bei der Ausbildung geschlechtsspezifischen Verhaltens zukommt: Im Laufe der ersten Lebensjahre entwickelt sich zwischen Kindern und ihren wichtigsten Bezugspersonen (in der Regel die Mutter und der Vater) eine intensive gefühlsmäßige Beziehung und Bindung. Diese Beziehung ist Grundlage und Anlaß dafür, dass sich das Mädchen mit der Mutter, der Junge mit dem Vater „identifiziert", d. h. sich innerlich mit dem gleichgeschlechtlichen Elternteil als identisch (oder zumindest sehr ähnlich) erlebt. Das Gefühl des Gleichseins bewegt den Jungen bzw. das Mädchen dazu, vom Vater bzw. der Mutter in umfassender Weise innere Einstellungen und Werthaltungen und äußere Verhaltensmuster zu übernehmen. Es ist trivial, darauf hinzuweisen, dass Kinder im allgemeinen zu beiden Elternteilen eine enge Gefühlsbeziehung entwickeln, zur Mutter zunächst möglicherweise eine noch engere als zum Vater, weil sie – im Regelfall gilt dies auch noch heutzutage und insbesondere für die ersten Lebensjahre – die für Versorgung, Betreuung und Erziehung zuständige Hauptbezugsperson für Jungen und Mädchen darstellt. Die Identifikationstheorie tut sich deshalb schwer, plausibel zu machen, wieso es angesichts dieser Tatsache dazu kommen soll, dass sich Söhne stärker mit ihren Vätern, Töchter stärker mit ihren Müttern identifizieren.

Beschränkungen der Identifikationstheorie

Auch die präzise Abgrenzung von Identifikation und Imitation erweist sich als schwierig und eigentlich nur vom Standpunkt des Theoretikers als sinnvoll. In der Praxis wird in beiden Fällen eine Art von Angleichung des Kindes an seine Bezugsperson beobachtet.

Identifikationstheoretiker gehen davon aus, dass bei Vorliegen einer Identifikation nicht nur ein spezielles äußeres Verhalten nachgeahmt und übernommen wird (= Imitation), sondern gleichzeitig und zusätzlich auch die entsprechenden inneren Gefühlshaltungen und Wertorientierungen.

Aus Sicht der Identifikationstheorie müssten Jungen größere Probleme beim Aufbau einer konsistenten Geschlechtsrolle erleben als Mädchen: Jungen müssen sich nämlich zuerst von ihrer primären Bezugsperson der frühen Kindheit, der Mutter, ablösen, welche gleichzeitig auch ihr Identifikationsobjekt war, und zum Vater, der zuweilen weniger fürsorglich und liebevoll, dafür autoritärer und strenger ist als die Mutter, überwechseln. Warum sollten sie dies überhaupt tun? Und wie lässt sich dann erklären, dass es Jungen in der Regel schneller und früher schaffen, eine stabile Geschlechtsrolle aufzubauen?

Betrachtet man den gegenwärtigen Forschungsstand, so fällt zunächst ins Auge, dass für die von der Identifikationstheorie unterstellte größere Ähnlichkeit zwischen Vätern und Söhnen bzw. Müttern und Töchtern die wissenschaftlichen Belege fehlen. Es gibt keine Anhaltspunkte dafür, dass sich zwischen gleichgeschlechtlichen Eltern-Kind-Paaren häufiger und in größerem Umfang Ähnlichkeiten ausbilden als zwischen ungleichgeschlechtlichen Paaren. Dass es im Laufe der Entwicklung zu Identifikationen kommt, dass Eltern und Kind sich wechselseitig aufeinander beziehen und sich dadurch – einmal mehr, einmal weniger – ähnlich und sozusagen seelenverwandt fühlen, ist durchaus einsichtig und plausibel. Dass sich diese Vorgänge jedoch speziell auf das gleichgeschlechtliche Elternteil erstrecken und dadurch dem Aufbau der Geschlechtsrolle nützen, ist eher unwahrscheinlich.

Nachvollziehbarer ist, dass Identifikationsvorgänge erleichtert werden, wenn eine von Sympathie und Zuneigung geprägte Beziehung vorliegt und die Identifikationsfigur darüber hinaus attraktive und hochgeschätzte Merkmale, wie Ansehen, Attraktivität, eine herausragende Begabung, Einfluss, Macht usw. besitzt. Entsprechende Identifikationen (mit „Idolen") dürften z. B. während der Jugendjahre besonderen Stellenwert besitzen und die Persönlichkeitsentwicklung sicherlich mit beeinflussen. Ob ihnen jedoch – wie von der Identifikationstheorie behauptet – zentrale Bedeutung bei der Ausbildung geschlechtsspezifischer Verhaltensmuster zukommt, kann mit Recht bezweifelt werden.

Auch über Identifikationsvorgänge können geschlechtstypische Verhaltensmuster (und die dazugehörenden inneren Einstellungen und Werthaltungen) erworben werden. Sich mit einer anderen Person innerlich gleichsetzen und als identisch erleben – so ließe sich der Begriff „Identifikation" umschreiben –, spielt sich bei Kindern vor allem im Hinblick auf Personen ab, die sie in ihr Herz geschlossen haben, mit denen sie sich verbunden fühlen (Eltern, Geschwister, Familienangehörige, enge und vertraute Freunde). Auf dem Wege der Identifikation, so vermutet man, übernehmen Kinder (und auch Jugendliche, die ihre Idole zuweilen anhimmeln und abgöttisch verehren), nicht nur einzelne geschlechtstypische Verhaltensweisen (z. B. die Tochter im Kindergartenalter in spielerischer Weise von der Mutter das Lackieren der Finger- und Fußnägel), sondern umfassendere Verhaltensmuster und innere Haltungen und Wertorientierungen.

Lydia, die mitten in der Pubertät steckt, fällt der Abschied von Silvana, dem 17-jährigen Au-pair-Mädchen, das fast zwei Jahre im Kreis der Familie gelebt hat und jetzt in ihre italienische Heimatstadt zurückkehrt, besonders schwer. Sie zieht sich noch mehr in sich zurück, leidet still vor sich hin und ist kaum noch ansprechbar. Die Eltern fangen an, sich ernsthaft Sorgen zu machen, und überlegen, ob sie nicht eine psychologische Beratungsstelle aufsuchen sollen. Ihnen fällt auf, dass sich Lydia seit der Abreise Silvanas so verhält, als wäre sie deren Zwillingsschwester: Sie spricht wie Silvana, sie kleidet sich wie Silvana (greift dabei auch auf Kleidungsstücke zurück, die von Silvana ausrangiert wurden), sie verwendet dieselben Cremes und Seifen wie Silvana (obwohl diese gar nicht zu ihrem Hauttyp passen), sie hängt sich Poster von Axl Rose auf, für den Silvana sehr schwärmte, sogar in ihrer Mimik und Gestik wirkt sie zuweilen wie ein getreues Abbild ihrer geliebten Silvana.

Kognitive Theorie: Der Verstand wird eingesetzt

Die *kognitive (geistig-verstandesmäßige) Theorie der Geschlechtsrollen-Entwicklung* wurde in den 60er Jahren von L. Kohlberg ausformuliert und teilweise in eigenen Untersuchungen überprüft. Kohlberg knüpfte in weitem Umfang an grundlegende Annahmen der allgemeinen Theorie der kognitiven Entwicklung des bekannten Schweizer Psychologen Jean Piaget an. Dieser geht davon aus, dass sich die geistige Entwicklung des Menschen gesetzmäßig und sozusagen von innen gesteuert in einer Reihe aufeinander aufbauender Stufen vollzieht. In Piagets Theorie wird dem heranwachsenden

Kind, das sich *aktiv* mit seiner physikalischen und sozialen Umwelt auseinandersetzt, eine zentrale Rolle zugewiesen. Es erwirbt auf diese Art Wissen und ein immer differenzierteres Urteilsvermögen auch über geschlechtsbezogene Inhalte und Merkmale, die in seiner Kultur und Gesellschaft als typisch für Frauen und typisch für Männer bezeichnet werden. Das Kind ist dadurch allmählich in der Lage, nicht nur sich selbst, sondern auch andere Personen sicher und eindeutig dem weiblichen oder männlichen Geschlecht zuzuordnen. In der frühen Kindheit greift es dabei auf äußere Erscheinungsmerkmale, wie Kleidung, Haartracht, Stimme, Körperbau usw., später dann auch auf Verhaltensweisen, Beschäftigungsvorlieben, Einstellungen und Haltungen als Anhaltspunkte zurück.

Ablauf der Entwicklung

Für Kohlberg vollzieht sich die Geschlechtsrollen-Entwicklung im Detail auf folgende Weise: Im Laufe des 3. Lebensjahres erwirbt das Kind ein Verständnis dafür, welchem Geschlecht es angehört; es weiß nun, dass es ein Junge bzw. ein Mädchen ist, ist sich aber noch nicht sicher, ob diese Zugehörigkeit zu einem Geschlecht auch endgültig und dauerhaft ist: Ein Zweijähriger kann sehr nachdenklich werden, wenn er gefragt wird, ob er, wenn er sich die Haare wachsen lässt, Mädchenkleidung anzieht und sich „Claudia" nennt, auch wirklich ein Mädchen wird.

Ungefähr ein Jahr später kommt es zu einer vorläufigen Festigung der Geschlechtsidentität; das Kind ist sich nun sicher, dass es zu den Jungen bzw. Mädchen gehört und weiß auch, dass aus Jungen später einmal Männer und aus Mädchen später einmal Frauen werden.

Erst zwischen dem 6. und 8. Lebensjahr soll sich nach Kohlberg dann das abspielen, was in der Fachsprache als „Herausbildung der Invarianz der eigenen Geschlechtszugehörigkeit" bezeichnet wird: Für Kinder im Grundschulalter ist das Geschlecht zu einem unveränderbaren Merkmal geworden, das konstant bleibt, auch wenn man – als Junge – eine Mädchenfrisur und Mädchenkleider trägt und später einmal einen Frauenberuf wie Kindergärtnerin oder Krankenschwester ausübt.

> Mit 3 oder 4 Jahren ist die Stufe der Geschlechtskonstanz noch nicht erreicht. Kinder sind in diesem Alter noch nicht davon überzeugt, dass die Geschlechtzugehörigkeit etwas Unveränderbares ist.

Der 3-jährige Tobias ist ziemlich daneben, als er das hört, was ihm seine Mutter eröffnet. Er hatte sich im Kinderfasching als Hexe verkleidet, weil er von einer solchen im Märchen von Hänsel und Gretel sehr beeindruckt war. Sehr beeindruckt waren auch seine Spielfreunde aus der Nachbarschaft, die ihn erst gar nicht erkannten und mit allen Anzeichen von Respekt und Zurückhaltung begrüßten. Jetzt erklärt ihm seine Mutter, dass er nicht für immer eine Hexe sein könne, auch wenn er sich das noch so sehr wünschen würde, weil er doch ein Bub sei und Hexen wären immer Frauen! Und aus Jungen würden später immer Männer werden.

Kohlberg geht davon aus, dass Kinder, die schließlich davon überzeugt sind, dass ihre Zugehörigkeit zum männlichen oder weiblichen Geschlecht unveränderbar und dauerhaft ist, auch sehr stark daran interessiert sind, sich selbst angemessen und geschlechtstypisch zu verhalten. Sie bemühen sich, Situationen aufzusuchen und Gelegenheiten herzustellen, vermittels derer sie sich selbst ihre Geschlechtszugehörigkeit immer wieder bestätigen. Das erreichen sie z. B. dadurch, dass sie sich mit dem gleichgeschlechtlichen Elternteil identifizieren und ihm nacheifern oder vorbildhaftes Verhalten gleichgeschlechtlicher Modelle, wie älterer Freunde und Spielkameraden, übernehmen. Kohlberg unterstellt hier die Wirksamkeit eines Strebens nach „kognitiver Konsistenz", d. h. nach geistig-verstandesmäßigem Mit-sich-Stimmigsein, welches die Kinder veranlasst, sich in erster Linie mit Informationen zu versorgen, die ihrer sich festigenden Geschlechtsidentität entsprechen und diese höher zu gewichten als gegenläufige Informationen, die sie eher ausblenden. Mit dem eigenen Geschlecht in Einklang stehende Aktivitäten werden dadurch gleichsam automatisch höher bewertet und tragen so dazu bei, dass die eigene Geschlechtsrolle auch subjektiv geschätzt und bevorzugt wird. Kohlberg geht in diesem Zusammenhang nicht weiter darauf ein, wie sich diskriminierende Normen der Gesellschaft, welche dem weiblichen Geschlecht einen niedrigeren Status zuweisen, auf die beschriebenen Vorgänge der Höherbewertung der eigenen Geschlechtsrolle auswirken.

Beschränkungen der kognitiven Theorie

Nach dieser kognitiven Theorie der Geschlechtsrollen-Entwicklung bildet die kognitive, d. h. geistig-verstandesmäßige Selbsteinordnung als „männlich" oder „weiblich" die wesentliche Grundlage für die

Ausbildung psychologischer Geschlechtsunterschiede und den Aufbau der Geschlechtsrolle. Die in den anderen Theorien beschriebenen Vorgänge der Bekräftigung, Imitation und Identifikation haben nur zweitrangige, untergeordnete Bedeutung. Sie spielen sich erst dann ab, wenn die geistig-verstandesmäßige Voraussetzung, nämlich das Wissen um die dauerhafte Zugehörigkeit zu einem Geschlecht, vorliegt. Die in den letzten 30 Jahren speziell zur Überprüfung der Kohlberg-Theorie durchgeführten Untersuchungen erbrachten nur teilweise bestätigende Ergebnisse. Beispielsweise konnte nachgewiesen werden, dass besonders intelligente Kinder ihre durchschnittlich begabten Altersgefährten im Hinblick auf die Geschlechtsrollenentwicklung übertreffen. Sie können schon früher zwischen geschlechtstypischen Merkmalen und Verhaltensweisen differenzieren, sind dann allerdings auch früher als ihre weniger intelligenten Altersgenossen wieder weniger abhängig von Geschlechtsrollenklischees und -stereotypisierungen. Die nach Kohlbergs Theorie vorausgesagte hohe positive Korrelation zwischen Geschlechtsrollen-Identität und Annahme sowie Höherbewertung der eigenen Geschlechtsrolle scheint also nur vorübergehend für eine bestimmte Kindheitsphase zu gelten. Im Jugend- und Erwachsenenalter kann es, gerade bei Hochintelligenten, gelegentlich sogar zu einer Umkehrung kommen: Man setzt sich mit der eigenen Geschlechtszugehörigkeit besonders kritisch auseinander und gelangt nicht selten zu negativeren Bewertungen von Merkmalen der eigenen Geschlechtsrolle.

Gegen Kohlbergs Theorie spricht auch, dass Kinder gleicher Intelligenz und gleichen kognitiven Entwicklungsstandes eine stärkere Typisierung in ihrem geschlechtsspezifischen Verhalten zeigen, wenn sie der niedrigeren sozioökonomischen Sozialschicht angehören. Dieser Forschungsbefund macht deutlich, dass die Ausbildung der Geschlechtsrolle und die Entstehung von psychischen Geschlechtsunterschieden nicht nur von der geistig-verstandesmäßigen Entwicklung abhängt. Durchgängig und in bestimmten Phasen in besonderem Maße scheinen auch Einflüsse der sozialen Umwelt eine gewichtige Rolle zu spielen: In der frühen Kindheit das mütterliche Erziehungsverhalten, in der mittleren Kindheit das Vorbildverhalten des gleichgeschlechtlichen Elternteils, später dann die gleichaltrigen Freundescliquen, aber auch die Medien und der soziale Druck, der von Klassenkameraden oder Arbeits- und Studienkollegen ausgeübt werden kann.

Verdienste der kognitiven Theorie

Kohlbergs Theorie macht – und das ist ihr besonderer Verdienst – darauf aufmerksam, dass der Aufbau der Geschlechtsrolle und die Ausbildung von psychischen Geschlechtsunterschieden als Vorgang verstanden werden muss, an dem *das Kind als aktiver Verarbeiter von Informationen* ganz entscheidend beteiligt ist. Das Kind wird zwar – in der Regel schon von früh an – belohnt, wenn es sich geschlechtsangemessen verhält, und erfährt negative Rückmeldung, wenn es nicht zu seinem Geschlecht passendes Verhalten zeigt; es imitiert und eifert Vorbildern nach, besonders wenn es sich mit diesen verbunden fühlt oder sich mit ihnen identifiziert. Doch spielen dabei seine eigenen geistigen Verarbeitungsprozesse eine zunehmend wichtigere Rolle. Das gilt besonders ausgeprägt für intelligente Kinder, die schon sehr früh lernen, zwischen unterschiedlichen geschlechtsspezifischen Verhaltensweisen zu differenzieren („Jungen spielen lieber mit Autos – Mädchen mit Puppen", „Jungen setzen sich durch und kämpfen – Mädchen geben nach oder bitten um Hilfe"). Ihr früh erworbenes Wissen über Geschlechtsunterschiede führt in der Regel dazu, dass sie selbst auch früher als andere Kinder lernen, sich geschlechtsangemessen zu verhalten, trägt aber auch häufig dazu bei, dass es ihnen leichter fällt, über Geschlechtsrollenklischees nachzudenken und diese gegebenenfalls kritisch zu bewerten. In sozioökonomisch besser gestellten Sozialschichten aufwachsende Kinder, in deren Erziehung selbständiges Denken und kritisches Urteilsvermögen hochgeschätzt werden, erfahren dabei mehr Unterstützung von Seiten ihrer Eltern und anderen Bezugspersonen als Kinder aus sozioökonomisch niedrigeren Sozialschichten. Diese werden auch heute noch häufiger in Familien groß, in denen besonders die Väter Ein- und Unterordnung, Anpassung und Gehorsam gerade von ihren Töchtern fordern und erwarten, dass diese sich angemessen – wie es sich für ein „anständiges Mädchen" gehört – verhalten.

Zusammenfassende Würdigung der vier Theorien

Für jede der vier vorangehend dargestellten psychologischen Theorien zur Entwicklung von Geschlechtsunterschieden lassen sich bestätigende und widersprechende Forschungsbefunde aufzeigen. Die Frage, welche der Theorien am ehesten Gültigkeit für sich beanspruchen kann, ist beim derzeitigen Kenntnisstand nicht eindeutig zu beantworten. Es scheint vielmehr so zu sein, dass jeder Theorieansatz aufmerksam macht auf einen Vorgang, der innerhalb der Geschlechtsrollen-Entwicklung – eine gewisse, wenn auch eingeschränkte – Bedeutung besitzt. Positive und negative Bekräftigungen dürften beim Erwerb von geschlechtsangemessenem Verhalten sicherlich eine Rolle spielen. Dass sie allgegenwärtig und immer beteiligt sind, wenn Kinder lernen, dass Jungen und Mädchen verschieden sind, und sich deshalb auch unterschiedlich verhalten, ist sehr unwahrscheinlich. Eher zutreffen könnte, dass im Verlauf der Kindheit und Jugend neben Bekräftigungen auch Nachahmungen und Identifikationen eine immer größere Rolle spielen. Die kognitive Theorie lenkt den Blick auf die Tatsache, dass bestimmte geistigverstandesmäßige Voraussetzungen, die im Wechselspiel von Reifung und Lernen geschaffen werden, vorhanden sein müssen – z. B. die Geschlechtskonstanz, d. h. das Wissen um die Unveränderbarkeit des Geschlechtes – damit weitere Schritte zur Ausbildung einer in sich stimmigen Geschlechtsidentität vollzogen werden können.

Kognitive Theorie als Rahmentheorie

Die kognitive Theorie stellt – so betrachtet – einen Rahmen zur Verfügung, innerhalb dessen sich die anderen drei Theorien als miteinander verbundene Teile einordnen lassen. Grundlegend für die Rahmentheorie ist die Annahme, dass die Geschlechtsrollenentwicklung gekoppelt ist an die geistige Entwicklung und sich in einer Reihe von aufeinander aufbauenden Schritten vollzieht. Zunächst muss das Niveau der Geschlechtskonstanz, d. h. die Gewissheit, dass die Geschlechtszugehörigkeit unveränderbar ist, Schritt für Schritt aufgebaut werden. Kohlberg fand Anhaltspunkte dafür, dass die Mengenkonstanz, d. h. das Sich-sicher-Sein, dass eine Flüssigkeitsmenge unverändert bleibt, wenn sie von einem niedrigen, bauchigen Gefäß in ein viel höheres, schlankes Gefäß umgefüllt wird und dadurch einen viel größeren Raum einzunehmen scheint, zur gleichen Zeit wie die Geschlechtskonstanz erreicht wird. Er wertet dies als Beleg für die Tatsache der engen Kopplung zwischen kognitiver und sozial-kognitiver Entwicklung beim Kind: Sein Verständnis für physikalische (räumlich-körperliche) und soziale (kulturell-gesellschaftliche) Zusammenhänge ist nach Ansicht der kognitiven Entwicklungstheorie sehr eng miteinander verknüpft.

Erst das Erreichen des Niveaus der Geschlechtskonstanz ermöglicht den stufenweisen Aufbau einer eigenen Geschlechtsidentität. An deren individueller Ausgestaltung sind Erfahrungen, die das Kind in seiner sozialen Umwelt macht, maßgeblich beteiligt: Welche seiner geschlechtsspezifischen Verhaltensweisen werden als angemessen bzw. unangemessen beurteilt (und damit positiv bzw. negativ *bekräftigt*)? Welche für seine eigene Geschlechtsidentität von ihm als wichtig erlebten Vorbilder *imitiert* es? Mit welchen Bezugspersonen *identifiziert* es sich (und übernimmt dadurch auch gleichsam automatisch deren geschlechtstypische Einstellungen)?

Derzeit ist noch weitgehend ungeklärt, wann welche Mechanismen – Bekräftigung, Imitation, Identifikation und kognitive Ausgestaltung – in der individuellen Entwicklung zum Zuge kommen. Eine Reihe von Hinweisen findet sich dafür, dass in den ersten Lebensjahren Bekräftigungen eine besondere Rolle spielen. Während der Kindergarten- und Vorschuljahre dürften dann Beobachtung und Imitation von Modellverhalten deutlich zunehmen und in den sich anschließenden Altersabschnitten der (mittleren und späten) Kindheit und Jugend Identifikationen und kognitive Ausgestaltungen der Geschlechtsidentität an Bedeutung gewinnen. Wie es in späteren Lebensphasen weitergeht, darüber gibt es nur wenig wissenschaftlich fundierte Forschungsergebnisse.

3 Die ersten Lebensjahre: Was spielt sich ab zwischen dem Kleinkind und seinen Bezugspersonen?

Schon vor der Geburt spielt das Geschlecht eine Rolle

Harte Fakten belegen, dass die Mehrheit der werdenden Eltern dem Geschlecht ihres im Mutterleib heranwachsenden Kindes nicht gleichgültig gegenübersteht.

In den Industrienationen wird tendenziell immer noch (besonders wenn es sich um das erste oder einzige Kind handelt), ein Junge bevorzugt. Diese Tendenz wird als Auswirkung der patriarchalen Stammhalter-Philosophie interpretiert. Jedoch sind diese Präferenzen nicht mehr so deutlich zu belegen, wie noch vor einigen Jahrzehnten. Einige Bevölkerungswissenschaftler meinen sogar, dass mit dem Ausbau der staatlichen Fürsorgesysteme und aufgrund der Tatsache, dass immer mehr Frauen berufstätig werden und eine steigende Lebenserwartung haben, der Wert von Töchtern für Eltern noch steigen wird.

In den USA und vielen westeuropäischen Ländern etablierte sich nach dem zweiten Weltkrieg in der Mittelschicht immer stärker die Zwei-Kinder-Norm, von der insbesondere dann abgewichen wurde, wenn die ersten beiden Kinder weiblichen Geschlechts waren. In der Volksrepublik China werden nach Einführung und strenger Sanktionierung der Ein-Kind-Regel bis heute deutlich weniger Mädchen geboren und aufgezogen, was auf gezielte Abtreibung und Kindstötung zurückgeführt werden muss.

In ihrer Befragung von 1981 fand Oakley heraus, dass sich die Hälfte der schwangeren Frauen einen Jungen und ein Viertel ein Mädchen wünschte, den übrigen war das Geschlecht egal. Diese Frauen, so stellte sich heraus, liebäugelten jedoch innerlich häufiger mit einem Jungen, wollten dies jedoch nicht eingestehen, aus Angst vor Enttäuschung oder um das Schicksal nicht herauszufordern. Wenn dann eine Tochter geboren wurde, waren 56% der Mütter damit zufrieden und 44% enttäuscht; wenn ein Sohn geboren wurde, waren 93% glücklich und lediglich 3% enttäuscht. Die Feministin Anja Meulenbelt (1985) zieht daraus das Fazit, dass „also die Hälfte der Mädchen ihr Leben als Enttäuschung für ihre Mutter" (S. 105) beginnt und verweist auf Untersuchungen, in denen belegt wird, dass Mütter von Mädchen häufiger unter nachgeburtlichen Depressionen leiden als Mütter von Jungen, was natürlich Konsequenzen hat für die sich entwickelnde Mutter-Tochter-Beziehung.

Auf einige Anhaltspunkte dafür, dass angehende Väter, welche beteuern, dass sie mit einer Tochter genauso glücklich werden wie mit einem Sohn, sich täuschen bzw. selbst etwas vormachen, weisen Cowan und Mitarbeiter (1993) hin.

In ihren Selbstbeschreibungen mithilfe einer Eigenschaftsliste unterscheiden sich zukünftige Väter von Söhnen nicht von zukünftigen Vätern von Töchtern. Aber zwei Jahre nach der Geburt der Kinder verwenden Väter von Söhnen durchweg positivere Eigenschaften bei ihrer Selbstcharakterisierung.

Nach der Geburt eines Mädchens wird innerhalb der folgenden 18 Monate häufiger ein weiteres Kind geboren als in einer Familie mit einem erstgeborenen Jungen.

Eltern mit einem erstgeborenen Mädchen trennen sich in den ersten vier Jahren nach der Geburt des Kindes häufiger wieder als Eltern mit einem erstgeborenen Jungen. Außerdem gibt es Hinweise darauf, dass es in Familien mit einem Mädchen häufiger kriselt und dass die eheliche Zufriedenheit der Partner in Familien mit einem Jungen größer ist.

Mütter und Väter sind der Ansicht, dass Jungen durch Trennung oder Scheidung der Eltern stärker beeinträchtigt werden als Mädchen. Mütter meinen, dass es schwieriger ist, einen Sohn, der seinen Vater nur mehr gelegentlich sieht, allein aufzuziehen als eine Tochter. Cowan und Mitarbeiter äußern dazu die Vermutung, dass sich Eltern von Söhnen von Anfang an wahrscheinlich besonders bemühen, dass die Vater-Sohn-Beziehung nicht durch eheliche oder sonstige familiäre Probleme untergraben und getrübt wird. Sie glauben, dass Väter von Töchtern bei auftretenden Eheproblemen vergleichsweise weniger Anstrengungen unternehmen, die Beziehung zu ihren Töchtern weiterhin positiv zu gestalten. Die Autoren zitieren eigene Forschungsergebnisse, welche untermauern, dass Männer ihre Unzufriedenheit mit der Partnerin geradezu auf die kleinen Töchter übertragen, die sie vernachlässigen oder schlecht behandeln. Frauen dagegen scheinen ihre Probleme mit dem Partner nicht auf die Beziehungen zu den Söhnen zu übertragen (Cowan et al. 1993, 186).

Zusammenfassend muss jedoch festgehalten werden, dass sich die erfahrungswissenschaftliche Forschung bis heute mit den Auswirkungen von bereits vor der Geburt des Kindes sich manifestierenden, elterlichen geschlechtsbezogenen Erwartungen und Einstellungen nicht sehr eingehend beschäftigt hat.

Auswirkungen von Geschlechtsrollenklischees auf Neugeborene und Kleinkinder

In einigen Experimenten konnte gezeigt werden, dass sich Eltern und andere Erwachsene bei der Wahrnehmung und Einschätzung neugeborener Kinder von Geschlechtsstereotypen und klischeehaften Rollenvorstellungen leiten lassen: Unabhängig vom tatsächlichen Geschlecht wurden Jungen als groß, stark, aktiv und Mädchen als zierlich, hübsch und klein beurteilt! Dabei neigen Männer und Erwachsene, die wenig Kontakt zu Kindern haben, zu extremeren Einschätzungen als Frauen und Erwachsene, die alltäglichen Umgang mit Kindern haben.

Auch bei der Beurteilung einzelner Verhaltensweisen lässt sich demonstrieren, wie Geschlechtsrollenklischees die Wahrnehmung verändern: Dasselbe neun Monate alte Kind, das sich in vier verschiedenen Situationen mit unterschiedlichen Gegenständen beschäftigte, wurde, wenn es den Versuchspersonen als Junge vorgestellt wurde, anders beurteilt, als wenn man es den Versuchspersonen als Mädchen präsentierte. Wenn das Kind schrie, wurde ihm als Jungen unterstellt, es wäre ärgerlich, als Mädchen dagegen, es wäre erschrocken oder ängstlich. Insgesamt wurde das Verhalten des – angeblich männlichen – Kindes sehr häufig mit Begriffen wie aktiv, munter, unabhängig, aggressiv, klug usw. charakterisiert, das Verhalten des – angeblich weiblichen – Kindes dagegen häufiger mit Attributen wie friedlich, nett, lieb, zart und passiv gekennzeichnet.

Unterschiedliches Verhalten von Müttern und Vätern ihren Säuglingen gegenüber

Beobachtungen von Eltern in natürlichen und experimentellen Situationen erbrachten, dass Mütter und Väter ihre Töchter im ersten halben Lebensjahr häufiger als ihre Söhne „distal stimulieren", d. h. aus der Ferne, z. B. durch Lächeln, Sprechen, Vokalisieren, anregen. Demgegenüber werden Jungen in den ersten sechs Lebensmonaten häufiger „proximal stimuliert", d. h. berührt, angefasst, gestreichelt, hochgehoben und gewiegt. Gefunden wurde auch, dass Mütter auf verdrießliches oder ärgerliches Verhalten ihrer kleinen Töchter häufiger mit Beschwichtigungen und Beruhigungen (Schnuller geben, Anschauen und Zureden) reagieren als bei ihren Söhnen. Wenn die Kleinen von sich aus Laute produzieren, antworten Mütter und Väter bei Mädchen häufiger als bei Jungen mit ähnlichen Lautbildungen; Jungen werden signifikant häufiger aufgenommen und geschaukelt. Die beschriebenen Unterschiede im elterlichen Verhalten verschwinden im Verlaufe des zweiten Lebensjahres.

Die Wurzeln räumlichen Vorstellungsvermögens und Grundlegung sprachlicher Kompetenzen

Vermutet wird, dass das unterschiedliche elterliche Verhalten männlichen und weiblichen Säuglingen gegenüber mit der Tatsache zusammenhängt, dass Jungen in den ersten Lebensmonaten häufig hilfsbedürftiger, störanfälliger und weniger belastbar wirken. Möglicherweise ist dieser Umstand auf ihren biologischen Entwicklungsstand zurückzuführen, der hinter dem der Mädchen herhinkt (Jungen brauchen z. B. auch im Durchschnitt 2 Jahre länger, um geschlechtsreif zu werden). Berichtet wird, dass Jungen im Kleinkindalter häufiger erkranken und öfter motorisch unruhiges, negativ bewertetes Verhalten zeigen. Einige Wissenschaftler meinen, dass die stärkeren proximalen Anregungen (z. B. auch des Gleichgewichtssinns, der für die Lageorientierung im Raum zuständig ist), die Jungen in den ersten Lebensmonaten erhalten, dazu beitragen, dass ihr räumliches Vorstellungsvermögen grundlegend gefördert wird. Mädchen, die nicht so stark proximal angeregt werden, tun sich deshalb später schwer, es mit Jungen im Hinblick auf räumliche Vorstellungskraft aufzunehmen. Sie erreichen aber regelmäßig bessere Leistungen im Bereich aktiver und passiver Sprachkompetenz (Wortschatz, Sprachgewandtheit, Sprachgefühl und Sprachverständnis), was in Verbindung gebracht wird mit der Tatsache, dass sie schon als Kleinkinder intensiver und regelmäßiger direkte und indirekte sprachliche Anregungen erhalten.

Väter und Mütter unterscheiden sich untereinander was ihr auf das männliche bzw. weibliche Kleinkind bezogene Verhalten angeht: Väter geben ihren Söhnen und Töchtern mehr körperliche Anregungen, spielen mit ihnen häufiger Bewegungs- und Berührungsspiele.

Mütter stimulieren ihre Kinder häufiger in sprachlicher Hinsicht und spielen mit ihnen öfter konventionelle Spiele oder mit Spielzeug. Interessant ist, dass Väter sich mit ihren Söhnen im zweiten Lebensjahr ungefähr doppelt solange beschäftigen wie mit ihren Töchtern. Im mütterlichen Verhalten zeigte sich eine derartige Differenzierung zwischen Söhnen und Töchtern nicht. Schon mit zwei Jahren bevorzugen Jungen (deshalb?) spielerische Beschäftigungen mit dem Vater und Mädchen spielen lieber mit der Mutter. Dass Väter seltener mit primären Pflegefunktionen (Füttern, Wickeln, Waschen usw.) befasst sind, wurde immer wieder – unabhängig vom Geschlecht des Kleinkindes – belegt.

Interessant ist weiter, dass sich im Verlauf der zweiten Hälfte des ersten Lebensjahres keine signifikanten Unterschiede im Spontanverhalten von männlichen und weiblichen Kleinkindern nachweisen lassen.

Nicht von der Hand gewiesen werden kann die Vermutung, dass die Wurzeln späterer geschlechtstypischer Verhaltensausprägungen von Mädchen und Jungen zumindest mit bedingt sind durch die unterschiedliche elterliche Behandlungsweise im ersten Lebensjahr: Mädchen erfahren mehr stimmlich-sprachliche Anregung und entwickeln sich in diesem Bereich (auch hirnphysiologisch!) schneller, Jungen werden körperlich-motorisch stärker stimuliert und entwickeln früher Kompetenzen im Hinblick auf grobmotorische Beweglichkeit, Gleichgewichtssinn und räumliche Orientierung.

Stufenweise Ausbildung des subjektiven Geschlechts

Eine Reihe von Anhaltspunkten sprechen dafür, dass im Verlauf des zweiten Lebensjahres, unterstützt durch soziale Interaktionen auf der Grundlage des dem Kind zugewiesenen Geschlechts, auch subjektiv allmählich das Gefühl der Zugehörigkeit zu einem bestimmten Geschlecht festgelegt wird. Einige Wissenschaftler meinen, dass dieser Vorgang als – weitgehend unumkehrbare – Prägung verstanden werden muss, die auch neurophysiologisch ihren Niederschlag findet, und verweisen auf in der klinischen Psychologie beschriebene Störungen der individuellen Entwicklung. Diese treten auf, wenn zu späteren Zeitpunkten Geschlechtszuschreibungen erfolgten, die nicht dem psychosexuellen Geschlecht entsprechen.

Aus Sicht von Kohlberg durchläuft das individuelle, subjektive Verstehen der eigenen Geschlechtszugehörigkeit eine Reihe von aufeinander aufbauenden Phasen und erreicht seinen vorläufigen Abschluss im Grundschulalter.

Dem *Spracherwerb* ist sicherlich zentrale Bedeutung bei der Entstehung des subjektiven Geschlechts beizumessen. Dem Kind wird über die Sprache mitgeteilt, welchem Geschlecht es angehört. Seine Bezugspersonen, die ihm einen weiblichen oder männlichen Vornamen gegeben haben, reden von „ihr" oder „ihm" und so wird ihm vermittelt, dass es eine „Sie" oder ein „Er" ist.

Nicht jedes 2-jährige Kind kann die Frage nach seinem Geschlecht richtig beantworten, aber die meisten 3-Jährigen antworten korrekt, wenn sie gefragt werden, ob sie ein Junge oder ein Mädchen sind. Dass im Verlauf des dritten und vierten Lebensjahres wesentliche Fortschritte gemacht werden was die Ausbildung der „Geschlechtsidentität" betrifft, wurde mehrfach bestätigt.

Sehr interessante und exemplarische Untersuchungen zur subjektiven Geschlechtsausbildung führte Dannhauer (1973) an Krippen- und Kindergartenkindern der ehemaligen DDR durch:

In einer dieser Studien wurde davon ausgegangen, dass sich die Entwicklung der Geschlechtsidentität in vier Stufen vollzieht.

1. Zuerst lernen die Kinder, dass es zwei Geschlechter gibt.
2. Auf der zweiten Stufe lernen sie, das eigene Geschlecht richtig einzuordnen, wenn ihnen in konkret-anschaulicher Form (z. B. Bildvorlagen) Zuordnungsmöglichkeiten angeboten werden.
3. Dann lernen sie, das eigene Geschlecht auch sprachlich richtig zuzuordnen („er" ist ein „Junge", „sie" ist ein „Mädchen").
4. Schließlich wird die Einsicht erworben, dass man das eigene Geschlecht beibehält: Der kleine Junge lernt, dass er später ein Mann wird und das kleine Mädchen lernt, dass sie später eine Frau wird.

In die Untersuchungen einbezogen wurden 2- bis 5-jährige Krippen- und Kindergartenkinder. Die Ergebnisse stützen die Annahme, dass sich die *subjektive Geschlechtsidentität* schrittweise aufbaut. Die Stufe 4, weitgehend deckungsgleich mit der von Kohlberg beschriebenen *Stufe der Geschlechtskonstanz*, wird erst im späten Kindergartenalter, teilweise erst in der Grundschule, erreicht. In einer weiteren von Dannhauer erwähnten Studie haben Ende des 4. Lebensjahres 60% der Kinder diese Stufe erreicht, und zwar deutlich mehr Mädchen, die auf allen Stufen einen Entwicklungsvorsprung aufweisen.

Vorstellungen von Kindergartenkindern über die geschlechtsspezifische Verteilung von Tätigkeiten

In einer anderen Untersuchung ging es um die Vorstellungen von Kindergartenkindern über die geschlechtsspezifische Verteilung von Alltagstätigkeiten, wie Einkaufen, Essen kochen, Zeitung lesen, Zigaretten rauchen usw. 3-Jährige, 4-Jährige und 5-Jährige wurden gefragt, welche der ihnen genannten Tätigkeiten häufiger von der Mutter und welche häufiger vom Vater ausgeübt werden. Die Ergebnisse der Befragung finden sich in Tabelle 4.

Tabelle 4: Vorstellungen Drei-, Vier und Fünfjähriger über die geschlechtsspezifische Verteilung von Tätigkeiten (Angaben in Prozent) nach Dannhauer 1973)

Tätig-keiten	Dreijährige (Durchschnittsalter: 3 Jahre und 7 Monate)			Vierjährige (Durchschnittsalter: 4 Jahre und 8 Monate)			Fünfjährige (Durchschnittsalter: 5 Jahre und 6 Monate)		
	Mutter	Vater	beide Eltern	Mutter	Vater	beide Eltern	Mutter	Vater	beide Eltern
Wäsche waschen	95	0,6	4,4	92,0	1,3	6,7	94,7	0,6	4,7
Knopf annähen	91,5	3,3	5,2	94,5	2,0	3,5	94,7	2,0	3,3
Stube wischen	86,5	4,0	9,5	88,0	2,0	10,0	88,7	3,3	8,0
Ein-kaufen	80,0	6,0	14,0	83,3	4,0	12,7	79,4	1,3	19,3
Essen kochen	70,7	10,0	19,3	86,1	7,3	6,6	86,0	6,0	8,0
Buch lesen	17,8	65,0	17,2	13,3	82,1	4,6	11,8	66,2	22,0
vorm Fern-seher sitzen	14,1	66,7	19,2	6,0	73,4	20,6	6,6	80,0	13,4
Bier trinken	7,4	73,5	19,1	4,0	80,0	16,0	2,7	78,6	18,7
Ziga-retten rauchen	6,5	83,5	11,0	4,7	73,2	22,1	4,2	80,0	15,8
Zeitung lesen	2,0	84,6	13,4	4,0	82,1	13,9	7,3	81,8	10,9

Zu erkennen ist, dass bereits 3-jährige Kindergartenkinder relativ klare Vorstellungen darüber haben, welche Tätigkeiten von welchem Elternteil bevorzugt verrichtet werden. Da sich kein Entwicklungstrend – zunehmend klarere Vorstellungen mit dem Lebensalter – zeigt, kann davon ausgegangen werden, dass mit Hilfe der Befragung tatsächlich ermittelt wurde, was die Kinder in ihrer familialen Lebenswelt tagtäglich faktisch beobachteten.

Tabelle 5: Geschlechtsspezifische Zuordnung kindlicher Verhaltensweisen durch Kindergartenkinder (Angaben in Prozent) (nach Dannhauer 1973)

Antworten von dreijährigen Jungen:			Antworten von dreijährigen Mädchen:		
Jungen		*Mädchen*	*Jungen*		*Mädchen*
76,4	fahren schneller	23,6	53,3	fahren schneller	46,7
72,2	sind stärker	27,8	53,3	sind stärker	46,7
52,8	helfen fleißiger	47,2	24,0	helfen fleißiger	76,0
50,0	sind braver	50,0	29,3	sind braver	70,7
38,9	hören nicht	61,1	53,3	hören nicht	46,7

Antworten von vierjährigen Jungen:			Antworten von vierjährigen Mädchen:		
Jungen		*Mädchen*	*Jungen*		*Mädchen*
82,7	fahren schneller	17,3	61,6	fahren schneller	38,4
86,7	sind stärker	13,3	78,1	sind stärker	21,9
42,7	helfen fleißiger	57,3	19,2	helfen fleißiger	80,8
33,3	sind braver	66,7	16,4	sind braver	83,6
58,7	hören nicht	41,3	65,8	hören nicht	34,2

Antworten von fünfjährigen Jungen:			Antworten von fünfjährigen Mädchen:		
Jungen		*Mädchen*	*Jungen*		*Mädchen*
93,3	fahren schneller	6,7	79,2	fahren schneller	20,8
93,3	sind stärker	6,7	93,1	sind stärker	6,9
30,7	helfen fleißiger	69,3	8,3	helfen fleißiger	91,7
30,7	sind braver	69,3	4,2	sind braver	95,8
69,3	hören nicht	30,7	79,2	hören nicht	20,8

Dass sich in diesem Alter aber auch schon stereotype, d. h. klischeehafte Vorstellungen über geschlechtstypisches Verhalten ausbilden, konnte durch eine andere, von Dannhauer erwähnte Befragung belegt werden: Kindergartenkinder der drei Altersstufen wurden jeweils in Einzelsituationen zum typischen Verhalten von Jungen und Mädchen befragt: „Stell Dir einmal vor, eine Mutter hat einen Jungen und ein Mädchen. Was meinst Du, welches Kind ist braver (stärker; hört oft nicht, wenn die Mutter etwas sagt; hilft fleißiger; kann schneller Roller fahren), der Junge oder das Mädchen?"

In Tabelle 5 sind die Antworten der Kinder geordnet nach Altersstufen und Geschlecht zusammengestellt.

Deutlich zu erkennen ist ein Entwicklungstrend: Mit zunehmendem Alter sind von Jungen und Mädchen immer häufiger Antworten zu registrieren, die auf die Verinnerlichung von immer klischeehafteren Vorstellungen über die typischen Fähigkeiten von Jungen und Mädchen schließen lassen. Von den 3-jährigen Jungen sind noch ungefähr die Hälfte der Meinung, dass Buben fleißiger helfen und braver als Mädchen sind; bei den 5-jährigen Jungen haben nur noch 30% diese Meinung. Von den 3-jährigen Mädchen ist jeweils knapp die Hälfte der Ansicht, dass Mädchen schneller Roller fahren und stärker sind als Jungen. Bei den 5-jährigen Mädchen vertreten nur noch 20% bzw. 7% (Mädchen sind stärker) diese Ansichten. Natürlich muss auch hier in Rechnung gestellt werden, dass Jungen wie Mädchen im Umgang mit Altersgefährten des eigenen bzw. des anderen Geschlechts tatsächlich entsprechende Erfahrungen gemacht haben, welche die Ausbildung klischeehafter Vorstellungen noch bestärkten.

Geschlechtsunterschiede beim Auswählen von Spielzeug

Die Ergebnisse einer weiteren Untersuchung von Dannhauer untermauern, dass sich Geschlechtsunterschiede in der spontanen Spielzeugwahl und dem Spielverhalten zu einem noch früheren Zeitpunkt ausbilden können: 70% der in die Studie einbezogenen 2-jährigen Jungen wählten aus ihnen angebotenem Spielzeug einen Traktor mit Anhänger und Bauwürfel, nur 7% entschieden sich für eine Puppe mit Bett, Zudecke usw. Von den 2-jährigen Mädchen entschieden sich jeweils ungefähr 40% für den Traktor bzw. die Puppe. Bei zweieinhalbjährigen Jungen waren die geschlechtsspezifischen Spielzeugvorlieben noch deutlicher ausgeprägt: Ungefähr 80% entschieden sich für den Traktor mit Anhänger und Bauwürfel, 7% wählten die Puppe. Von den $2^{1}/_{2}$-jährigen Mädchen entschieden sich nur noch 30% für das Fahrzeug, 60% wählten die Puppe mit Bett und Zudecke zum Spielen.

Festgehalten werden kann – und das bestätigen durchgängig auch alle jüngeren Untersuchungen von geschlechtsspezifischen Spielzeugpräferenzen (z. B. Lytton/Romney 1991) –, dass solche Bevorzugungen schon in einem Alter vorkommen, in welchem viele Kinder sich des eigenen Geschlechtes noch nicht sicher sind. Insbesondere Humanethologen und Soziobiologen (z. B. Eibl-Eibesfeldt 1997) nehmen diesen Befund zum Anlass anzunehmen, dass geschlechtsspezifische Vorlieben für bestimmtes Spielmaterial und bestimmte Spielformen – Mädchen bevorzugen Puppen und Schmusespiele, Jungen Baukästen und Aktions- und Konstruktionsspiele – genetisch verankert sind.

Verhaltensunterschiede zwischen Jungen und Mädchen kommen also auch dann schon vor, wenn sich die Kinder der eigenen Geschlechtsrolle noch gar nicht bewusst sind und noch kaum Kenntnisse über die Geschlechtsrollenstereotype erworben haben. Die Identifikation mit dem eigenen Geschlecht und den damit verbundenen Merkmalen und Qualitäten bildet also keine Voraussetzung dafür, dass sich Kinder geschlechtsspezifisch verhalten. Die Schlussfolgerung liegt nahe, dass sich geschlechtsspezifisches Verhalten und Kenntnisse über Geschlechtszugehörigkeit, Geschlechtsrollenqualitäten und Identifikation mit denselben unabhängig voneinander und zu verschiedenen Zeitpunkten auf der Grundlage endogener, angeborener Strukturen und unterschiedlicher Lernvorgänge ausbilden.

Hinweiszeichen für Kinder bei geschlechtsbezogenen Zuordnungen

Kinder orientieren sich nicht an genitalen Unterschieden – Jungen haben einen Penis, Mädchen eine Scheide – wie z. B. vom Psychoanalytiker S. Freud angenommen worden war, sondern an „äußerlichen" Merkmalen, die mit Frisur/Haarlänge und Kleidung zusammenhängen: Mädchen haben längere Haare und tragen öfter Röcke, Jungen haben kürzere Haare und tragen immer Hosen. Jüngere Kinder scheinen sich mehr an der Kleidung zu orientieren, ältere Kinder mehr an Haartracht und Haarlänge. Eine wichtige Rolle spielt natürlich auch die Sprache bzw. der alltägliche Umgang mit sprachlichen Zuordnungen: Die Kinder erfahren so immer wieder, dass jeder Mensch entweder ein „Er" oder eine „Sie" ist!

Intons-Peterson (1988) ließ Kinder dreier Altersstufen (Kindergartenkinder, Vorschüler, Drittklässler) mit Buntstiften Bilder von Jungen und Mädchen malen. Sie stellte fest, dass Kindergarten- und Vorschulkinder in der Hauptsache auf Merkmale des Haares zurückgreifen, um zwischen den Geschlechtern zu unterscheiden. Auf den Bildern wurden Mädchen häufig mit längeren, lockigen, gelben und Jungen häufig mit kurzen, glatten, braunen Haaren gemalt. Grundschulkinder verwendeten oft noch weitere Details, wie Haarfrisur (Pferdeschwanz, Pony für Mädchen, Seitenscheitel für Jungen), Kleidung und Kleidungsstil, Schmuckstücke (für Mädchen) und Hintergrundobjekte. Mädchen wurden meist etwas größer als Jungen dargestellt. Niemals wurden Genitalien oder sekundäre Geschlechtsmerkmale gemalt.

Auch beim „passiven" Erkennen von Hinweiszeichen auf das Geschlecht – den Kindern aller drei Altersstufen wurden Bilder von Jungen und Mädchen vorgelegt, die von 3-Jährigen, 6-Jährigen bzw. 9-Jährigen gemalt worden waren – wurden die oben erwähnten Merkmale des Haares und der Kleidung zumeist richtig erkannt und zugeordnet: Am häufigsten und treffendsten von den älteren Kindern, etwas seltener und lückenhafter von den Kindern der beiden jüngeren Altersstufen. Überraschenderweise bezogen sich die Kinder nie auf die Körpergröße oder Körperform der gemalten Figuren.

Intons-Peterson führte eine ganze Reihe weiterer Untersuchungen durch, in denen auch Fotografien und Videoaufzeichnungen von – im Hinblick auf Haartracht und Kleidung – geschlechtsneutral dargestellten Personen (Kindern und Erwachsenen) verwendet wurden. Die von ihr zutage geförderten Ergebnisse lassen sich wie folgt systematisieren:

1. Kinder jeder Altersstufe und Jugendliche bis 16 Jahre beziehen sich an erster Stelle auf die Haare (Länge, Frisur), um das Geschlecht einer „neutral" dargestellten Figur zu identifizieren.
2. An zweiter Stelle orientieren sie sich am körperlichen Verhalten (wie sitzt, bewegt sich, redet die Person?) und an den Gesichtszügen.
3. Auf die Kleidung beziehen sie sich, wenn die vorangehend genannten Hinweiszeichen nicht sichtbar oder uneindeutig sind.

4. Als nicht besonders nützliches Hinweiszeichen wird die Art und Weise wie jemand steht oder geht eingestuft.

5. In der Regel wird nicht nur ein Hinweiszeichen, sondern eine Kombination von mehreren gleichzeitig verwendet.

6. Männliche Hinweiszeichen scheint es weniger zu geben als weibliche, ihre Qualität ist enger umrissen. Intons-Peterson (1988, 97) erwähnte in diesem Zusammenhang folgende Äußerung eines Kindergartenkindes: „Mädchen sind immer Mädchen, weil sie alles tragen können (auch Hosen; Anm. d. Verf.), aber Jungen sind nur Mädchen, wenn sie sich ein Kleid anziehen."

7. Wenn geraten werden muss, weil zu wenig eindeutige Hinweiszeichen existieren, wird die Zuordnung zum männlichen Geschlecht bevorzugt.

8. Eine größere Sensibilität für Hinweiszeichen des eigenen Geschlechts scheint es nicht zu geben.

9. Die Korrektheit geschlechtsspezifischer Zuordnungen nimmt mit dem Alter zu.

10. Keine Rolle spielt die eigene Haartracht: So verwenden z.B. auch langhaarige Jungen oder kurzhaarige Mädchen das Hinweiszeichen „Haarlänge" angemessen, d.h. im Sinne des Geschlechtsrollenstereotyps, nach dem langhaarige Wesen weiblich und kurzhaarige männlich sind.

Die von der amerikanischen Autorin zusammengetragenen Ergebnisse lassen sich vermutlich auch auf Kinder und Jugendliche in Deutschland und anderen europäischen Ländern übertragen.

Einige Anhaltspunkte sprechen dafür, dass Kindergartenkinder in natürlichen Lebenssituationen noch besser abschneiden würden (und dementsprechend im Alltag noch mehr wissen): Sie werden durch die teilweise unnatürlichen Testsituationen stärker irritiert als ältere Kinder.

Kenntnisse über geschlechtsspezifische Merkmale

In welcher Reihenfolge werden geschlechtsspezifische Hinweiszeichen und Merkmale im Verlaufe der Kindheit erworben? Die klare Antwort lautet: *Äußere, körperliche Merkmale und physische Aktivitäten sowie berufliche Tätigkeiten zu einem früheren Zeitpunkt als „innere" Persönlichkeitseigenschaften.* Klar ist auch, dass ältere Kinder mehr Wissen über Geschlechtsstereotype besitzen und in stärkerem Umfang auch geschlechtstypische Zuordnungen treffen als jüngere Kinder. Kinder orientieren sich mit zunehmendem Alter auch immer deutlicher an erwachsenen Vorbildern, besonders wenn es um geschlechtsspezifische Persönlichkeitseigenschaften geht. In einigen Studien konnte jedoch auch deutlich gemacht werden, dass stereotypisierende Einschätzungen besonders häufig dann erfolgen, wenn die Kinder genötigt werden, sich festzulegen; lässt man ihnen in der Testsituation die Entscheidungsfreiheit, so kommt es wesentlich seltener zu klischeehaften, geschlechtstypisierenden Zuordnungen. Im Alltag scheinen also schon 10-Jährige durchaus davon überzeugt zu sein, dass Männer und Frauen „instrumentelle" (d. h. typisch maskuline Charakterzüge, wie entscheidungsstark, durchsetzungsfähig, selbstsicher, unabhängig, konkurrenzorientiert) Eigenschaften haben können und dass Frauen und Männer „expressive" (d. h. typisch feminine Charakteristika, wie gefühlsbetont, einfühlsam, sanft, verständnisvoll, anpassungsfähig usw.) Eigenschaften haben können.

Angesichts dieser Tatsache, die deutlich macht, dass in den letzten Jahrzehnten eine gewisse Angleichung der Geschlechtsrollenstereotype bereits stattgefunden hat, stellt sich die Frage, welches Verhalten und welche Eigenschaften die untersuchten Kinder und Jugendlichen als dem eigenen Geschlecht angemessen erleben und tatsächlich in ihr eigenes Repertoire übernehmen. Das „Weibchen"-Verhalten der „Girlies" unserer Tage, auf das besorgte Mütter, die sich in den 60er und 70er Jahren „emanzipiert" haben, oft etwas befremdet und mit gewissem Argwohn schauen, könnte so z. B. zum Ausgangspunkt einer neuen Untersuchung gewählt werden.

Messung der Geschlechtskonstanz

Mit Hilfe ihres „Tests zur Messung der Geschlechtsidentität und Geschlechtskonstanz" (Tabelle 6), den Intons-Peterson Kindergarten- und Vorschul- sowie Kindern der dritten Grundschulklasse vorlegte, konnte gezeigt werden, dass das Wissen um die eigene Geschlechtsidentität und um die Tatsache, dass die eigene Geschlechtszugehörigkeit sich im Laufe des Lebens nicht mehr ändert (Geschlechtskonstanz), sich mit dem Alter zunehmend stabilisiert. Festgestellt wurde auch, dass jüngere Kinder häufig die Testfragen zwar richtig beantworten, aber auf Warum-Fragen, mit denen um eine Begründung für die getroffene Wahl gebeten wird, noch keine Antwort geben können. Einige Wissenschaftler meinen daher, dass bei Kindern im Vorschulalter nur eine vorläufige oder „Pseudo"-Geschlechtskonstanz vorliegt, die sich dann jedoch im Laufe der Grundschuljahre endgültig festigt. Mit 7–8 Jahren sind sich die Kinder dann sicher, dass sie ihr Geschlecht nicht mehr wechseln können und ein für alle Mal ein Junge bzw. ein Mädchen bleiben.

Der Intons-Petersons-Test der Geschlechtsidentität und Geschlechtskonstanz (für Kindergarten- und Grundschulkinder) enthält u. a. die folgenden Fragen (Intons-Peterson 1988, 57):

- Bist Du ein Junge oder ein Mädchen?
- (Wenn das Kind „Junge" antwortet:) Bist Du ein Mädchen?
- (Wenn das Kind „Mädchen" antwortet:) Bist Du ein Junge?
- Als Du noch ein kleines Baby warst, warst Du da ein kleiner Junge oder ein kleines Mädchen?
- (Wenn das Kind „Junge" antwortet:) Warst Du mal ein Mädchen?
- (Wenn das Kind „Mädchen" antwortet:) Warst Du mal ein Junge?
- Wenn Du groß bist, wirst Du eine Frau sein oder ein Mann?
- (Wenn das Kind „Mann" antwortet:) Könntest Du auch eine Frau werden?
- (Wenn das Kind „Frau" antwortet:) Könntest Du auch ein Mann werden?
- (Wenn das Kind ein Junge ist:) Wenn Du Dir Mädchenkleider anziehst, bist Du dann ein Mädchen oder ein Junge?
- (Wenn das Kind ein Mädchen ist:) Wenn Du Dir Jungenkleider anziehst, bist Du dann ein Junge oder ein Mädchen?
- (Wenn das Kind ein Junge ist:) Wenn Du Mädchenspiele und mit Mädchenspielzeug spielst, bist Du dann ein Junge oder ein Mädchen?
- (Wenn das Kind ein Mädchen ist:) Wenn Du Jungenspiele und mit Jungenspielzeug spielst, bist Du dann ein Junge oder ein Mädchen?
- (Wenn das Kind ein Junge ist:) Könntest Du ein Mädchen werden, wenn Du es Dir wünschst?
- (Wenn das Kind ein Mädchen ist:) Könntest Du ein Junge werden, wenn Du es Dir wünschst?

Die Fragen 1 und 2 beziehen sich nach Intons-Peterson auf die Geschlechtsidentität, die Fragen 3–5 auf die zeitliche Geschlechtskonstanz und die Fragen 6–9 auf die situationsabhängige bzw. wunschabhängige Geschlechtskonstanz. Testergebnisse: Von 3–4jährigen Kindern beantwortet nur gut die Hälfte die Fragen zur zeitlichen, situations- und wunschabhängigen Geschlechtskonstanz richtig. Auch Sechsjährige und Achtjährige haben zum Teil noch Schwierigkeiten bei der korrekten Beantwortung dieser Fragen; jedoch werden die Testleistungen mit zunehmendem Alter immer besser.

Vereinheitlichung unter dem Dach „Geschlechtskonzept"

Entwicklungspsychologen sind der Ansicht, dass alle geschlechtsbezogenen Informationen, die im Verlauf der Kindheit aufgenommen werden, sozusagen unter einem Dach, das sie als „Geschlechtskonzept" bezeichnen, zusammengefasst, vereinheitlicht, gegliedert und abgespeichert werden. An einem Geschlechtskonzept lassen sich dementsprechend inhaltliche Teilbereiche oder Komponenten unterscheiden, wie z. B.

1. männliche vs. weibliche Aktivitäten/Tätigkeitsfelder,
2. männliche vs. weibliche Interessen/Beschäftigungsvorlieben,
3. männlicher vs. weiblicher Sprachgebrauch (Äußerungsformen, Redewendungen),
4. männliche vs. weibliche Körpersprache, Gestik, Mimik usw.,
5. männliche vs. weibliche Persönlichkeitseigenschaften und Charaktermerkmale.

Erstaunlicherweise konnte ein Zusammenhang zwischen dem Geschlechtskonzept und der richtigen (aktiven oder passiven) Verwendung von geschlechtsspezifischen Hinweiszeichen, wie Haartracht oder Kleidung, nicht belegt werden: Kinder mit sehr differenziertem Geschlechtskonzept erwiesen sich nicht zwangsläufig auch als kompetente Verwender von Hinweiszeichen beim Malen bzw. Erkennen von gemalten Figuren.

Zwitter und Transsexuelle

Zusammenfassend festgehalten werden kann, dass alles dafür spricht, dass sich die Ausbildung des subjektiv erlebten Geschlechts in Stufen vollzieht: Zunächst muss das Kind erst einmal lernen, dass es selbst ein Mädchen oder ein Junge ist. Sodann wird ihm die Einsicht vermittelt, dass alle Menschen entweder weiblich oder männlich sind. Schließlich begreift es allmählich, dass Geschlecht etwas Konstantes ist, das sich im Laufe des Lebens nicht mehr verändert. Diese Entwicklungsabfolge scheint die Regel zu sein, von der nur sehr selten abgewichen wird. Fälle von „Pseudo"-Hermaphroditismus, wie sie oben erläutert wurden, oder Transsexualität können dazu gehören. Transsexuelle berichten, dass sie sich schon als Kinder sozusagen im falschen Körper platziert fühlen. Sie entwickeln schon sehr früh Neigungen auch körperlich dem anderen Geschlecht zuzugehören und sind nie glücklich mit dem ihnen zugeordneten Geschlecht. Sie scheinen die äußeren geschlechtlichen Merkmale und die damit verbundenen Reaktionen der sozialen Umwelt nicht in Einklang bringen zu können mit dem subjektiv von ihnen erlebten Geschlecht. Dieser Umstand veranlasst viele Betroffene, als Erwachsene das ungeliebte körperliche Geschlecht mithilfe chirurgischer und hormoneller Unterstützung zu wechseln.

4 Entwicklung der Geschlechtsrolle

Dem Begriff „Rolle" werden in der Psychologie und Soziologie unterschiedliche Bedeutungen zugeordnet. In vorliegendem Zusammenhang wird „Rolle" verstanden als Gesamtheit von Verhaltensregeln, Leitlinien und Vorschriften, die das geschlechtsspezifische Verhalten einer Person bestimmen. So wie ein Filmschauspieler bei der Gestaltung seiner Rolle Vorgaben bekommt, z. B. ein Drehbuch mit Text und Hinweisen auf Mimik und Gestik, nach dem er sich zu richten hat, wenn er den Erwartungen des Regisseurs entsprechen will, so werden auch den Kindern bei der Gestaltung ihrer Geschlechtsrolle Vorgaben von Seiten der Gesellschaft gemacht. Bei diesen Vorgaben handelt es sich nur höchst selten um konkrete Hinweise (Jungen benützen die Männertoilette, Mädchen die Frauentoilette) oder ausführliche Anleitungen (z. B. die Regeln in typischen Jungen- bzw. Mädchen-Spielen). Im allgemeinen lernen Kinder geschlechtsrollengemäßes Verhalten dadurch, dass sie – in Abhängigkeit von ihrem Geschlecht – unterschiedlich behandelt und bekräftigt werden (Jungen, wenn sie sich „männlich aufführen" und Mädchen, wenn sie sich mädchenhaft benehmen) und dass an sie – mehr oder weniger verdeckt – Erwartungen und Wünsche herangetragen werden.

Unterschiedliche Behandlung von Jungen und Mädchen im Kindergarten

Im Kleinkind- und Kindergartenalter erfahren Jungen in der Regel mehr Beachtung und mehr Kontrolle als Mädchen, Abweichungen vom geschlechtsangemessenen Verhalten werden bei ihnen nicht so gern gesehen: Bei einem Mädchen lässt man es (mittlerweile meist) durchgehen, wenn es mit Autos spielt – ein Junge dagegen muss (auch heute noch) mit Missfallenskundgebungen und Spott rechnen, wenn er sich allzu intensiv mit Puppen beschäftigt. Zwar sind die Erziehungsunterschiede in unserem Kulturkreis in der frühen Kindheit weniger deutlich ausgeprägt als in der späten Kindheit, doch lassen sich schon im Kindergarten unterschiedliche geschlechtsspezifische Einflussnahmen nachweisen. In den meisten Kindergärten kann man im Freispiel am häufigsten gleichgeschlechtliche Gruppen von Kindern beobachten, Mädchen spielen bevorzugt in der Puppenecke und Jungen befassen sich häufiger mit Konstruktionsmaterial und Fahrzeugen aller Art in der Bauecke. Auch engagierten und aufgeschlossenen Erzieherinnen – Männer sind in diesem Beruf fast nie tätig – ist es nicht unlieb, wenn sich diese spontanen Spielgruppen bilden, denn sie tragen dazu bei, dass alles überschaubar und geregelt abläuft. Übergriffe wilder, ungestümer Jungen auf friedlich spielende Mädchen, die stattfinden könnten, wenn sich häufiger auch einmal ungleichgeschlechtliche Spielgruppen zusammenfinden würden, müssten sanktioniert werden und würden zu unliebsamen Störungen und Beeinträchtigungen des Kindergartenbetriebs führen.

Auch Eltern behandeln Söhne und Töchter unterschiedlich

Auch im Elternhaus setzt sich die unterschiedliche Behandlung von Jungen und Mädchen fort, die schon in den ersten beiden Lebensjahren zu verzeichnen war. Geradezu paradox mutet folgende Tatsache an: Biologisch nachgewiesen ist, dass Mädchen bei der Geburt einen gewissen Reifungsvorsprung gegenüber Jungen aufweisen, den sie eine ganze Zeit lang beibehalten und der sie z. B. auch weniger anfällig für Infektionskrankheiten und (durch fehlende Umsicht) selbstverschuldete Verletzungen macht. Trotzdem gehen Mütter und Väter mit ihrem männlichen Nachwuchs so um, als wäre er robuster und widerstandsfähiger als Mädchen, sie spielen mit ihm z. B. die wilderen, grobmotorischen Spiele. Geleitet vom Geschlechtsrollenstereotyp verhalten sie sich ihren Töchtern gegenüber so, als wären diese empfindlicher, zarter und zerbrechlicher. Jahrzehntelang wurde in Fachkreisen davon ausgegangen, dass Mädchen von ihren Eltern mehr sprachliche und feinmotorische, Jungen mehr körperliche und grobmotorische Anregung und Förderung erhalten. Neuere Untersuchungen machen jedoch wahrscheinlich, dass die unterschiedlichen Behandlungsweisen, die in der Vergangenheit deutlich dokumentiert werden konnten, heute – zumindest was den Altersabschnitt der frühen Kindheit betrifft –, sich verwischen und kaum noch zu belegen sind. Auch wenn Eltern ihre Töchter und Söhne im Großen und Ganzen in den ersten Lebensjahren nur geringfügig unterschiedlich behandeln, so gibt es doch Anhaltspunkte dafür, dass Mädchen weniger zugetraut und zugemutet wird, sie weniger Beaufsichtigung und Kontrolle erfahren, ihre Unabhängigkeitsbestrebungen aber stärker eingeschränkt werden, als dies bei Jungen der Fall ist. Es finden sich auch Hinweise dafür, dass im Verlauf der mittleren und späten Kindheit die vom Geschlechtsrollenstereotyp geleiteten elterlichen Erwartungen bezogen auf das „richtige" Verhalten von Jungen und Mädchen zunehmend an Gewicht gewinnen.

Unterschiedliche Kinderzimmer

Dass sich die elterlichen Erwartungen an Söhne und Töchter deutlich unterscheiden, zeichnet sich ab, wenn man Kinderzimmereinrichtungen, Spielmaterial und Beschäftigungsbereiche von Jungen und Mädchen näher betrachtet:

Auch heute noch sind typische Jungenkinderzimmer „abenteuerlicher", z. B. mit Kletterwand, Hochbett und darunter befindlicher „Höhle", typische Mädchenkinderzimmer „niedlicher, hübscher und ordentlicher", z. B. mit Kuschelecke, Puppenküche und vielen Schmusetieren, eingerichtet. In Jungenzimmern befinden sich häufig Fahrzeuge aller Art, Bau- und Konstruktionsspiele, Sportausrüstungsgegenstände, Maschinen und technisches Spielzeug, Lern- und Gestaltungsspiele sowie Werkzeug aller Art. In Mädchenzimmern ist häufiger Spielzeug aus dem Haushaltsbereich anzutreffen, darüber hinaus natürlich Puppen und Puppenzubehör sowie musisches Spielmaterial. Einleuchtend erscheint die Annahme, dass Eltern, die ihren Töchtern derartiges Spielzeug zur Verfügung stellen, von diesen erwarten, dass sie sich – natürlich in spielerischer Form – hausfraulich und fürsorglich verhalten und musischen Dingen gegenüber aufgeschlossen zeigen. Von Jungen dagegen wird eher ein neugieriges, erkundendes und manipulierendes Verhalten den Dingen der Umwelt gegenüber erwartet.

Die US-amerikanische Psychologin Esther R. Greenglass (1995) meint in diesem Zusammenhang, dass das Jungen angebotene Spielmaterial eine *Tendenz weg vom Haus* unterstützt; Mädchen werden dagegen durch das ihnen an die Hand gegebene Spielzeug im Hinblick auf *Aktivitäten im Haus* bestärkt. Die Eltern bringen dadurch, dass sie ihren Söhnen und Töchtern unterschiedliches Spielmaterial und Spielzeug zur Verfügung stellen, ihre *geschlechtsspezifischen Erwartungen*, derer sie sich oft gar nicht bewusst sind, zum Ausdruck. Der Einfluss der elterlichen Erwartungen dürfte in der frühen Kindheit, solange die Kinder selbst noch wenig Einfluss auf die Gestaltung und Ausstattung ihrer Zimmer nehmen, größer sein als in der mittleren und späten Kindheit. Im Schulalter können Kinder ihre Vorlieben und Abneigungen bereits deutlicher ausdrücken und die Eltern müssen sich damit, in welchem Ausmaß auch immer, auseinandersetzen.

Jungen erfahren mehr elterlichen Druck

Forschungsergebnisse untermauern, dass schon im Kindergartenalter auf Jungen von elterlicher (insbesondere väterlicher) Seite ein stärkerer Druck ausgeübt wird als auf Mädchen, sich dem Geschlecht angemessen, also „wie ein richtiger Junge", zu verhalten. Dazu passend findet sich bei Greenglass (1955, 60) folgende Anekdote:

> „Tommy, der 3-jährige Sohn eines meiner Kollegen, soll mit seinem Vater den Zoo besuchen. Als die beiden im Begriff sind zu gehen, sagt Tommy, er habe etwas vergessen und rennt in sein Zimmer hinauf. Einige Augenblicke später erscheint er wieder, mit einem rosafarbenen Band im Haar. Sein Vater ist entsetzt und ruft: ‚Nimm dieses Ding aus dem Haar. Mein Sohn geht nicht mit einer Haarschleife in den Zoo!' Darauf bricht Tommy in Tränen aus und rennt aus dem Zimmer."

Man kann davon ausgehen, dass auch in Deutschland heutzutage noch ähnliche „Erziehungs"situationen vorkommen. Jungen, die sich „mädchenhaft" benehmen, z. B. weinen und sich nicht wehren, wenn sie angegriffen werden, erfahren Missbilligung und geraten in den Ruf, eine Memme und Heulsuse zu sein. Sogar emanzipierte Mütter, die dem Feminismus und der Frauenbewegung aufgeschlossen gegenüberstehen, äußern sich besorgt, wenn ihre Söhne zuviel Nachgiebigkeit und Weichheit an den Tag legen. Sie fürchten gar, dass diese dadurch in eine homosexuelle Entwicklungsrichtung gedrängt werden könnten. Mädchen gegenüber dagegen lassen Mütter wie Väter viel mehr Nachsicht und Toleranz walten, wenn diese sich wie ein „Wildfang" aufführen oder sich mit Autos oder technischem Spielzeug beschäftigen wollen. Nachgewiesen wurde auch, dass Eltern auf das geschlechtsangemessene Verhalten ihrer Söhne nicht nur mit Lob reagieren, sondern auch Strafen (von körperlicher Züchtigung über Entzug von Privilegien bis Liebesentzug) einsetzen, wenn diese vom „männlichen Pfad der Tugend" abweichen.

Geschlechtsspezifische Unterschiede im elterlichen Verhalten den Kindern gegenüber zeigen sich auch darin, dass Jungen und Mädchen in diesem Alter noch recht unterschiedlich gekleidet werden (Mädchen wird häufig ein „niedliches" Röckchen oder ein „hübsches" Kleidchen angezogen, für Buben sind Jeans meist die obligate Bekleidung), dass ihnen unterschiedliche Bereiche zugewiesen werden, wenn es um kleine Mithilfen bei elterlichen Verrichtungen geht (Mädchen helfen häufiger der Mutter in der Küche und bei Hausarbeiten, Jungen häufiger dem Vater bei handwerklichen oder technischen Arbeiten) und dass ihre Interessen und Beschäftigungsvorlieben in ganz unterschiedliche Richtungen gelenkt werden. Zu den Tätigkeitsfeldern und Beschäftigungsbereichen, die typischerweise bei Mädchen gefördert werden, gehören z. B. Ballett, Basteln, Malen, Musizieren, Töpfern usw. Jungen dagegen werden angeregt, sich mit technischem und Konstruktionsspielzeug zu beschäftigen, werden ermuntert, ihre Umgebung (Nachbarschaft, Spielplatz) zu erkunden, erhalten Unterricht in Judo oder einer anderen Kampfsportart. Mädchen im Kindergartenalter erfahren mehr elterliche Einschränkungen als Jungen; diesen werden manche Dinge deutlich früher erlaubt, z. B. das Hantieren mit „gefährlichen" Gegenständen, wie Messer, Schere, Streichhölzer oder das selbständige Überqueren der Straße, um den nahen Kindergarten oder das Haus des Spielfreundes zu erreichen. Obwohl Mädchen im Kindergarten- und Vorschulalter nicht selten weniger impulsiv und reifer in ihrem Sozialverhalten als Jungen sind, werden sie von ihren Eltern eher dann bekräftigt, wenn sie sich abhängig und hilfsbedürftig zeigen. Alle Anzeichen sprechen dafür, dass viele Eltern auch heute noch meinen, ihre kleinen Töchter bräuchten mehr liebevolle Zuwendung und Wärme als Jungen. Sie machen sich z. B. mehr Sorgen, wenn die Töchter nicht pünktlich von der Freundin heimkommen oder – vielleicht auf Grund eines Infekts – etwas matt und schwächlich wirken.

In der Regel verändert sich die unterschiedliche Haltung der Eltern ihren Söhnen und Töchtern gegenüber in den folgenden Entwicklungsabschnitten der Kinder allenfalls unwesentlich. Bezogen auf ihre Töchter spüren Mütter wie Väter ein größeres Schutz- und Behütungsbedürfnis, sie fühlen sich ihnen innerlich näher und verbundener und geben ihnen dadurch natürlich auch weniger Möglichkeiten, sich frei und unabhängig zu entfalten.

Einige Wissenschaftler meinen, dass Jungen aufgrund des frühen elterlichen Drucks in Richtung Selbständigkeit und Unabhängigkeit in zwischenmenschlicher und emotionaler Hinsicht zu kurz kommen: Da ihnen im Kleinkind- und Kindergartenalter elterliche Wärme und liebevolle Zuwendung häufig vorenthalten wurde, bleibt ihr Sinn für gegenseitiges aufeinander Bezug nehmen, ihre Einfühlung und ihr Verständnis für zwischenmenschliche Belange und auch ihre Beziehungsfähigkeit, unterentwickelt.

Wer ist ängstlicher: Jungen oder Mädchen?

Vom Geschlechtsrollenstereotyp her zu erwarten wäre, dass Jungen mehr Mut und Mädchen – im Kontrast dazu – mehr Zurückhaltung und möglicherweise auch mehr Angst/Ängstlichkeit zeigen. Die Forschungsergebnisse bestätigen dies nicht: Die Mehrheit der Untersuchungen belegt, dass Jungen bis ungefähr zum neunten Lebensjahr ängstlicher sind als Mädchen. Bei älteren Mädchen und weiblichen Jugendlichen/Erwachsenen dagegen lassen sich höhere Ängstlichkeitswerte nachweisen als bei den entsprechenden männlichen Altersgenossen. Die meisten Forschungsergebnisse wurden mit Hilfe von subjektiven Methoden (Fragebogen, Einschätzlisten, Selbstbeurteilungsskalen) gewonnen. Von daher kann vermutet werden, dass sich – bedingt durch die traditionelle Geschlechtsrollenerziehung – Jungen schwerer tun, ihre Ängstlichkeit zuzugeben. Dass dieser Verdacht nicht unbegründet ist, zeigt sich, wenn die Probanden beobachtet oder physiologische Messmethoden angewandt werden. Dann sind keine eindeutigen Unterschiede mehr festzustellen, was die individuelle Bereitschaft, mit Angst/Ängstlichkeit zu reagieren, angeht.

Unterschiedliche Erziehungsziele für Jungen und Mädchen

Erkennbar ist, dass für Jungen und Mädchen unterschiedliche Erziehungsziele gelten, was teilweise damit in Verbindung gebracht werden kann, dass von den Eltern schon in der eigenen Kindheit und unreflektiert die traditionellen Geschlechtsrollenstereotype verinnerlicht worden sind. Die ihnen entsprechenden Erziehungsziele lassen sich auch heute noch nachweisen – möglicherweise aber nicht mehr so deutlich und etwas abgeschwächt, weil in den letzten Jahrzehnten eine gewisse Angleichung der Geschlechtsrollen stattgefunden hat, welche von vielen Soziologen als „Modernisierung" bezeichnet wird.

Durch die unterschiedlichen Erziehungsziele erfahren beide Geschlechter Benachteiligungen: Mädchen werden bei der Ausbildung eines gesunden Selbstbewusstseins und – damit verbunden – eines Gefühls für die Stärken der eigenen Persönlichkeit behindert. Sie werden in der Regel nicht ermuntert, ihre Wünsche nach Unabhängigkeit und Selbständigkeit auszuleben, sondern häufig eher in ihren Impulsen gebremst, sich auf die eigenen Beine zu stellen. Jungen dagegen werden oft schon früh ermuntert, sich abzunabeln und eigenständig mit der Welt auseinanderzusetzen. Weil die Mutter im Normalfall für Mädchen und Jungen in den ersten Lebensjahren die wichtigste Bezugsperson ist, müssen Jungen im Unterschied zu Mädchen die erste Ablösung und Trennung bereits in der (frühen) Kindheit vollziehen und sich (wenn es denn möglich ist) dem Vater zuwenden, um durch Identifikation mit ihm das männliche Geschlechtsrollenverhalten zu erlernen. Ihr Vater unterstützt sie, wenn sie sich rollengemäß – also stark, selbstbewusst und unabhängig – verhalten und missbilligt Schwäche, Hilflosigkeit, Mitleid und Einfühlung als „typisch weibliche" Eigenschaften. Dadurch haben Jungen es oft schwerer als Mädchen, zwischenmenschliche Kompetenzen und Sensibilität für die Gefühle anderer zu entwickeln.

Eine Geschlechtsrollenerziehung, die beiden Geschlechtern gleiche Chancen einräumt, müsste also dafür Sorge tragen, dass Mädchen sowie Jungen Gelegenheit erhalten, sich unabhängig und selbstbestimmt zu entwickeln und dass Jungen sowie Mädchen gestattet wird, Schwächen zu zeigen, nachzugeben und einfühlsam auf andere Menschen einzugehen.

Zwar sind die Eltern – auch im juristischen Sinne – verantwortlich für die Erziehung ihrer Kinder, doch im konkreten Alltag tragen noch zahlreiche andere Einflüsse zur Geschlechtsrollensozialisation von Jungen und Mädchen bei. Neben weiteren Bezugspersonen der Kinder, Geschwistern, Großeltern, Freunden und Bekannten, Erzieherinnen und Lehrern, müssen hier die allgegenwärtigen Medien genannt werden.

Klischeehafte Darstellungen von Jungen und Mädchen in Kinderbüchern

Eine Ausstellung des Bundesministeriums für Frauen und Jugend zum Thema „Mädchen im Bilderbuch – geschlechtsspezifische und geschlechtsneutrale Darstellungen in Bilderbüchern der letzten 100

Jahre" im Jahr 1995 machte deutlich, dass auch in neueren Bilderbüchern klischeehafte Darstellungen von Jungen und Mädchen überwiegen. Festzuhalten ist, dass

1. Mädchen in Bilderbüchern deutlich unterrepräsentiert sind (sie spielen nur in ca. 10% der Bilderbücher die Hauptrolle) und dass
2. Mädchen – im Sinne des Geschlechtsrollenstereotyps – als passiv, schwach und hilflos, Jungen dagegen als aktiv, stark und intelligent dargestellt werden. Darüber hinaus macht die Analyse der Bilderbücher deutlich, dass
3. die dargestellten Jungen wesentlich mehr unternehmen als Mädchen und sich einfallsreicher und selbstbewusster verhalten.

In vielen Bilderbuchgeschichten bleiben Mädchen – fast unsichtbar – im Hintergrund, Jungen erleben vielfältige Abenteuer und Mädchen schauen bewundernd zu ihnen auf: Jungen sind die „Helden", die Gefahren überstehen und Mädchen aus gefährlichen Situationen retten.

Nach wie vor kommen weibliche Figuren in Bilderbüchern für jüngere Kinder wesentlich seltener vor als männliche Figuren. Auch in Kinderbüchern, die für das Grundschulalter gedacht sind, sind Mädchen und Frauen deutlich unterrepräsentiert. Das gilt für Bücher aller Art, also z. B. für Sagen, Märchen und Phantasiegeschichten, Tiergeschichten, Biographien. Sogar in Sachbüchern stehen häufiger Männer bzw. Jungen im Vordergrund.

Dass in jahrhundertealten Märchen die traditionellen Geschlechtsrollen dargestellt werden, verwundert nicht: Die Prinzessin ist die Schönste von allen, sie braucht nichts anderes zu tun, als schön zu sein. Sie bleibt passiv, im Extremfall, wie Dornröschen, äußerst passiv, nämlich schlafend, während der Prinz allen Gefahren der Welt trotzen muss, ehe er – als Belohnung für seine Tapferkeit – die liebliche Prinzessin zur Frau und ihr Königreich dazu bekommt.

Doch auch in modernen Erzählungen und Geschichten dominieren die männlichen Figuren. Sie erleben Abenteuer, verhalten sich mutig und unabhängig. Die weiblichen Akteure dagegen spielen viel seltener eine Hauptrolle: Sie gehen nicht hinaus in die Welt, sondern bleiben drinnen im sicheren Haus und in der Küche, dem ihnen angestammten Bereich. Sie schauen zu, wenn Jungen handeln und werden häufig als schwache, hilfsbedürftige, ängstliche und fügsame Geschöpfe beschrieben.

Geschlechtsrollenklischees auch in Schulbüchern

In vielen Schulbüchern finden sich ähnlich klischeehafte Darstellungen: Mädchen und Frauen sind zuständig für haushaltsbezogene Tätigkeiten, Küchenarbeit, Kochen, Putzen, Aufräumen usw. Jungen und Männer üben Aktivitäten außerhalb des Hauses aus, sei es im Beruf, beim Sport oder Beisammensein mit Freunden. Häufig versorgen oder bedienen die weiblichen Figuren die männlichen Akteure, die das als Selbstverständlichkeit annehmen und sich ihrerseits amüsieren und miteinander Kurzweil haben. Auch wenn man in neueren Büchern die Schürze als typisch weibliches Kleidungsstück nicht mehr so oft antrifft, steht das traditionelle Frauenbild immer noch als unsichtbare Leitlinie hinter den meisten Darstellungen. Zur typisch weiblichen Rolle gehört das sich Ein- und Unterordnen, das Entgegennehmen von Anweisungen oder Wünschen, das Eingehen auf Ansprüche und Erwartungen der Männer, das Zurverfügungstehen rund um die Uhr. Als Gipfel weiblichen Glücks werden häufig die Ehe, ein liebevoller Partner, die Mutterschaft und ein Häuschen mit Garten beschrieben. Männer dagegen schöpfen ihre Befriedigung aus ihren Taten und Leistungen, sie sind – nicht nur im Beruf und Sport – leistungs- und karriereorientiert. Sie brauchen die Familie „nur" als sicheren Hafen zur Erholung und Entspannung, gegebenenfalls noch zu kurzweiligem Spiel mit den Kindern. Der typische Mann findet seine Erfüllung nicht in der Zweisamkeit und nur geringe Befriedigung an sozialen und zwischenmenschlichen Aktivitäten. Er ist orientiert auf die Welt der Technik und Wissenschaft. Höchsten Stellenwert für ihn haben seine Leistungen und Taten im Beruf, die Anerkennung der Vorgesetzten und die Bewunderung der Kollegen.

Diese Klischees spiegeln sich auch in den Berufen, die in vielen Schulbüchern auch heute noch als typische Männer- bzw. Frauenberufe präsentiert werden. Wenn Frauen als berufstätige Wesen auftreten, dann zumeist in der jüngeren Variante (unverheiratet und ohne Kinder) oder in der älteren Variante (nach erfolgreich absolvierter Mutterschaft). Das Thema Doppelbelastung, also Frauen in ihrer Rolle als berufstätige Mütter, wird weitgehend vernachlässigt. Dementsprechend arbeiten die dargestellten Frauen meist in traditionell weiblichen Dienstleistungsberufen, also als Sekretärin, Krankenschwester, Stewardess, Kellnerin, Haushalts- oder Küchenhilfe, Putzfrau usw. Die von Männern ausgeübten beruflichen Tätigkeiten umgreifen nicht nur ein breiteres, vielfältigeres Spektrum, sondern sind auch im Hinblick auf Ansehen, Geltung, soziale Anerkennung und finanzielles Einkommen Frauenberufen deutlich überlegen. Zusammenfassend betrachtet ist höchstens in jedem zehnten Kinderbuch einmal eine Abweichung von den traditionellen Geschlechtsrollenstereotypen zu finden. Bücher, in denen sich Mädchen unabhängig, mutig und durchsetzungsfähig verhalten, sind fast ausschließlich reine Mädchenbücher. Geschichten in Kinderbüchern mit weiblichen Akteuren in der Hauptrolle sind selten anzutreffen; wenn sie vorkommen, sind die weiblichen Hauptdarsteller oft auf männliche Hilfe und Unterstützung angewiesen; Jungen und Männer werden, auch wenn sie einmal nicht im Vordergrund stehen, als im Besitz von Macht und überlegenen Fähigkeiten und Kräften charakterisiert.

Angesichts der seit Jahrzehnten zu verzeichnenden Emanzipations- und Frauenbewegungsaktivitäten, die in einigen Bereichen der Gesellschaft zumindest in gewissem Umfang zu einem Abbau von Diskrimination und einer Angleichung der Geschlechterrollen geführt haben, ist es erstaunlich, dass sich in Kinderbüchern das traditionelle und konventionelle Frauenbild so hartnäckig hält. Die Realität – drei Viertel aller Frauen sind berufstätig und immer mehr Frauen arbeiten in immer qualifizierteren Berufen, sehen sich aber gleichzeitig vor die Frage gestellt, wie sie Beruf, Familie und Kinder miteinander vereinbaren sollen – wird in Büchern für Kinder nur sehr selten zum Thema gemacht. Viele Tatsachen – z. B. die wachsende Zahl von Scheidungen, allein erziehenden Eltern und Stieffamilien – scheinen von Kinderbuchautoren regelrecht unterschlagen zu werden, vielleicht in dem Bestreben, den jungen Lesern eine „heile" Welt zu präsentieren mit überholten Gesellschaftsstrukturen und schon lange nicht mehr geltenden Rollenverteilungen zwischen Mann und Frau.

Einflüsse des Fernsehens auf die Geschlechtsrollenentwicklung

Der beträchtliche Einfluss des Mediums Fernsehen auf die Entwicklung von Kindern und Jugendlichen wird nicht mehr ernsthaft bezweifelt. Untersuchungen ergaben, dass 18-Jährige im Durchschnitt mehr Zeit vor dem Fernseher verbracht haben als z. B. in der Schule oder bei einer anderen Tätigkeit. Unbestritten ist, dass durch den regelmäßigen Konsum von Fernsehsendungen nicht nur Kenntnisse, Wissen und Informationen vermittelt, sondern auch Einstellungen, Überzeugungen und Wertorientierungen aufgebaut und gefestigt werden. Amerikanische Psychologen konnten in experimentellen Untersuchungen belegen, dass Kinder noch leichter als Erwachsene durch Inhalte, die ihnen per Fernsehen oder Film vorgeführt werden, zu beeinflussen sind. Nicht nur in Fachkreisen sind die Studien von Bandura und Mitarbeitern zum Lernen durch Beobachtung von Modellverhalten (z. B. Bandura et al. 1961) bekannt geworden. Bandura und seine Kollegen, die an der Ausformulierung und Überprüfung der „Theorie sozialen Lernens" maßgeblich beteiligt waren, beschäftigten sich mit der Neigung von Kindern, aggressives Verhalten von erwachsenen Vorbildern, die sie im Film beobachten konnten, nachzuahmen und ins eigene Verhaltensrepertoire aufzunehmen. Alters- und Geschlechtsunterschiede wurden dokumentiert: Jüngere Kinder sind „gefährdeter" und Jungen übernehmen bereitwilliger als Mädchen das von einem Erwachsenen vorgeführte Aggressionsverhalten, sogar wenn dieses – im Film – kritisiert und bestraft wird.

Andere Medienforscher konnten nachweisen, dass auch Jugendliche und junge Erwachsene durch Botschaften des Mediums Fernsehen beeinflusst werden. Schon in den 70er und 80er Jahren wurden – meist getragen von emanzipatorischen Bemühungen und pädagogischen Ansprüchen – Inhaltsanalysen von Kinderfernsehsendungen durchgeführt. Die zutage geförderten Ergebnisse gelten ohne große Einschränkung noch heute: Es bestehen kaum Unterschiede zum Medium Kinderbücher. Obwohl die audiovisuellen Medien Fernsehen, Film und Video in technischer Hinsicht moderner sind als die Printmedien (Bücher, Zeitschriften, Zeitungen), verwenden auch sie fast durchgängig die traditionellen Geschlechtsrollenstereotypen.

Vom Fernsehen präsentierte männliche und weibliche Berufsrollen

Der amerikanische Medienforscher Levinson (1975) verdeutlichte diesen Tatbestand, indem er die Vielfalt männlicher Berufsrollen in zahlreichen, von ihm untersuchten Kinder-TV-Sendungen mit der Beschränktheit und „Einfalt" weiblicher Berufsrollen verglich: Die beruflichen Möglichkeiten für Männer sind praktisch unbegrenzt, ihnen steht die ganze Welt offen, Frauen dagegen begnügen sich meist mit traditionell weiblichen Berufen (Sekretärin, Lehrerin,

Krankenschwester) oder sind gar nicht berufstätig und „nur" Hausfrau, Mutter, Großmutter, Tochter, Tante oder Freundin.

Ein kurzer Blick auf die Ergebnisse der Inhaltsanalysen von Levinson illustriert diesen Sachverhalt (Tabelle 6).

Erstaunlich ist, dass trotz Frauenbewegung und bildungs- bzw. gesellschaftspolitischen Emanzipationsbemühungen in den letzten drei Jahrzehnten nur minimale und punktuelle Veränderungen der Geschlechtsrollenstereotype in der Medienlandschaft zu verzeichnen waren. Selbst in Kinderfernsehsendungen wie „Sesamstraße", an

Tabelle 6: Berufe von männlichen und weiblichen Hauptfiguren in Kinderfernsehsendungen der USA (nach Levinson 1975)

Typische männliche Berufe (Gesamtzahl: 90)	Typische weibliche Berufe (Gesamtzahl: 21)
Professor	Sekretärin
Geschäftsmann	Krankenschwester
Arzt	Lehrerin
Seemann/Kapitän	Kellnerin
Polizeiinspektor	Kindermädchen
Schulleiter	Filmstar
Rennfahrer	Sängerin/Musikerin
Manager	Assistentin
Wissenschaftler	Hausfrau/Mutter
Raumfahrer	soziale Rollen (Tochter, Tante, Großmutter, Freundin)
Erfinder	
Dirigent	
Priester	
Reporter	
Zirkusbesitzer	
Pirat	
Fernsehautor	
Karate-Lehrer	

deren Gestaltung Pädagogen und Kinderpsychologen mitwirkten, finden sich über weite Strecken die traditionellen Klischees: Nur gelegentlich werden weibliche Figuren in nichtkonventionellen Rollen präsentiert, z. B. als Briefträger, Feuerwehrleute, Handwerker. Bei den Hauptfiguren handelt es sich mehrheitlich um Männer. Auffällig ist auch, dass die geschlechtslosen nichtmenschlichen Wesen in der Mehrzahl Männerstimmen haben. In zahllosen Handlungseinheiten wird immer wieder als Tatsache dokumentiert, dass Männer überlegene gesellschaftliche und familiale Positionen einnehmen und Frauen sich ihnen unterordnen und von ihnen abhängig sind.

Einflüsse der Fernsehwerbung

Den allumfassenden Einfluss der Fernsehreklame illustriert eine Überschlagsrechnung von Greenglass (1995): Im US-amerikanischen Fernsehen wird ungefähr 17% der Sendezeit von Werbung eingenommen. Das bedeutet, dass der durchschnittliche Fernsehzuschauer im Alter von 17 Jahren bereits 350 000 Werbespots gesehen hat. Medienpsychologische Studien untermauern, dass in der Fernsehwerbung die traditionellen Rollenverhältnisse zwischen den Geschlechtern in der Regel nicht nur unangetastet bleiben, sondern teilweise sogar vertieft und in besonders ausgeprägter Form dargestellt werden: Männer sind die Produzenten, Fabrikanten, Techniker, Ingenieure und Wissenschaftler, die sich immer gut auskennen und auch über spezielles Know-how verfügen. Frauen sind zumeist Konsumentinnen, sie werden vorzugsweise als Wesen beschrieben, die von den Segnungen des männlichen Erfindungsgeists im Haushalt, bei der Kinderversorgung und Pflege des eigenen, attraktiven Körpers profitieren.

Auswirkungen auf die Geschlechtsrollenentwicklung

Kinder, die viel fernsehen, werden in ihrer Geschlechtsrollenorientierung im Sinne der sie immer wieder erreichenden, traditionellen Botschaften beeinflusst. Gezeigt werden konnte auch, dass insbesondere jüngere Kinder, deren eigenes Geschlechtsrollenverhalten noch nicht gefestigt ist, das Modellverhalten eines gleichgeschlechtlichen Vorbilds selbst dann nachahmen, wenn dieses Verhalten vom traditionellen Stereotyp abweicht (z. B. einfühlsames und fürsorgliches

Verhalten eines Jungen oder dominantes, unnachgiebiges Verhalten eines Mädchens). Obwohl der große Einfluss des Fernsehens auf die Geschlechtsrollenentwicklung außer Zweifel steht, ist beispielsweise die Schlussfolgerung unzulässig, dass Kinder, die nicht so oft fernsehen, weniger traditionelles Geschlechtsrollenverhalten zeigen. In Rechnung gestellt werden müssen auch die Einflüsse der anderen Medien und insbesondere die (intendierten oder unbeabsichtigten) Einflussnahmen der Bezugspersonen und sonstigen Sozialisatoren der Kinder. Dass den Eltern dabei eine besonders verantwortungsvolle Aufgabe zukommt, weil sie im Mittelpunkt der kindlichen Welt stehen und mitbestimmen, welche geschlechtsrollenbezogenen Einflüsse (der Medien und menschlichen Umwelt) das Kind erreichen, liegt auf der Hand.

Einflüsse von Spielkameraden und gleichaltrigen Freunden

Was die Beantwortung der Frage nach den Einflüssen der Peers, d. h. der (in etwa) gleichaltrigen und meist gleichgeschlechtlichen Freunde, auf die Geschlechtsrollenentwicklung betrifft, so muss zunächst festgestellt werden, dass die veröffentlichten Forschungsergebnisse widersprüchlich sind. Fest steht, dass Kinder heutzutage durch Einrichtungen wie Kinderkrippe, Krabbelgruppe, Kindergarten und Vorschule schon früh in regelmäßigen Kontakt mit möglichen Spielfreunden kommen.

In der Vergangenheit wurde vielfach ein Forschungsergebnis zitiert, nach dem Mädchen bei der Gestaltung ihrer Spielkontakte eher zum Aufbau exklusiver und intimer Zweierfreundschaften neigen, während Jungen eher das Spiel und die Geselligkeit in (weniger exklusiven und weniger intimen) größeren Gruppen schätzen. Die Gültigkeit dieses Befunds muss im Licht neuerer Untersuchungsergebnisse teilweise eingeschränkt werden: Möglicherweise hängt dies damit zusammen, dass in jüngerer Zeit Angleichungen zwischen den Geschlechtsrollen von Jungen und Mädchen faktisch bereits stattgefunden haben. Im Sinne des traditionellen Geschlechtsrollenstereotyps müssten Mädchen, deren Kompetenzen in zwischenmenschlich-sozialer Hinsicht die von Jungen übertreffen, gefühlsintensive Beziehungen (exklusiver Art?) bevorzugen. Es konnte jedoch gezeigt werden (Wagner 1991, 165ff), dass weitere Faktoren einbezogen werden müssen, um tatsächlich Unterschiede zwischen Jungen- und Mädchenfreundschaften herauszuarbeiten. Es handelt sich dabei z. B.

um äußere Lebens- und Wohnbedingungen (Vorhandensein von Gleichaltrigen in räumlicher Nähe), Erziehungsstil der Eltern (eher traditionell oder weniger traditionell orientiert), Alters- und Entwicklungsstufe (Mädchen haben in sozial-zwischenmenschlicher Hinsicht einen Entwicklungsvorsprung gegenüber Jungen) und Verfügbarkeit von Kindergarten- oder Vorschulplätzen.

Zusammenfassend muss jedoch festgestellt werden, dass sich Jungen- und Mädchenfreundschaften sicherlich qualitativ unterscheiden. Dies kann jedoch auf der Altersstufe der frühen und mittleren Kindheit nicht so überzeugend nachgewiesen werden, wie in späteren Entwicklungsabschnitten. Denn erst ältere Kinder und Jugendliche können über die Qualität ihrer Freundschaften reflektieren und (gegebenenfalls auch) ausführlich berichten.

Obwohl die vorliegenden Forschungsergebnisse teilweise widersprüchlich sind und sich nicht auf einen Nenner bringen lassen, finden sich eine Reihe von Anhaltspunkten dafür, dass Mädchen in ihren Kontakten und Freundschaften zu Gleichaltrigen eher den individuellen Beziehungsaspekt betonen, während Jungen stärkeres Gewicht auf den Gruppenaspekt und das gemeinsame Tun im Spiel und Sport legen. Dieser Befund kann vorsichtig verallgemeinert werden und macht deutlich, dass auch die Freundschaftsstrukturen von Jungen und Mädchen in der Regel im Sinne der traditionellen Geschlechtsrollenstereotype aufgebaut werden. Mädchen erwerben durch Freundschaften Sensibilität für individuelle Beziehungsgestaltungen und weitere Kompetenzen in sozial-zwischenmenschlicher Hinsicht, Jungen dagegen profitieren in Freundschaften stärker von der Kooperation mit anderen und dem Zusammen-etwas-Vollbringen, was ihnen in ihrer späteren Laufbahn in Ausbildung und Beruf (Teamwork und Gruppenfähigkeit) nützlich ist.

In den ersten 10 Jahren sind (fast) nur Frauen zuständig

Viele Erziehungswissenschaftler prangern die Tatsache an, dass Erziehung im 1. Lebensjahrzehnt fast ausschließlich Sache der Frauen ist: Im Elternhaus die Mutter, im Kindergarten die Erzieherin, in der Grundschule die Lehrerin. Weil den heranwachsenden Jungen männliche Bezugspersonen und Vorbilder oftmals fast vollständig fehlen, orientieren sie sich bei ihrem Bemühen, eine männliche Geschlechtsidentität aufzubauen, an klischeehaften, unrealistischen Männerbildern, wie sie vor allem in den Medien angeboten werden.

Wenn sich mehr Männer am Erziehungsgeschäft der ersten 10 Jahre beteiligen würden – Väter zuhause, männliche Erzieher in den Kindergärten und Lehrer in den Grundschulen –, hätten es die Jungen leichter: Sie würden wahrnehmen, dass sich Männer und Frauen gar nicht so sehr unterscheiden, wenn sie denselben Beruf ausüben, dass auch Männer weiche Seiten haben und nachgiebig sind, dass auch Frauen „Power" haben und sich durchsetzen können. Es fiele ihnen dann auch leichter, im eigenen Erleben und Verhalten Zwischentöne zuzulassen und eine männliche Geschlechtsidentität auszubilden, die sich an der Wirklichkeit – und nicht an Fiktionen – orientiert.

Diskriminierende und emanzipatorische Geschlechtsrollenerziehung

Die Rufe nach einer Umorientierung in der Geschlechtsrollenerziehung sind in den letzten Jahren zunehmend deutlicher zu vernehmen. Die Boulevardpresse berichtet immer häufiger von Gewalttaten und gewalttätigen Übergriffen. Bei den Opfern – sei es in der Familie oder Schule, im Beruf oder in der Freizeit – handelt es sich zumeist um Angehörige des weiblichen Geschlechts und Kinder. Die Zahl der registrierten Fälle von Körperverletzung, Missbrauch, Nötigung oder Vergewaltigung nimmt anscheinend von Jahr zu Jahr zu und gleichzeitig auch die Zahl der Veröffentlichungen, die sich mit dem Thema befassen. In Zeitungsartikeln, die mit Schlagzeilen wie „Warum aus Männern Monster werden" (tz, 13.10.1994) oder „Warum Männer zu Vergewaltigern werden" (Münchner Abendzeitung, 15.10.1994) überschrieben sind, finden sich eindeutige Schuldzuweisungen: Die unterschiedliche Erziehung, die Jungen und Mädchen heute immer noch zuteil wird, trägt die Hauptverantwortung!

Die meisten Eltern, Erzieher/innen und Lehrer/innen praktizieren nach wie vor – darin sind sich Laien und Fachleute einig und das wird auch durch zahlreiche Untersuchungsergebnisse belegt – eine Erziehung, die Jungen begünstigt und Mädchen benachteiligt. Jungen werden gelobt, wenn sie sich hart, aktiv, mutig und stark verhalten. Sie sollen lernen, sich durchzusetzen, notfalls auch mit Gewalt. Von Mädchen dagegen erwartet man, dass sie sanft und nett, einfühlsam, hilfsbereit und nachgiebig, freundlich und zuvorkommend, anmutig oder einfach nur lieb sind. Man ist nicht nur überrascht, sondern reagiert mit Stirnrunzeln und deutlicher Missbilligung, wenn Mädchen einmal „aus der Art schlagen" und nicht nachgeben, sondern aufbegehren und sich wehren. Für Mädchen schickt es sich nicht, sich zu streiten oder gar zu prügeln; ihnen wird von früh an mehr oder weniger nachdrücklich – und wenn es sein muss mit Gewalt – deutlich gemacht, dass sie sich ein- und unterzuordnen haben. Jungen als Angehörige des „starken" Geschlechts werden in ihren Überlegenheitsansprüchen beständig bestärkt, Mädchen dagegen zu Anpassung und Nachgiebigkeit verpflichtet. Die hinter dieser Art von Geschlechtsrollenerziehung stehenden Einstellungen gegenüber Mädchen und Frauen sind auch die Ursache von Vorurteilen, denen man auf Schritt und Tritt begegnet, wenn die Hintergründe von sexuellen Übergriffen beleuchtet werden. Sehr oft wird nämlich den weiblichen Opfern von Sexualdelikten unterstellt, dass sie durch ihr eigenes Verhalten die Gewalttat provoziert (und gegebenenfalls sogar gewollt) haben. Das gilt z. B. auch für die gerichtskundig werdenden Fälle von sexuellem Missbrauch innerhalb der Familie: Den Vätern (oder älteren Brüdern) wird oft Verständnis entgegengebracht, wenn sie berichten, welchen „Verlockungen" sie von Seiten ihrer Opfer ausgesetzt waren.

Sexualpädagogen kritisieren in diesem Zusammenhang die traditionelle Geschlechtsrollenerziehung und fordern eine grundlegende Umorientierung. Schon im Elternhaus und Kindergarten sollen Mädchen nicht mehr dadurch benachteiligt werden, dass sie weniger Beachtung und Zuwendung als Jungen erfahren, dass man ihnen weniger Freiraum und Erkundungsstreben zugesteht und dass ihnen – mit dem Hinweis „Das gehört sich nicht für Mädchen!" – Erfahrungen im Umgang mit bestimmten Gegenständen und Personen einfach vorenthalten werden. Weil dies immer noch so praktiziert wird, mangelt es vielen Mädchen häufig an Selbstbewusstsein und Selbstwertgefühl Angehörigen des anderen Geschlechts gegenüber. Man gesteht ihnen bis heute nicht zu, sich abzugrenzen und schwierige Alltagssituationen selbständig zu bewältigen. Die meisten Erwachsenen erwarten, dass sich Mädchen fügen oder zumindest helfen lassen, wenn sie schützend oder ordnend eingreifen. Diese Haltung der Erziehungsberechtigten bewirkt, dass Mädchen die Chance genommen wird, sich selbst zu behaupten und ihre eigenen Bedürfnisse zu artikulieren. Im Kindergarten und im Klassenzimmer werden sie so von den lauteren und durchsetzungsfähigeren Jungen oft an die Wand gedrückt und können ihre Ideen, Absichten und Interessen nicht verwirklichen. Es wird immer noch mit zweierlei Maß gemessen: Was bei einem Mädchen als „aggressiv" gilt, wird bei einem Jungen als „Durchsetzungsvermögen" gelobt. Während der Grundschuljahre geht es dann weiter: Mädchen werden schon frühzeitig dazu angehalten, sich an der Hausarbeit (Abwaschen und Abtrocknen, Aufräumen, Staubsaugen usw.) zu beteiligen; Jungen mutet man solche Hausfrauentätigkeiten nicht zu. Sie werden auf Leistung und Erfolg getrimmt: In der Schule, beim Sport und Spiel mit Gleichaltrigen geht es für Jungen immer darum, ganz vorn und bei den Besten und Schnellsten zu sein. Die Leitlinien ihrer Erziehung orientieren sich an den Normen der Leistungsgesellschaft, die z. B. lauten „Der Stärkere setzt sich durch" oder „Dem Tüchtigen gehört die Welt". Sie sollen lernen, andere zu kontrollieren und sich selbst möglichst kontrolliert zu verhalten.

Die Kritik der emanzipatorischen Pädagogik setzt hier an und problematisiert eine Reihe von grundlegenden Wertorientierungen unserer Gesellschaft. Besonders die überlieferten Festlegungen dessen, was typisch für Frauen und was typisch für Männer ist, werden in Frage gestellt. Gegen traditionelle biologistische Argumente – „Männer sind von Natur aus aggressiver!" – setzt sie die Kraft pädagogischer Argumente und erzieherischer Einflussnahme. Jungen kann beigebracht werden, wie sie mit ihren aggressiven Impulsen konstruktiv umgehen können: Im spielerischen, friedlichen Wettstreit mit anderen und indem sie die Stärke und Kraft, die in ihnen steckt, sinnvoll nutzen.

In der Vergangenheit wurde von der emanzipatorischen Pädagogik eine Reihe von Vorschlägen ausgearbeitet, in denen auf Schlüsselqualifikationen und Situationen in verschiedenen Institutionen, wie Kindergarten, Schule, Elternhaus usw., Bezug genommen wird.

Einigkeit besteht darüber, dass pädagogische Einflussnahmen, die Veränderungen im traditionellen Geschlechtsrollenverhalten bewirken sollen, möglichst frühzeitig einsetzen und regelmäßig und längerfristig durchgeführt werden müssen. Notwendig ist darüber hinaus, dass die Eltern und Erzieher/innen, Lehrer/innen, die sich um eine praktische Geschlechtsrollenerziehung bemühen, das eigene Geschlechtsrollenverständnis reflektieren und problematisieren. Sie müssen in der Lage sein, zu erkennen, in welchen Situationen sie an ihre Kinder/Schüler verdeckt oder offen geschlechtsspezifische Anforderungen oder Erwartungen richten. Dies setzt voraus, dass sie sich mit ihren eigenen geschlechtsbezogenen Prägungen und in der Vergangenheit gemachten Erfahrungen auseinandersetzen und bereit sind, sich selbst in Frage zu stellen, wenn sie sich unbewusst, gewohnheitsgemäß und automatisch nach traditionellen Rollenklischees verhalten. Durch eine solche selbstreflexive Haltung wird die Wahrnehmung für alltägliche Situationen und Ereignisse im Elternhaus, Kindergarten oder Klassenzimmer geschärft, die für eine pädagogische Aufbereitung geeignet sind. Natürlich gehen hier die Aktivitäten von Eltern, Erziehern/innen und Lehrern/innen in ganz unterschiedliche Richtungen. In der Schule können Unterrichtseinheiten sorgfältig geplant und unter Einbezug von Materialien und Medien sukzessiv verwirklicht werden. Im Kindergarten stehen vorstrukturierte gemeinsame spielerische Aktivitäten von Jungen und Mädchen im Vordergrund, die das traditionelle Spiel in voneinander getrennten gleichgeschlechtlichen Gruppen zumindest phasenweise in neue Bahnen leiten. Eltern müssen meist spontan reagieren und sich weitgehend auf ihre Intuition und ihren Einfallsreichtum stützen. Sie können daneben auch auf im Handel erhältliches Spielmaterial zurückgreifen.

Geschlechtsrollenerziehung – interkulturell betrachtet

Die ethnologische Feldforschung belegt, dass in allen untersuchten Kulturen eine (mehr oder weniger deutlich ausgeprägte) geschlechtsspezifische Erziehung praktiziert wird. Barry und Mitarbeiter (1957) konnten darüber hinaus zeigen, dass bestimmte Erziehungsziele über viele Kulturen hinweg geschlechtsspezifisch verbreitet sind.

Tabelle 7: Geschlechtsspezifische Verbreitung von Erziehungszielen. Die Zahlen geben die prozentuale Verbreitungshäufigkeit an. (Datenbasis: 110 Kulturen der Studie von Barry et al. 1957)

Erziehungsziel	Geschlechtsspezifität		
	für Jungen	*nicht vorhanden*	*für Mädchen*
Pflegerische Einstellung	0	18	82
Verantwortlichkeit	11	28	61
Gehorsam	3	62	35
Erfolg	87	10	3
Selbstvertrauen	85	15	0

Tabelle 7 verdeutlicht, dass ein Erziehungsziel wie „pflegerische zwischenmenschliche Einstellung" ein spezifisch weibliches Erziehungsziel ist: In 82% der einbezogenen Kulturen gilt es ausschließlich für Mädchen! Die Erziehungsziele „Erfolg" und „Selbstvertrauen" sind in 87% bzw. 85% der einbezogenen Kulturen spezifisch männliche Erziehungsziele.

Was sind die Ursachen für die interkulturelle Verbreitung von geschlechtsspezifischen Erziehungszielen? Von den meisten Ethnologen werden Ursachen geltend gemacht, die mit der Erfüllung sozialer und wirtschaftlicher Aufgaben im Erwachsenenalter zusammenhängen: Die im Rahmen der Kindererziehung verfolgten Ziele besitzen große Bedeutung für das spätere Leben als erwachsene Frau bzw. erwachsener Mann.

Nachgewiesen wurden auch Zusammenhänge mit bestimmten Wirtschafts- und Familienformen: Kulturen, in denen große Unterschiede in der Erziehung von Jungen und Mädchen bestehen, sind häufiger Kulturen, in denen Großvieh gehalten wird und Großwildjagd, Nomadentum und Polygynie (Vielweiberei) vorherrschen. Kulturen, in denen weniger große Erziehungsunterschiede bestehen, sind häufiger Kulturen, in denen Wurzelfrüchte angebaut werden, Kleintiere gehalten werden, die Mitglieder sesshaft sind und Monogamie vorherrscht. An diese Befunde anknüpfend wird von einigen Völkerkundlern die Meinung vertreten, dass in der isolierten Kernfamilie, wie sie vor allem in den westlichen Industriegesellschaften üblich ist, geschlechtsspezifische Unterschiede in der Kindererziehung weniger deutlich ausgeprägt sein dürften. In Kernfamilien müssen nämlich Frauen und Männer viele Aufgaben und Tätigkeitsbereiche in gleicher Weise dann übernehmen können, wenn es die Lebenssituation erfordert (z. B. bei vorübergehender oder ständiger Abwesenheit eines Partners).

Nicht ganz von der Hand zu weisen ist folgende Überlegung: Wenn es tief wurzelnde, genetisch verankerte Unterschiede im Verhalten von Mann und Frau gibt, dann dürften diese von Erziehungs- und Kultureinflüssen aufgegriffen, überformt und modifiziert werden und zwar in Abhängigkeit davon, welche Aufgabenbereiche in der jeweiligen Gesellschaft für die erwachsenen Frauen und Männer vorgesehen sind. Eine Überlegenheit des männlichen Geschlechts im Hinblick auf Körperkraft und grobmotorische Fähigkeiten ist vor allem in Gesellschaften nützlich, in denen Großviehhaltung, Großwildjagd und Nomadentum betrieben wird, und wird in solchen Kulturen durch entsprechende männliche Erziehungsziele, wie Mut,

Stärke, Durchsetzungskraft, unterstützt. Demgegenüber sollten in Gesellschaften, in denen Ackerbau betrieben und Kleinvieh gezüchtet wird und der Lebensunterhalt durch eine Tauschwirtschaft bestritten wird, die Unterschiede zwischen typisch männlichen und typisch weiblichen Erziehungszielen weniger deutlich ausgeprägt sein.

Verhaltensunterschiede von Jungen und Mädchen: Was lehrt uns der Kulturvergleich?

In einer oft zitierten Untersuchung von Whiting (1963) wurde in sechs Kulturen das Verhalten von Jungen und Mädchen über einen Zeitraum von drei bis zehn Jahren systematisch beobachtet und beschrieben. In allen Kulturen zeigten Jungen im Alter von drei bis sechs Jahren mehr körperliche Aggression, Mädchen mehr gefühlsbetontes und verantwortungsbewusstes Verhalten. Die Tatsache, dass diese Verhaltensunterschiede in späteren Jahren immer noch deutlich zu registrieren waren, wird als Beleg dafür gewertet, dass es sich hier um genetisch verankerte, durch Erziehungsbedingungen wenig beeinflussbare Unterschiede handelt. In israelischen Kibbuzim wurden ähnliche Verhaltensdifferenzen dokumentiert: In der Altersgruppe der Ein- bis Fünfjährigen wurde für Mädchen häufiger „integratives Verhalten" (Kooperation, Helfen, Abgeben, Teilen, gefühlsmäßiges Nachvollziehen) ermittelt, für Jungen dagegen häufiger „desintegratives Verhalten", wie Konflikte provozieren, Ungehorsam zeigen, Streiten, Raufen, Schimpfen, Wegnehmen von Dingen usw. Auch in einer Reihe von US-amerikanischen Studien wurden vergleichbare Geschlechtsunterschiede nachgewiesen: In ungefähr 75% aller Fälle wurden bei männlichen Kindern und Jugendlichen häufiger und intensivere körperliche Aggressionen registriert. Beim weiblichen Geschlecht dagegen konnte wesentlich häufiger das Vorkommen von Angst und Schuldgefühlen (nach aggressivem Handeln) dokumentiert werden.

5 Pubertät: Der große Umbau

Im Rückblick auf das Verhalten ihrer pubertierenden Söhne und Töchter äußern manche Eltern resigniert die Ansicht, dass es während dieser Zeit am besten gewesen wäre, den Sprösslingen ein Schild mit der Aufschrift „Wegen Umbau (vorübergehend) geschlossen" (Arlt 1991) umzuhängen und sie im Übrigen in Ruhe zu lassen. Auch die Psychologie tat sich – gerade im Hinblick auf die Ermittlung von Geschlechtsunterschieden – in der Vergangenheit schwer, zuverlässige Informationen über diesen Entwicklungsabschnitt zutage zu fördern. Man wusste, dass Mädchen durchschnittlich 1,5 bis 2 Jahre früher in die Pubertät eintreten als Jungen und konnte über Jahrzehnte hinweg das Phänomen der körperlichen „Akzeleration" (beschleunigte Entwicklung und Reifung) dokumentieren: Beide Geschlechter begannen früher zu pubertieren und durchliefen diese Phase auch immer schneller!

Faktoren, die den Beginn der Pubertät bestimmen

Zur Erklärung des Akzelerationsphänomens wurden eine ganze Reihe verschiedener Faktoren herangezogen (Kasten 2001):

1. Die Bevölkerungsumschichtung, die es mit sich bringt, dass immer mehr Menschen vom Land in die Stadt ziehen (Untersuchungen ergaben nämlich, dass auf dem Lande wohnende Jungen und Mädchen deutlich später in die Pubertät kommen);
2. die Reizüberflutung, die besonders in den Großstädten immer mehr zunimmt;
3. das immer längere Zeit auf die Menschen einwirkende Kunstlicht;
4. die zunehmend vitaminreichere Ernährung und
5. der wachsende Konsum von tierischen Fetten und Eiweißen.

Im Laufe der Jahre fanden sich immer mehr Anhaltspunkte dafür, dass das frühere Einsetzen der Pubertät vor allem mit der Veränderung der Ernährungsgewohnheiten in Verbindung gebracht werden kann. Zwar ist das Rätsel des Zusammenspiels der Faktoren, welche letztlich die Pubertät auslösen, immer noch nicht vollständig entschlüsselt, aber mittlerweile hat man herausgefunden, dass die Menarche (die erste Monatsblutung des Mädchens) nach dem vorpubertären Wachstumsschub der Knochen einsetzt. Aus biologischer Sicht ist das „Skelettalter", d. h. der Grad der Verknöcherung („Verkalkung") der Knochen, ein relativ genaues Hinweiszeichen auf den geschlechtlichen Reifungszustand! Eine eiweiß- und kalziumreiche Ernährung fördert das Knochenwachstum. Meist ist bereits vor dem Wachstumsschub der Knochen bei beiden Geschlechtern die Ausbildung sekundärer Geschlechtsmerkmale zu registrieren: Die Behaarung im Genitalbereich und unter den Achseln nimmt zu, bei den Jungen wächst der Adamsapfel, bei den Mädchen das Fettgewebe der Brüste.

Die Umstellung der inneren Hormonsituation erfolgt auf der Grundlage eines komplexen Regelkreises, in dessen Verlauf die Hypophyse unter dem Einfluss des Hypothalamus und unter Beteiligung der Epiphyse („Zirbeldrüse") Steuerhormone absondert. Es handelt sich um das follikelstimulierende Hormon (FSH) beim Mädchen und das interstitielle Zellen stimulierende Hormon (IZSH) beim Jungen. Durch diese Steuerhormone werden die weiblichen bzw. männlichen Keimdrüsen (Eierstöcke und Hoden) angeregt, ihrerseits Geschlechtshormone auszuschütten. In den Eierstöcken wird durch das follikelstimulierende Hormon die Produktion von Östrogen in Gang gebracht, das seinerseits in der Hypophyse die Absonderung des Luteinisierungshormons (LH) anregt, welches den Eisprung (Ablösung eines Eis aus den Eierstöcken) und die erhöhte Produktion des Corpus-luteum-Hormons auslöst. Dieser Vorgang wiederholt sich allmonatlich, wenn er sich erst einmal stabilisiert hat, sofern sich die hormonale Situation des Organismus nicht wieder verändert, was z. B. – wie in Ländern der Dritten Welt beobachtet wurde – durch Unterernährung oder durch extremen Leistungssport (Kunstturnen!) herbeigeführt werden kann und natürlich – von innen gesteuert – beim Erreichen des Klimakteriums, den Wechseljahren, eintritt. Beim Jungen werden durch das IZS-Hormon die Hoden zur Produktion von Testosteron veranlasst, welches Samenzellen heranreifen lässt. Hierbei handelt es sich um einen kontinuierlichen Vorgang, der keinen periodischen Schwankungen unterworfen ist.

Seelische Faktoren sind mit beteiligt

Dass auch seelische Faktoren, wie Stress und emotionale Deprivation, z. B. depressionsauslösender Entzug von Zuwendung, mit beteiligt sind, wenn sich der Eintritt der Pubertät verzögert, wurde überzeugend nachgewiesen. So machten Powell und Mitarbeiter (1967) auf einen Zusammenhang zwischen dem Entzug gefühlsmäßiger Zuwendung, verminderter Ausschüttung des Wachstumshormons GH und Veränderungen im Glukose-Stoffwechsel aufmerksam.

Zwei Phasen der Pubertät

Das Einsetzen der ersten Monatsblutung beim Mädchen und das Auftreten der ersten Pollution (Samenerguss) beim Jungen (bzw. der medizinische Nachweis von Samenzellen im Urin) werden als Indikatoren für den Beginn der Pubertät herangezogen. Die Phase der Vorpubertät, welche an den Entwicklungsabschnitt der späten Kindheit anschließt und etwa einen Zeitraum von 1–1,5 Jahren umfasst, endet mit dem allmählich immer deutlicher Sichtbarwerden der sekundären Geschlechtsmerkmale.

Viele Entwicklungspsychologen meinen, dass beim männlichen Geschlecht die Vorpubertät beschrieben werden kann als Phase, während derer sich die Jungen mit positiver Grundstimmung sehr stark nach außen orientieren. Sie fühlen sich stark, haben ein erhöhtes Bewegungsbedürfnis und eine gesteigerte Abenteuerlust, sind zu allem möglichen Schabernack und Unfug bereit und nehmen die Welt in vollen Zügen und über alle Sinneskanäle in sich auf. Manchmal führt die überschäumende Kraft und Lebensfreude dazu, dass sie über die Stränge schlagen und sich aggressiv, roh und uneinfühlsam verhalten. Die Heranwachsenden können sich noch nicht so gut in die Lage anderer versetzen, die möglicherweise durch ihre Handlungen bedrängt oder bedroht werden. Aggressive Übergriffe finden aber eigentlich nur dann statt, wenn sich die überschüssigen Kräfte sehr stark anstauen und nicht auf normale Weise, durch Bewegungsspiele, Herumtollen und sportliche Aktivitäten aller Art, abgebaut werden können.

Auch bei Mädchen beginnt die Vorpubertät als stimmungsmäßig positiv getönte Phase gesteigerter Aktivität. Viele Mädchen entwickeln sich zu richtigen Plaudertaschen und kichern und lachen über alles, was sich in ihrer Umwelt abspielt. Ähnlich wie die Jungen, wenn auch oftmals durch die traditionelle Geschlechtsrollenerziehung etwas gebremster und eingeschränkter, gehen sie aus sich heraus, wollen Abenteuer erleben und interessieren sich für alles Neue. Einige Monate vor Einsetzen der Menarche – zu diesem Zeitpunkt sind die Mädchen übrigens durchschnittlich etwas größer und schwerer als die gleichaltrigen Jungen (!) – kommt es dann zu einem Stimmungsumschwung, der in der Vergangenheit oft als „negative Phase" (z. B. Schenk-Danziger 1973) bezeichnet wurde. Nicht selten erleben sie Gefühlsschwankungen, z. B. in sehr kurzer Zeit von Jubel zu Trauer und zurück; oft fühlen sich die heranwachsenden Mädchen einsam und verlassen und von aller Welt unverstanden; dann wieder drängt es sie in die lärmende, gesellige Runde der Gleichaltrigen zurück; häufig verharren sie in trotzig-ablehnender oder aufsässiger Haltung, kurz darauf zeigen sie sich angepasst und brav und zu jedem Kompromiss bereit. Ihre labile innere Verfassung führt oft zu Konflikten und Spannungen im Familienkreis. Ihre häufige Einsilbigkeit wird nicht selten von einem auf Sparflamme reduzierten Bewegungsdrang begleitet: Oft sitzen die Mädchen nur herum und träumen oder wissen gar nichts mit sich anzufangen; im günstigen Fall verkriechen sie sich hinter Bergen von Büchern. Während dieses Entwicklungsabschnitts ist nicht selten auch ein Nachlassen der schulischen Leistungen zu beobachten.

Die Frage, wann die Phase der Pubertät ihren Abschluss findet, lässt sich nicht mithilfe exakter biologischer Daten belegen. Sie kann nur auf der Grundlage des Einbezugs psychologischer Hinweiszeichen mit nicht immer zufrieden stellender Genauigkeit beantwortet werden. Abzeichnen sollte sich eine gewisse Stabilisierung der inneren Entwicklungsdynamik: Die Jugendlichen werden wieder ansprechbarer, die extremen Stimmungsschwankungen klingen ab und auch die Abgrenzungstendenzen gegen Erwachsene (insbesondere gegen die Eltern) lassen nach.

Bei weiblichen Jugendlichen ist das Längenwachstum spätestens mit dem vollendeten 18. Lebensjahr abgeschlossen; männliche Jugendliche, die im Durchschnitt eineinhalb Jahre später in die Pubertät eintreten, können noch bis zum 20. Lebensjahr wachsen.

Jungen verändern sich stärker als Mädchen

Interessant ist ein Forschungsergebnis, das der englische Psychologe Michael Rutter (1979) veröffentlichte: Über die Jahre hinweg betrachtet verändern sich Jungen stärker als Mädchen! Bei Mädchen lassen sich – bezogen auf ausgewählte Merkmale und Verhaltensweisen – Entwicklungsverläufe von der Kindheit bis ins Erwachsenenalter mit größerer Genauigkeit vorhersagen als bei Jungen. Rutter zeigte, dass Mädchen, die sich als Kinder passiv und abhängig verhalten, auch als Jugendliche und junge Erwachsene eine passiv-abhängige Haltung den Eltern und anderen Bezugspersonen gegenüber einnehmen.

Natürlich muss bei der Interpretation dieses Ergebnisses bedacht werden, dass die traditionelle Geschlechtsrollenerziehung dazu beiträgt, dass bei Mädchen Merkmale wie Passivität und Abhängigkeit besonders unterstützt und bekräftigt werden. Bei Jungen dagegen wird aktives, unabhängiges, impulsives, entscheidungsstarkes, durchsetzungsfähiges Verhalten geschätzt, belohnt und gefördert – also ein Verhalten, dessen Entwicklung über die Zeit möglicherweise nicht so kontinuierlich verläuft und sich deswegen auch nicht so gut voraussagen lässt.

Pubertät als Kulturphänomen

Die Rückschau auf vergangene Jahrzehnte des letzten Jahrhunderts und der Blick auf andere (z. B. die so genannten primitiven) Gesellschaften machen deutlich, dass die Pubertät in starkem Maße abhängig ist und geformt wird von überdauernden und aktuellen kulturellen Einflüssen. In Stammesgesellschaften finden auch heute noch für beide Geschlechter Initiationsrituale statt, die den Übergang von der Kindheit ins Erwachsenenalter deutlich markieren und deren erfolgreiche Absolvierung mit der Aufnahme in die Gruppe der erwachsenen (heiratsfähigen) Frauen und Männer des Stammes belohnt wird.

In den Industrieländern gibt es solche Rituale nicht mehr – es sei denn, man interpretiert kirchliche und weltliche Feierlichkeiten, wie die Konfirmation oder Jugendweihe, als Relikte vergangener Initiationsrituale. Es gibt jedoch Schichtunterschiede, die sich aber gegenwärtig mehr und mehr verwischen.

„Kurzpubertät" in der Unterschicht

In den unteren Sozialschichten wird die Pubertät meist früher beendet. Die Heranwachsenden absolvieren die Hauptschule mit oder ohne Abschluss und treten schon mit ungefähr 15 Jahren ins Berufsleben ein. Von den Mädchen wird erwartet, dass sie sich an einen „festen Freund" binden; die männlichen Jugendlichen können sich noch eine Weile „die Hörner abstoßen". Auf beide Geschlechter wird starker Druck ausgeübt, sich an die Konsum- und Lebensgewohnheiten der Erwachsenen anzupassen. Pläne und Ziele sind realistisch: Berufliche Tüchtigkeit und ein hoher Lebensstandard werden sehr hoch bewertet. Wenn die früh aufgenommenen sexuellen Beziehungen nicht ohne Folgen bleiben – das Mädchen trägt die Hauptverantwortung bei der Empfängnisverhütung –, wird geheiratet. Scheidungen schon nach wenigen Ehejahren kommen dann natürlich nicht gerade selten vor. Beide Geschlechter sind an öffentlichen Angelegenheiten – sei es nun das politische Tagesgeschehen oder Ereignisse aus Politik, Kunst, Literatur oder Wissenschaft – nicht sonderlich interessiert. Auch die Berufswahl wird in der Hauptsache aus praktischen Erwägungen – man möchte möglichst schnell viel Geld verdienen – und nicht aus einem wirklichen Interesse heraus getroffen.

„Kulturpubertät" der Mittel- und Oberschicht

Demgegenüber steht den in der mittleren und oberen Sozialschicht Heranwachsenden mehr Zeit zur Verfügung, die sie – zur Identitätsfindung – nutzen können, um dadurch mit sich selbst und anderen besser zurecht zu kommen. Sie beenden ihre Schullaufbahn ungefähr mit 16 Jahren (Realschulabschluss) oder 19 Jahren (Abitur) und beginnen dann mit einer qualifizierteren Berufsausbildung, wobei bei der Berufswahl teilweise auch eigene Interessen eine Rolle spielen. Die weiblichen Heranwachsenden gehen schon früher als ihre männlichen Altersgefährten heterosexuelle Freundschaften ein; zu geschlechtlichen Kontakten kommt es meist aber erst, wenn man längere Zeit miteinander „gegangen" ist und sich näher kennen gelernt hat. Die sexuelle Doppelmoral, die Männern mehr Freiheiten gewährt als Frauen, wird offiziell zwar nicht mehr akzeptiert, im konkreten Fall aber wird ein junges Mädchen immer noch schief angesehen, wenn es seine Männerkontakte sehr freizügig gestaltet.

Weil sich der Prozess der Ablösung von den Eltern – und der Auszug aus dem Elternhaus – faktisch verlängert, kommt es nicht selten zu Konflikten und Reibungen mit der Elterngeneration. Die zu Spannungen wurzeln zum einen in der zwiespältigen Situation, in der sich die Heranwachsenden befinden: Sie wollen sich abgrenzen und auf eigene Beine stellen, was von ihnen teilweise (insbesondere von den Jungen) auch erwartet wird – ihr Drang nach Unabhängigkeit findet da jedoch seine Begrenzung, wo sie durch räumliche und ökonomische Abhängigkeiten auf den Boden der Tatsachen zurückgeholt werden. Zum anderen resultieren Spannungen aus der – auch in der Mittel- und Oberschicht zu registrierenden – ungleichen Behandlung der Geschlechter durch die Eltern: Was den Jungen gestattet wird, z.B. erst um Mitternacht heimzukommen oder über Nacht wegzubleiben, ist den Mädchen nicht erlaubt. Diese müssen aber vergleichsweise mehr im Haushalt helfen als die heranwachsenden Jungen: Streit und Reibereien der Töchter mit den Müttern sind vorprogrammiert, insbesondere wenn diese berufstätig sind und noch ein Bruder im Elternhaus lebt.

Die schichtabhängigen Unterschiede im Pubertätsverlauf, welche Entwicklungspsychologen in der Vergangenheit (z.B. Schenk-Danzinger 1973) eine „Kurzpubertät" der Unterschicht und eine „Kulturpubertät" der Mittel- und Oberschicht nannten, sind in unserer Zeit allenfalls noch ansatzweise zu beobachten, z.B. Phänomene der Kurzpubertät insbesondere in Immigrantenfamilien.

Pferde für Mädchen und Fußball für Jungen

In früheren Jahrzehnten war es üblich, den Zeitabschnitt der Pubertät mit dem wertenden Begriff „Flegeljahre" zu belegen, was deutlich macht, dass die Pubertierenden auch damals schon unverständliche, unvorhersehbare und unkontrollierbare (Herbert 1989) Verhaltensweisen an den Tag legten, die von den Eltern und der älteren Generation missbilligt wurden. Aber entstehen die in unserem Kulturraum üblicherweise zu registrierenden negativ bewerteten Begleiterscheinungen der Pubertät nicht gerade dadurch, dass für die Heranwachsenden während dieser Zeit keine Lebensbereiche zur Verfügung stehen, in denen sie ihre überschüssigen Energien und Kräfte sinnvoll und produktiv einsetzen können? Denn die Schule verlangt vorwiegend rezeptives Lernen (Aufnehmen – Einprägen – Wiederholen) und vernachlässigt weitgehend die praktische Einbindung des Gelernten in den Lebensalltag. Und auch in der Freizeit gibt es für diese Altersgruppe wenig Möglichkeiten der angemessenen Betätigung: Spielplätze sind für Jüngere reserviert, Jugendclub und Disco den Älteren vorbehalten.

Glücklich können sich da Eltern schätzen, deren pubertierende Mädchen z. B. die Pferde für sich entdeckt haben und jede Minute ihrer Freizeit auf dem Reiterhof verbringen, wo sie nicht nur „das Glück dieser Erde" auf dem Rücken der von ihnen so geliebten Vierbeiner entdecken, sondern sich auch rund um „ihr Pferd" praktisch nützlich machen (das Tier füttern, säubern, pflegen und versorgen, seinen Stall ausmisten usw.). Eine ähnlich produktive und befriedigende Beschäftigung für Jungen zu benennen fällt schwer. Möglicherweise machen manche Jungen im Sportverein oder beim Bolzen auf dem Fußballplatz solche positiven Erfahrungen, welche es ihnen ermöglichen, mit den während der Pubertät sich aufbauenden Kraftpotentialen konstruktiv umzugehen.

Von der Gesellschaft vorgegebene Entwicklungsaufgaben

Für beide Geschlechter geht es in der Pubertät zunächst einmal darum, mit sich selbst ins Reine zu kommen, d. h. zum einen mit den extremen Schwankungen und Zwiespältigkeiten, die sich in der Innenwelt abspielen, fertig zu werden und d. h. zum anderen mit der Außenwelt, den Eltern, Geschwistern, Freunden und Bekannten, wechselseitig akzeptierte und zufrieden stellende Beziehungen einzugehen. Die Gesellschaft erwartet, dass während dieser Zeit mit dem Aufbau eines Selbstkonzepts und einer eigenen Identität als zukünftige Frau bzw. als zukünftiger Mann begonnen wird.

Die bei der Lösung dieser Entwicklungsaufgabe zurückzulegenden Schritte werden von weiblichen Pubertierenden schwerpunktmäßig im zwischenmenschlichen Bereich gemacht und erfolgen bei männlichen Pubertierenden stärker im Rückzug auf die eigene Person. Junge Mädchen bleiben während dieser Phase meist stärker im Kontakt mit vertrauten, gleichgeschlechtlichen Bezugspersonen, meist den Freundinnen, reden viel miteinander, helfen sich gegenseitig und erwerben dadurch allmählich in sozial-zwischenmenschlicher Hinsicht auch immer mehr Kompetenzen. Die heranwachsenden Jungen ziehen sich häufig sehr stark zurück, igeln sich manchmal regelrecht ein, lassen kaum jemanden an sich heran und versuchen, aus eigener Kraft und auf sich allein gestellt den Widrigkeiten der pubertären Entwicklungsverläufe die Stirn zu bieten. An sie wird mehr oder weniger deutlich die Erwartung herangetragen – und hier rücken die gesellschaftlich verankerten Geschlechtsrollenstereotype in den Mittelpunkt –, sich selbständig, selbstbewusst und sachkompetent zu verhalten.

Psychoanalytiker meinen, dass es für Jungen nun darauf ankommt, sich ein zweites Mal – und jetzt endgültig – von der Mutter (nach der ersten Abnabelung aus der symbiotischen Verbundenheit in der frühen Kindheit) und aus den familialen Abhängigkeiten zu lösen. Mädchen stehen in der Regel nicht unter so einem starken Erwartungsdruck, unabhängig zu werden und sich abzulösen. Bei ihnen sieht man es teilweise ganz gern, wenn sie eine gewisse Anhänglichkeit bewahren und der Mutter verbunden bleiben. Dadurch wird es ihnen aber auch erschwert, sich aktiv, eigenständig und selbstbewusst zu entwickeln.

Aufbau geschlechtstypischer Selbstkonzepte

Typischerweise machen Mädchen in diesem Lebensabschnitt zunehmend Erfahrungen, die negative Selbstbewertungen auslösen und dem Aufbau eines positiven Selbstwertgefühls eher im Wege stehen. Die psychologische Attributionsforschung, die sich damit befasst, auf welche Weise Ereignisse von Menschen verarbeitet, eingeordnet und bewertet werden, liefert dafür zahlreiche Belege (Kasten 1999, 61ff). Wenn z. B. ein Mädchen in der Mathematik-Klassenarbeit die Note „sehr gut" erhält, wird nicht selten vom Lehrer, den Klassenkameraden und zuweilen auch von den Eltern unterstellt, es hätte Glück gehabt, einen guten Tag erwischt oder die zu lösenden Aufgaben wären wohl sehr leicht gewesen. Einem Jungen dagegen, dessen Arbeit mit „sehr gut" benotet wird, traut man viel häufiger zu, dass er für Mathematik eine besondere Begabung besitzt und deshalb eine so hervorragende Leistung erbracht hat. Und umgekehrt: Schneidet ein Junge in einem typischen Mädchenfach (Deutsch oder Fremdsprachen) schlecht ab, wird angenommen, er hätte wohl einen schlechten Tag gehabt, die Arbeit wäre sicher extrem schwierig gewesen, er hätte sich nur nicht so richtig angestrengt oder sich nicht richtig konzentrieren können. Wird dagegen die Leistung eines Mädchens in Deutsch als unzureichend bewertet, ist man leicht bereit, ihr Versagen auf mangelhafte Begabung („Du hast eben einfach kein Gefühl für die deutsche Sprache!") zurückzuführen.

Es braucht wenig Phantasie, sich auszumalen was passiert, wenn Jungen in schulischen (und anderen) Leistungssituationen beständig – offen oder verdeckt – rückgemeldet bekommen, dass schlechte

Leistungen bei ihnen nur Ausrutscher sind, gute Leistungen aber mit ihrer hervorragenden Begabung zu tun haben. Auf diese Weise bekräftigte Heranwachsende werden regelrecht aufgebaut, sie entwickeln nicht nur ein positives Selbstwertgefühl, sondern auch die Bereitschaft, sich selbst in zukünftigen Leistungssituationen so zu bewerten, wie es ihnen von Lehrern und Eltern vermittelt wurde: Ein Misserfolg wird nicht in Verbindung gebracht mit mangelnder Begabung, sondern hat lediglich zu tun mit schlechter Tagesform, ungenügender Vorbereitung, unverständlicher Aufgabenformulierung, Ablenkungen durch die Klassenkameraden oder anderen Zufälligkeiten. Für jede gute Leistung dagegen übernimmt man voll die Verantwortung und führt sie auf die guten Anlagen, über die man verfügt, zurück.

Erfolgsmotivierte Jungen und misserfolgsmotivierte Mädchen

Mädchen, denen bei Erreichen guter Leistungen beständig rückgemeldet wird, dass es sich wohl um leichte Aufgaben gehandelt haben muss oder sie bloß einen guten Tag erwischt haben, der Lehrer sicher ein Auge zugedrückt haben wird oder sie einfach nur Glück gehabt haben und denen signalisiert wird, dass sie wahrscheinlich unbegabt sind, wenn sie einmal schlecht abschneiden, bauen eine ganz andere Erwartungshaltung auf, die als „Misserfolgsmotiviertheit" bezeichnet wird.

Sie sind zunehmend häufiger bereit, erzielte Erfolge in Leistungssituationen auf äußere Ursachen zurückzuführen, für Misserfolge übernehmen sie jedoch die volle Verantwortung und führen sie auf das eigene Unvermögen zurück. Wenn sie diese Haltung generalisieren und in ihr Selbstkonzept aufnehmen, erleben sie sich nicht mehr als „ihres eigenen Glückes Schmied", sondern fühlen sich hilflos und hin und her gerissen zwischen eigener Unzulänglichkeit und glücklichen Zufällen. Es bildet sich allmählich eine Einstellung aus, die „erlernte Hilflosigkeit" genannt wird und in psychologischen Untersuchungen häufiger bei weiblichen Probanden angetroffen wurde.

Jungen entwickeln aufgrund ihrer positiven Bekräftigungserfahrungen in Leistungssituationen häufig eine ausgeprägte Erfolgsmotiviertheit: Den erwarteten Erfolg schreiben sie sich selbst zu und erklären ihn mit ihren Fähigkeiten und Begabungen. Haben sie keinen Erfolg, hängt das mit äußeren Zufälligkeiten zusammen oder allenfalls damit, dass sie sich nicht genügend angestrengt oder nicht richtig vorbereitet haben. Natürlich gibt es auch misserfolgsmotivierte Jungen und erfolgsmotivierte Mädchen. Der in den letzten Jahrzehnten stattgefundene Geschlechtsrollenwandel hat tatsächlich zu einer gewissen Angleichung der Geschlechtsrollen geführt, doch lässt sich insbesondere in der Schule die oben skizzierte Ungleichbehandlung von Jungen und Mädchen auch heute noch beobachten. Mädchen haben es – nicht zuletzt aufgrund dieser Ungleichbehandlung – immer noch schwerer, in unserer Leistungsgesellschaft erfolgreich zu sein und Karriere zu machen.

Selbstkonzepte weiblicher Heranwachsender

Aufgrund ihrer speziellen, mit dem Geschlecht zusammenhängenden Erfahrungen werden heranwachsende Mädchen oftmals veranlasst, den Bereich Leistung in ihrem Selbstkonzept negativ zu besetzen: Sie trauen sich wenig zu, reduzieren ihr Anspruchsniveau immer mehr und halten die eigene Leistungsfähigkeit für sehr begrenzt; sie vermeiden nach Möglichkeit Konkurrenz und Wettbewerbssituationen, gehen direkten Vergleichen aus dem Weg und fühlen sich schnell hilflos und minderwertig, wenn sie einmal nicht gut abschneiden oder von anderen übertroffen werden.

Der Bereich „zwischenmenschliche Fähigkeiten und Sensibilität" ist dagegen ein Bereich des Selbstkonzepts, den Mädchen aufgrund geschlechtstypischer Erfahrungen in diesem Lebensalter häufig deutlich positiver besetzen. Mädchen erfahren kontinuierlich Anerkennung und Bekräftigung, wenn sie sich einfühlsam und fürsorglich, anpassungsfähig und kompromissbereit verhalten und wenn sie sich um das Wohl anderer kümmern, z. B. die kleine Schwester oder die Oma versorgen. Aufmüpfiges und widerborstiges oder gar aggressives Verhalten von Mädchen stößt auf Ablehnung und Missbilligung und wird als unangemessen erlebt, weil es nicht dem Klischee des „netten Mädchens" entspricht. Vielen Mädchen geht im Laufe der Jahre das Brav- und Lieb- und Nettsein sozusagen in Fleisch und Blut über, sie fühlen sich gut und mit sich selbst stimmig, wenn sie sich entsprechend verhalten und vermeiden tunlichst alle Situationen, in denen es Zank, Streit oder Konflikte geben könnte. Ihre Stärken und Erfolge erleben sie, wenn sie verständnisvoll und warmherzig auf andere eingehen und die eigenen Bedürfnisse zurückstellen, aufschieben oder ganz unterdrücken. Sollten sie einmal „aus der Rolle fallen", aufbegehren und auf ihrem eigenen Standpunkt beharren oder gar mit Unverständnis, Trotz und wütender Ablehnung reagieren, fühlen sie sich nicht selten gleich danach schuldig und schlecht und machen sich Vorwürfe. In ihren Familien bekommen sie oft mit, dass die Mütter sich in Konfliktsituationen ähnlich verhalten. Sie spüren auch die Resignation der Mütter, deren negative, mit Aggression gemischten Gefühle oft in Trauer, Verzweiflung und Depression umschlagen. Einige nordamerikanische Entwicklungspsychologinnen (z. B. Zahn-Waxler et al. 1991) meinen sogar, dass Depressionen von Frauen auf diese Weise an die Tochtergeneration weitergegeben werden.

Selbstkonzepte männlicher Heranwachsender

Heranwachsende Jungen sind weniger depressionsgefährdet, weil sie sich seltener am mütterlichen Verhalten und stärker an männlichen Vorbildern (auch außerhalb der Familie) orientieren. Männern wird nicht nur zugestanden, auf dem eigenen Standpunkt zu beharren, von ihnen wird sogar erwartet, dass sie sich durchsetzen, notfalls dabei auch eine gewisse Stärke und Härte an den Tag legen. Sollte die Auseinandersetzung eskalieren, so ist von Frauen gezeigtes aggressives Verhalten verpönt, wird als „überzogen", „unangemessen" oder „hysterisch" bezeichnet. Wenn Aggression jedoch von männlichen Heranwachsenden ausgeht, stößt man nicht nur auf Ablehnung und Missbilligung, sondern teilweise auch auf Verständnis: Deren überschüssige Kraft hätte sich halt ein Ventil gesucht, sie wären wohl so lange gereizt worden, bis sie die Beherrschung verloren hätten usw. – ähnlichen Entschuldigungen, die sich aus dem Geschlechtsrollenklischee „Ein richtiger Mann ist durchsetzungsfähig, stark und zeigt nötigenfalls auch Härte" ableiten, ist häufig zu begegnen. Jungen werden dadurch im Umgang mit dem anderen Geschlecht ermuntert, sich im Konfliktfall uneinfühlsam und nicht kompromissbereit zu verhalten. Durch die Erfahrungen, die sie typischerweise in Auseinandersetzungen mit ungefähr gleichaltrigen Mädchen machen, werden sie weiter bekräftigt, machohafte Unnachgiebigkeit und Unsensibilität zu demonstrieren. Sie haben – zumindest auf dieser Altersstufe und bei Vorherrschen der entsprechenden Erziehungs- und Sozialisationsbedingungen – kaum Möglichkeiten, zwischenmenschliche Kompetenzen wie Einfühlung und Verständnis für andere und für Andersartigkeit zu erwerben.

Bezieht man ein, dass sich Jungen in diesem Alter im Vergleich mit Mädchen aufgrund ihres Reifungsrückstandes in zwischenmenschlichen Dingen oft als undifferenziert und unterlegen erleben, so lässt sich nachvollziehen, dass die Nähe von Mädchen oft einfach gemieden wird oder den „Gefühlsduseleien der Weiber" gegenüber nicht selten ein besonders herablassendes, grobschlächtiges und aggressives Verhalten („Macker-Gehabe") an den Tag gelegt wird. Im Extremfall schaukeln sich die aggressiven Impulse in der Gruppe der Gleichaltrigen so weit auf, dass es zu gewaltsamen Übergriffen kommt. Ziele von Attacken können dann nicht nur Frauen, als Angehörige des anderen Geschlechts, werden, sondern alle anderen und andersartigen Menschen: Asyl suchende Ausländer, ausländische Mitbürger, Behinderte, Schwache und Gebrechliche, Alte und Kinder usw.

An gewaltsamen – politisch als rechtsradikal eingestuften – Übergriffen, die sich in jüngerer Zeit in Deutschland abgespielt haben, waren in besonderem Maße männliche Jugendliche, jedoch nur höchst selten weibliche Jugendliche, beteiligt. Untersuchungen haben ergeben, dass heranwachsende Jungen häufiger als Mädchen extreme und radikale Ansichten, Einstellungen und Wertorientierungen vertreten.

Männliche und weibliche Moral

Interessant sind die Arbeiten der US-Amerikanerin Carol Gilligan, die es aufgrund eigener Erhebungen für notwendig erachtet, zwischen einer männlichen und einer weiblichen Moral zu unterscheiden. Gilligan fand in ihren Studien heraus, dass männliche Probanden dazu neigen, allgemeine und abstrakte Prinzipien und starre Regeln und Konventionen bei der Beurteilung moralisch mehr oder weniger verwerflicher Handlungen zu verwenden.

Ein Beispiel: Beurteilt werden soll ein moralisches Dilemma der folgenden Art:

Die 14-jährige Claudia erhielt von ihrer Mutter die Erlaubnis zum Besuch eines Rock-Konzerts, auf das sie sich schon lange gefreut hatte. Die Mutter fügte hinzu: „Du musst Dir das Geld für die Eintrittskarte aber selbst vom Taschengeld und dem, was Du von der

Nachbarin fürs Babysitten bekommst, zusammensparen." Eine Woche vor der Veranstaltung, an der auch ihre Lieblingsband teilnahm, hatte Claudia das Geld zusammen. Am Tag vor dem Konzert sagte ihre Mutter: „Wir sind leider so knapp mit dem Geld, dass Du Dein Erspartes für die Klassenfahrt im nächsten Monat nehmen musst." Claudia war tief bestürzt und sehr enttäuscht. Schließlich entschloss sie sich, doch in das Konzert zu gehen und erzählte ihrer Mutter, dass sie am Nachmittag und Abend bei einer Freundin wäre. Niemand merkte, dass sie tatsächlich aber zu der Rockveranstaltung ging. Nach einer Woche erzählte Claudia ihrer älteren Schwester Bettina, dass sie die Mutter belogen hätte, doch zum Konzert gegangen wäre und nun das Geld für die Klassenfahrt nicht mehr zusammenkriegen würde.

Den an der Untersuchung teilnehmenden Jugendlichen werden dazu etwa die folgenden Fragen gestellt:

– Wie soll sich Bettina Claudia gegenüber verhalten? Welche Rolle spielt es dabei, dass Claudia ihre Schwester ist?
– Wie soll sich Bettina der Mutter gegenüber verhalten?
– Welche Rolle spielt es, dass Claudia das Geld selbst zusammengespart hat?
– Welche Rolle spielt es, dass Claudia zuerst von der Mutter die Erlaubnis erhalten hatte, das Konzert zu besuchen?
– Wie wichtig ist es, Zusagen oder Versprechungen einzuhalten? Gegenüber Freunden oder Familienmitgliedern, gegenüber Fremden oder flüchtigen Bekannten?
– Wie wichtig ist es, jemandes Eigentum zu achten? Innerhalb der Familie und anderen gegenüber?

Gilligan konnte nachweisen, dass Jungen häufiger als Mädchen bei der Beantwortung der Fragen auf ein Raster zurückgreifen, das keine Ausnahmen und Besonderheiten des konkreten Falls zulässt: „Ein Versprechen muss man halten." „Seine Eltern darf man nicht belügen." Mädchen dagegen beziehen häufiger die situativen Umstände und Randbedingungen mit ein. Bei ihren Beurteilungen berücksichtigen sie auch die innere Verfassung, Gefühle und Bedürfnisse der in das Dilemma verwickelten Personen: „Der Mutter würde es wohl nicht gut gehen, wenn sie die Wahrheit erfährt." „Claudia hat vielleicht ein schlechtes Gewissen und deshalb erzählt sie ihrer Schwester von der Sache." „Sie muss eine riesige Enttäuschung erlebt haben."

Auf den Punkt gebracht: Fürsorglichkeit und Sich-verantwortlich-für-andere-Fühlen haben in der weiblichen Moral einen prinzipiell höheren Stellenwert als Gerechtigkeit und Pflichterfüllung, Gesetz und Ordnung, die in der männlichen Moral an höchster Stelle rangieren.

Für Gilligan hängt diese Besonderheit mit Unterschieden in der männlichen und weiblichen Sozialisation – speziell in der frühkindlichen Mutter-Kind-Beziehung – zusammen: Von Jungen wird erwartet, dass sie sich aus der symbiotisch nahen Bindung zur Mutter lösen und auf eigene Beine stellen. Wenn sie die Fürsorglichkeit der Mutter weiter empfangen und sich nicht abgrenzen würden, liefen sie Gefahr, ein verwöhntes, unselbständiges Muttersöhnchen zu bleiben und keine „männliche Identität" aufzubauen, zu der als wesentliche Merkmale Distanz und Selbständigkeit gehören. Ein wirklich autonomer Mann aber kann sich nicht auf die Besonderheiten des Einzelfalls beschränken, er ist auf der Suche nach dem „archimedischen Punkt", dem absolut Guten und Gerechten und greift bei der Beurteilung moralischer Dilemmasituationen auf seine Fähigkeiten zurück, abstrakt zu denken und allgemeingültige Schlussfolgerungen zu ziehen.

Von Mädchen wird nicht erwartet, dass sie sich allzu stark von der Mutter abgrenzen, sie können ihr verbunden bleiben und sich mit ihr identifizieren, denn dadurch werden sie ihr ähnlich. Für die „weibliche" Identität ist somit das Eingebundensein in eine enge Beziehung wesentlich. Eingebettet in die Beziehung zur Mutter erfahren Mädchen Zuwendung, Fürsorge, Wärme, Nähe und Intimität – Distanzierung und Egozentrik passen nicht in diese Welt, sind ihnen wesensfremd. Schon im Vorschulalter lässt sich beobachten, was die kontinuierliche und ungebrochene mütterliche Zuwendung bewirkt: Mädchen sind in ihrem Sozialverhalten kooperativer, hilfsbereiter und stärker an anderen Kindern interessiert als Jungen. Im Laufe der Kindheit festigt sich diese Haltung bei den Mädchen und wird zum Fundament ihrer moralischen Orientierung.

Gilligans Vorstellungen sind von Fachkollegen/innen teilweise kritisiert und in Frage gestellt worden. Auch wenn sich die Gegenüberstellung von zwei geschlechtstypischen Moralen angesichts der Befunde, die in jüngerer Zeit zusammengetragen worden sind, als etwas fragwürdig und vereinfachend erweist, sie lenkt den Blick auf eine wichtige Tatsache: Mädchen werden – auch heute noch – von früh an anders behandelt und erzogen als Jungen. Die unterschiedliche Sozialisation der Geschlechter setzt sich in der Pubertät und den nachfolgenden Jahren noch weiter fort und führt dazu, dass unterschiedliche Selbstkonzepte ausgebildet werden.

Männliche Sachorientierung und weibliche Personorientierung

Männer interessieren sich mehr für Sachen, Frauen mehr für Menschen – mit dieser volkstümlichen Charakterisierung wird auf einen häufig zutreffenden Sachverhalt aufmerksam gemacht, der sich im frühen Jugendalter immer deutlicher manifestiert. Von heranwachsenden männlichen Jugendlichen werden zwischenmenschliche Angelegenheiten, nahe Beziehungen zu Personen und die dazugehörenden inneren seelischen Vorgänge oft regelrecht ausgeklammert. Ihr Hauptinteresse ist ausgerichtet auf die gegenständliche Welt, auf Zusammenhänge zwischen Objekten, die als Ursache-Wirkungs-Verhältnis verstanden werden können. Naturwissenschaften und Technik bilden die Felder, in denen sie – mit ihren wachsenden Fähigkeiten, formal-logisch und abstrahierend vom anschaulich Gegebenen zu denken und Schlüsse zu ziehen – sich zunehmend besser auskennen. Erfolgserlebnisse, die sie haben, wenn sie sich mit der gegenständlichen Welt, elektronischer Datenverarbeitung, neuen Medien und Technologien auseinandersetzen, tragen dazu bei, dass sie im zugehörigen Bereich ihres Selbstkonzepts Ich-Stärke, Zuversicht und Selbstvertrauen ausbilden. Unsicherheit, zuweilen auch Ängste und Vermeidungstendenzen, sind dagegen nicht selten zu registrieren, wenn es um zwischenmenschliche und innerseelische Dinge geht. Hier fühlen sie sich nicht nur den gleichaltrigen, aber weiterentwickelten Mädchen, zu denen der Kontakt noch immer auf das Notwendigste beschränkt ist, unterlegen, sondern tun sich tatsächlich schwer, erleben sich als hilflos, weil sie in der Vergangenheit keine Gelegenheit hatten – und auch nie dazu ermuntert wurden – sich intensiver und ausführlicher mit anderen Menschen und deren persönlichen Angelegenheiten zu beschäftigen.

Bei heranwachsenden Mädchen entwickelt sich oft ein Selbstkonzept mit umgekehrten Vorzeichen: In den typischen Jungendomänen Naturwissenschaft und Technik fühlen sie sich unsicher, trauen sich wenig zu und meiden Vergleiche. Dafür werden zunehmend mehr Souveränität, Selbstbewusstsein und Ich-Stärke ausgebildet, wenn es um Menschen und sie betreffende Dinge geht. In diesem Alter schaffen Mädchen es schon immer besser, sich in die Lage anderer Personen zu versetzen und nachzuvollziehen, was in diesen abläuft, welche Beweggründe die anderen für ihr Handeln haben, warum sie z. B. mit Ärger, Beleidigtsein oder Eifersucht reagieren.

„Intimität" und „Autonomie": Weibliche und männliche Entwicklungsaufgaben

Die inneren Abgrenzungen, die zwischenzeitig oft gegenüber der Mutter und gelegentlich auch gegenüber den gleichgeschlechtlichen Freundinnen aufgebaut worden waren, lockern sich allmählich wieder, in wechselseitigem Austausch werden nahe und vertraute („intime") Beziehungen langsam wieder hergestellt oder neu geknüpft. Pointiert und vereinfachend ausgedrückt liegt die (von der Gesellschaft vorgeschriebene) zentrale Entwicklungsaufgabe für weibliche Jugendliche stärker im zwischenmenschlichen Bereich (Erwerb von personbezogenen und sozialen Kompetenzen, wie Einfühlungsvermögen und Sensibilität für andere, Aufbau und Gestaltung von nahen Beziehungen), die Entwicklungsaufgabe für männliche Jugendliche dagegen stärker im sachbezogenen Bereich (Erwerb von Sachverstand und Kennerschaft, d. h. von Kenntnissen und Fachkompetenzen über die „Dinge der Außenwelt", Aufbau von Selbständigkeit und Autonomie und Ausgestaltung der eigenen Unabhängigkeit).

6 Jugendalter: Die Wogen glätten sich

Zukunftsperspektiven von männlichen und weiblichen Jugendlichen

Aufgrund ihrer stärkeren Sachorientierung sind bei vielen männlichen Jugendlichen die ausbildungs- und berufsbezogenen Vorstellungen und Erwartungen deutlich ausgestaltet. Man ist sich im Klaren, welchen Schulabschluss man anstrebt, welche Berufsausbildung bzw. welches Fachstudium man absolvieren will und hat beruflichen Erfolg und berufliche Karriere für den nächsten Lebensabschnitt bereits fest eingeplant und deutlich im Auge. Weniger klare Vorstellungen bestehen im Hinblick auf den privaten und zwischenmenschlichen Bereich: Eine Familie gründen und sich Kinder anschaffen sind Themen, mit denen sie sich noch nicht näher beschäftigen. Ihre Schwerpunktsetzung lautet: Zunächst eine fundierte berufliche Ausbildung, dann Vorankommen und Erfolg im Beruf und später, in gesicherten finanziellen Verhältnissen, natürlich auch Frau, Kinder, schöne Wohnung oder Häuschen mit Garten.

Bei weiblichen Jugendlichen sind die zukunftsbezogenen Vorstellungen häufig weniger klar ausgebildet. Vor einem Vierteljahrhundert war dies noch ganz anders. Schon als Teenager hatte sich die Mehrheit der jungen Frauen eindeutig festgelegt: Einen Beruf erlernen wollte man schon, ein bisschen finanzielle Unabhängigkeit haben von den Eltern, aber doch nur so lange, bis man eine eigene Familie gründen würde. Spätestens wenn ein Kind unterwegs wäre, würde man die Berufstätigkeit aufgeben und nur noch für Haushalt und Kindererziehung zuständig sein.

Eine solche Lebensplanung war in den späten 60er Jahren bei weiblichen Jugendlichen noch weit verbreitet. Heute jedoch haben sich die Verhältnisse deutlich gewandelt: Für viele heranwachsende Mädchen sind eine gute Berufsausbildung und eine qualifizierte, persönliche Befriedigung verschaffende Berufstätigkeit Selbstverständlichkeiten geworden und nicht mehr nur notwendige Äußerlichkeiten, die auf dem Weg zum Ziel – Heirat und Gründung einer eigenen Familie – in Kauf genommen werden müssen. Die Tatsache, dass in den letzten drei Jahrzehnten immer mehr weibliche Jugendliche immer qualifiziertere Schulabschlüsse erreichen – gegenwärtig legen bereits mehr weibliche als männliche Gymnasiasten das Abitur ab – und in immer qualifizierteren Berufen tätig werden, dokumentiert den stattgefundenen Geschlechtsrollenwandel. Heutzutage will die Mehrheit der weiblichen Jugendlichen beides: Beruf und Familie! Häufig sind sie jedoch nicht in der Lage, die eigenen zukunftsbezogenen Vorstellungen zu konkretisieren. Sie wollen und können sich noch nicht festlegen, weil es ja auch von den späteren Lebensumständen abhängt, von den Erfahrungen, die in der Ausbildung, im Beruf und mit dem Partner gemacht werden, ob sie z. B. die berufliche Karriere unterbrechen und eine „Kinderpause" einlegen oder erst einmal kinderlos bleiben und am beruflichen Fortkommen arbeiten oder aber dem Partner zuliebe beruflich zurückstecken und sich stärker um familiäre Belange kümmern oder aber einen Partner finden, der seinerseits bereit ist, seine beruflichen Ambitionen vorübergehend etwas zu reduzieren. Viele Möglichkeiten sind denkbar und werden heutzutage auch realisiert. Wie im späteren Leben Beruf und Familie vereinbart werden sollen, ist eine Frage, mit der sich weibliche Jugendliche sehr wohl beschäftigen. Weil gegenwärtig gerade die weibliche Geschlechtsrolle immer noch Wandlungen unterworfen ist und viele Facetten offenbart, können sie sich oft nicht so klar festlegen, wie die Mehrheit der männlichen Jugendlichen, die – im Einklang mit der traditionellen Rollenverteilung zwischen den Geschlechtern – für sich den Schwerpunkt auf die Berufskarriere setzt.

Das andere Geschlecht: Wiederannäherungen

Wahrscheinlich auch aufgrund ihres biologischen Entwicklungsvorsprungs sind Mädchen nach dem Abklingen der Pubertät altersmäßig früher als Jungen bereit und fähig, erneut Kontakt zum anderen Geschlecht aufzunehmen. Dass die Schule, das Freizeitheim, die Disco oder andere Einrichtungen dabei als regelrechte Kontaktbörsen fungieren können, wie einige Jugendsoziologen ermittelten (z. B. Tillmann 1993), sei am Rande vermerkt. Wichtiger sind zwei Tatsachen: Die ersten Kontaktaufnahmen sind meist unsicher, tastend und vorsichtig, wenn auch durchaus gezielt und ernsthaft gemeint. Das erste Verliebtsein, die sprichwörtliche „Erste Liebe", ereignet sich demgegenüber blitzartig und ist oft ein Ereignis von elementarer Kraft, das die Betroffenen mit Haut und Haaren erfasst.

Weibliche Jugendliche sind früher als ihre männlichen Altersgefährten auch psychisch in der Lage, diese romantische Liebe zu erleben und eine durch Sichaustauschen und zunehmende Nähe charakterisierte Beziehung zu einem Partner des anderen Geschlechts aufzubauen. Was körperliche Nähe und Sexualität betrifft, so scheinen sie sich aber vergleichsweise mehr Zeit zu lassen als viele männliche Jugendliche: In jüngerer Zeit in verschiedenen europäischen Ländern und in den USA durchgeführte Befragungen erbrachten jedenfalls, dass weibliche Jugendliche – trotz ihres körperlichen und psychischen Entwicklungsvorsprungs – nicht früher, in einigen süd- und osteuropäischen Ländern sogar später als männliche Jugendliche sexuellen Verkehr mit ihrem Partner aufnehmen.

Die Zuverlässigkeit dieser in Fragebogen-Aktionen erhobenen Daten kann natürlich generell angezweifelt werden. Vorstellbar ist aber auch, dass viele junge Mädchen unter dem Einfluss traditioneller Geschlechtsrollenerziehung die sexuelle Doppelmoral verinnerlicht haben, die ihnen nahelegt, Passivität und Zurückhaltung dem anderen Geschlecht gegenüber zu zeigen und jungen Männern demgegenüber empfiehlt, sich umzuschauen, an Frauen heranzumachen und sexuelle Erfahrungen zu sammeln.

Vielleicht wird auf diesem Hintergrund auch verständlich, warum es weiblichen Jugendlichen oft stärker als männlichen Jugendlichen derselben Altersstufe darum geht, eine intensive, ernsthafte und länger dauernde Partnerschaft aufzubauen und zu erhalten. Jungen sind – zumindest tendenziell – in diesem Alter schneller bereit, sich wieder zu trennen und legen häufig größeren Wert darauf, eine äußerlich attraktive Partnerin an ihrer Seite zu haben, als sich um tieferen seelischen Austausch zu bemühen.

Die körperlich attraktive Partnerin ist im Idealfall schlank, sportlich, langbeinig und wohlproportioniert – an diesen Vorgaben hat sich in den letzten Jahrzehnten wenig geändert. Auch die körperliche Attraktivität von Männern – athletisch, durchtrainiert, breite Schultern und schmale Hüften – orientiert sich an Merkmalen von „zeitloser" Gültigkeit. Dass junge Mädchen bei ihrem Wunschpartner nicht so großes Gewicht auf Äußerlichkeiten und das gute Aussehen legen wie junge Männer, sollte als Befragungsergebnis mit Vorsicht aufgenommen werden. Verfälschungen aufgrund von Erwünschtheitstendenzen sind denkbar: Die Befragten sagen nicht, was sie meinen, sondern geben eine Antwort, die im Einklang steht mit dem geltenden Geschlechtsrollenklischee!

Extreme Entwicklungsverläufe und Gefährdungen

Obwohl nach Abklingen der teilweise biologisch fundierten Stürme der Pubertät sich in der Regel die Wogen wieder glätten und ruhigere Gewässer erreicht werden, beginnt nun ein Entwicklungsabschnitt, das Jugendalter oder die Adoleszenz (ca. 16–20 Jahre), der gar nicht so selten durch extreme Verläufe und unvorhersehbare Ereignisse gekennzeichnet ist, welche – aus pädagogischer Sicht betrachtet – Gefährdungen und Risiken mit sich bringen können.

Die Übersicht in Tabelle 8, auf die im Text weiter unten noch ausführlicher eingegangen wird, informiert über die typischen Gefährdungen für männliche und weibliche Jugendliche während dieser Jahre.

Alkohol- und Drogenmissbrauch

Männliche Jugendliche sind etwa fünfmal so häufig wie weibliche Jugendliche vom „Problemtrinken" (exzessiver Alkoholkonsum aufgrund einer als problematisch und bedrückend empfundenen Lebenssituation) betroffen. Sicherlich lässt sich dieser Sachverhalt – zumindest teilweise – verständlich machen als Resultat der traditionellen Geschlechtsrollenerziehung, innerhalb derer Rauchen und Trinken (und Raufen und Abenteuer erleben) geradezu Statussymbole für ungebrochene Männlichkeit sind.

Am geringsten ausgeprägt sind die Geschlechtsunterschiede beim Konsum von Haschisch und Marihuana. Was die so genannten Mode- oder Designerdrogen (Amphetamine, Ecstasy, Kokain) und die harten Drogen (Heroin, LSD, Morphium, Opium) betrifft, so kann von einer tendenziell größeren Suchtgefährdung des männlichen Geschlechts ausgegangen werden, die auf dem Hintergrund des männlichen Geschlechtsrollenklischees – Männer erkunden ihre Umwelt aktiv und zupackend, probieren aus, sind aufgeschlossen neuen Erfahrungen gegenüber, helfen sich selbst in der Not, werden allein mit Problemen fertig, bitten nicht um Hilfe und teilen sich nicht mit, verschließen sich eher und verdrängen ihre Schwierigkeiten – plausibel werden. Dokumentiert sind beträchtliche regionale Differenzen

Tabelle 8: Gefährdungen für männliche und weibliche Jugendliche

Anomalie/Störung	Gefährdung für männliche Jugendliche größer?	Gefährdung für weibliche Jugendliche größer?
Alkohol- und Drogenmissbrauch	ja	nein
Ängste und Phobien	nicht eindeutig anzugeben	nicht eindeutig anzugeben
Delinquenz (aggressives und antisoziales Verhalten)	ja	nein
Depression	nein	ja
Essstörungen	nein	ja
Gefährdung durch Trennung/Scheidung der Eltern	nicht eindeutig anzugeben	nicht eindeutig anzugeben
politischer Extremismus	ja	nein
Schulversagen, Schulverweigerung	ja	nein
Opfer sexueller Gewalt	nein	ja
Suizidversuche, Selbstmord	nein	ja

(mehr männliche Süchtige in Großstädten) sowie schichtspezifische und ethnische Unterschiede (größere Gefährdung von männlichen Jugendlichen aus Einwandererfamilien).

Delinquentes Sozialverhalten

Männliche Jugendliche begehen häufiger als weibliche Delikte, die juristisch geahndet werden. Der Mädchenanteil liegt bei ungefähr 20%, möglicherweise aber noch höher, wenn man einbezieht, dass viele Delikte unerkannt bleiben oder nicht abgeurteilt werden.

Aggressives Verhalten in der Kindheit scheint delinquentem Verhalten in der Jugend oft vorauszugehen. Nachgewiesen wurde z.B., dass Jungen mit aggressiven Verhaltensstörungen im Alter von 10

Jahren vermehrt delinquentes Verhalten im Alter von 18 Jahren zeigen. Bei Mädchen ergab sich ein deutlicher Zusammenhang erst, wenn sie sich auch noch im Alter von 13 Jahren übermäßig aggressiv verhielten.

Einige Entwicklungspsychologen, darunter Petermann (1995), machen auf eine beträchtliche Kontinuität zwischen auffälligen Verhaltensweisen im frühesten Kindesalter und Aggression im Jugendalter aufmerksam. Sie halten es für wahrscheinlich, dass sich die Entwicklung delinquenten Verhaltens stufenweise vollzieht. Ein Junge mit prä- und perinatalen Problemen, der von seinen Eltern von Anfang an als „schwieriges Kind" erlebt wird und schon im 2. und 3. Lebensjahr ein motorisch auffälliges Verhalten („Hyperaktivität", d. h. Unruhe, Zappeligkeit, unkontrollierte Bewegungen) zeigt, bildet nicht selten auf späteren Entwicklungsstufen – übermäßiges Trotzverhalten als 4-Jähriger, Gewaltanwendung und Sichprügeln in Kindergarten und Schule, Leistungsdefizite im Schulunterricht aufgrund unzulänglicher sozialer Fertigkeiten und von Problemen mit Gleichaltrigen und zunehmender Isolation – weiteres Problemverhalten aus, das schließlich in Delinquenz einmündet.

Eine solche Entwicklung bei gefährdeten Jungen ist jedoch nicht zwangsläufig vorprogrammiert: Durch Früherkennung und rechtzeitig gegensteuernde Maßnahmen lässt sich der Prozess stoppen. Auch ein „Quereinstieg" zu einem späteren Zeitpunkt ist denkbar – ein 13-Jähriger z. B. gerät in „schlechte Gesellschaft" und macht in einer Clique mit, die Zigarettenautomaten aufbricht.

Depression und andere Störungen der seelischen Gesundheit

Depressionen und depressive Verstimmungen kommen – die Zahlenangaben schwanken – bei weiblichen Adoleszenten deutlich häufiger vor als bei männlichen Adoleszenten. Eine von Esser/Schmidt (1990) durchgeführte repräsentative Längsschnittuntersuchung belegte, dass bei Jungen zwischen dem 8. und 18. Lebensjahr emotionale Störungen abnehmen, bei Mädchen jedoch signifikant zunehmen. Zu den emotionalen Störungen zählen auch Phobien und Ängste, bei deren Entstehung geschlechtsstereotype Sozialisationseinflüsse („Ein richtiger Mann kennt keine Angst") nicht auszuschließen sind.

Für die Adoleszenz wurden folgende Geschlechtsunterschiede dokumentiert: Bei männlichen Jugendlichen überwiegen schulische

Disziplinprobleme, Alkoholabhängigkeit, Drogenmissbrauch und Aggressionsdelikte, bei weiblichen Jugendlichen kommen depressive Störungen, Kopfschmerzen/Migräneanfälle und Essstörungen häufiger vor.

Essstörungen

In den Industrieländern sind in den letzten Jahrzehnten Bulimie und Magersucht immer häufiger zu registrieren. Weit über 90% der von diesen beiden Formen von Essstörung Betroffenen sind weiblichen Geschlechts! An Magersucht erkranken im Durchschnitt knapp 0,5%, an Bulimie ungefähr 1% der weiblichen Jugendlichen (Tendenz steigend). In der Regel setzt die Magersucht zwischen dem 12. und 18. Lebensjahr ein, frühestens mit 9 Jahren; die Bulimie beginnt meist einige Jahre später, am häufigsten mit 17–18 Jahren.

Die klinische Psychologie deutet die Magersucht als einen unbewussten Versuch, zwei zentrale Entwicklungsaufgaben der frühen und mittleren Adoleszenz, die Ablösung vom Elternhaus und die Integration des sexuell gereiften Körpers in das Selbstkonzept, zu bewältigen. Hungernde, magersüchtige Mädchen grenzen sich von ihren Eltern ab, von denen sie zum Essen gedrängt werden und behaupten sich gegenüber ihrem Körper, den sie in seinen vorpubertären Grenzen halten und dessen sexuelle Impulse sie unterbinden (z. T. auch, weil sie in der Kindheit sexuellen Übergriffen ausgesetzt waren).

An Bulimie Erkrankte identifizieren sich durchaus mit ihrer Weiblichkeit, fühlen sich aber unzulänglich und minderwertig, sobald ihre Figur dem weiblichen Schlankheitsideal nicht mehr entspricht. Auf Phasen von Enthaltsamkeit und Gewichtskontrolle folgen Heißhungeranfälle, in denen große Mengen Nahrungsmittel aufgenommen werden, Erbrechen provoziert wird und Abmagerungskuren eingeleitet werden. Vermutet wird, dass Bulimie-Patientinnen häufig unter Trennungskonflikten leiden: Im Fasten und Sichzurückhalten beweisen sie Autonomie, im Essanfall befriedigen sie ihre Wünsche nach Nähe und Versorgung.

Dass männliche Jugendliche nur höchst selten an Essstörungen erkranken, bringen Psychologen (z. B. Habermas 1995) in Verbindung mit der Tatsache, dass der Druck, der für pubertierende Mädchen dadurch entsteht, dass sie sich am Schlankheitsideal der traditionellen Frauenrolle orientieren müssen, für sie nicht existiert.

Für Mädchen besitzt die Pubertät insgesamt eine negativere Qualität, insbesondere wenn sie schon vorher sexuellen Übergriffen ausgesetzt waren: Sie müssen zwischen dem 12. und 16. Lebensjahr erleben, dass die Fettpölsterchen wachsen und ihr Körper immer schwerer, runder und weiblicher wird. Ihr – gesellschaftlich vermitteltes (und oft auch in der Familie noch bekräftigtes) – Körperideal und ihre Körper-Selbsteinschätzung klaffen oft weit auseinander. Innerhalb der traditionellen Männerrolle besitzt die körperliche Attraktivität nicht den herausragenden Stellenwert, so dass es auch übergewichtige oder untergewichtige männliche Jugendliche leichter haben, ihr Körperselbstbild in ihr Selbstkonzept zu integrieren. Für weibliche Jugendliche hat das Körperselbstwertgefühl einen größeren Einfluss auf das gesamte Selbstwertgefühl: Empfinden sie sich als zu dick, sinkt ihr Selbstbewusstsein, es geht ihnen schlecht, sie verkriechen sich, können sich nicht im Spiegel anschauen, erleben sich als unattraktiv und haben Minderwertigkeitsgefühle.

Trennung und Scheidung der Eltern: Leiden Jungen oder Mädchen mehr an den Folgen?

Eltern, deren Partnerschaft schon länger zerrüttet ist, trennen sich oft erst, wenn „die Kinder aus dem gröbsten heraus sind". Dementsprechend häufig werden Jungen und Mädchen erst während der sensiblen Entwicklungsphasen Pubertät und Adoleszenz mit dem kritischen Lebensereignis Elternscheidung konfrontiert.

Die Scheidungsforschung liefert keine klaren Ergebnisse, die eine eindeutige Beantwortung der Frage erlauben, ob Jungen oder Mädchen stärker durch die elterliche Scheidung belastet werden. Die Geschlechtszugehörigkeit muss im Zusammenhang mit anderen Bedingungsfaktoren betrachtet werden.

So belegten einige Studien, dass heranwachsende Mädchen stärker als ihre männlichen Altersgenossen beeinträchtigt werden, wenn sie sich sehr bald nach der Scheidung der Eltern mit einem Stiefvater arrangieren sollen. Ihnen geht es – besonders wenn keine Geschwister da sind – besser in Ein-Eltern-Familien, wenn sie also bei der Mutter bleiben und der Umgang mit dem Vater einvernehmlich geregelt ist. Jungen sind in Ein-Eltern-Familien gefährdeter, was möglicherweise damit zusammenhängt, dass ihnen in einem entscheidenden Entwicklungsabschnitt die männliche Identifikationsfigur teilweise vorenthalten wird.

Diese Forschungsergebnisse dürfen nicht uneingeschränkt verallgemeinert werden, da sie zumeist in städtischen Mittelschichtfamilien gefunden wurden – in ländlichen Regionen und in Unter- und Oberschichtfamilien gibt es möglicherweise ganz andere Ergebnisse. Auch die sozialen Netzwerke der Familien, das Alter der Ehepartner, die Kinderzahl, die Wohnsituation usw. müssen als potenzielle Schutzfaktoren bzw. Risikofaktoren in Rechnung gestellt werden.

Politischer Extremismus und Radikalismus

Terroristen, Radikale, Anarchisten waren in historischen Zeiten fast immer (jüngere) Männer. Sieht man davon ab, dass in manchen extremistischen Gruppierungen der Frauenanteil gewachsen ist, so hat sich bis heute daran wenig geändert. Die Gründe dafür sind sicher vielschichtig, können aber zumindest teilweise auf dem Hintergrund der geschlechtsspezifischen Rollensozialisation verständlich gemacht werden: Jungen erfahren Anerkennung, wenn sie sich – nötigenfalls auch „mit dem Kopf durch die Wand" – durchsetzen; Einfühlung und Mitleid, Nachgiebigkeit und Kompromissbereitschaft gehören nicht zu den wünschenswerten Eigenschaften. Jungen werden nicht bestärkt, sich in zwischenmenschlicher Hinsicht sensibel und differenziert zu verhalten, wohl aber Mädchen, bei denen man es besonders schätzt, wenn sie Zartgefühl und Anpassungsvermögen zeigen. Jungen sollen lernen, sich voll auf die Sache zu konzentrieren, Wesentliches von Unwesentlichem zu unterscheiden und Kennerschaft in ihren Fachgebieten entwickeln. Abstraktes, von den Belanglosigkeiten des konkreten Einzelfalls befreites Denken und Ideen des Wahren und allein Richtigen stehen bei ihnen hoch im Kurs. Gerade während der Jugendjahre sind sie besonders empfänglich für ideell überhöhte Gesellschaftsutopien und mobilisieren alle ihre Energien, wenn es um deren praktische Umsetzung geht. Sie können sich dafür begeistern und entwickeln sich im Kreise Gleichgesinnter und Gleichaltriger zu wahren Fanatikern, die – getragen vom Wir-Gefühl – auch vor gewaltförmigen Übergriffen nicht zurückschrecken.

Bei weiblichen Jugendlichen würde spätestens dann, wenn Gewalt ihr Ziel findet und Menschen Schaden nehmen, Mitgefühl mit den Opfern ausgelöst werden, welches die Beteiligung an weiteren Gewalttaten eher verhindert.

Schulversagen und Schulverweigerung

Jungen und männliche Jugendliche sind weitaus häufiger als Mädchen und weibliche Jugendliche von Sitzenbleiben und schlechten Schulnoten betroffen. Dieses Ergebnis steht im Einklang mit den Erwartungen, die sich vom Geschlechtsrollenklischee ableiten lassen: Mädchen entsprechen dem Ideal „der guten Schülerin/des guten Schülers" stärker als Jungen, die sich – ihrer Geschlechtsrolle gemäß – weniger brav, fleißig, interessiert, strebsam und angepasst verhalten. Eine Differenzierung nach Schultyp und Geschlecht für die Altersstufe der 15- bis 19-Jährigen ergab, dass Realschüler im Durchschnitt die schlechtesten Schulleistungen und die höchsten Durchfallquoten erzielen. Als Erklärung für diesen Sachverhalt werden verantwortlich gemacht:

1. fehlende Anstrengungsbereitschaft, mangelnde Motivation und Unlust,
2. Ablenkungen außerhalb der Schule,
3. ungünstige („langweilige") Unterrichtsgestaltung durch den Lehrer und
4. nicht unterstützendes Lehrerverhalten.

Sexualität und Sexualverhalten

Die Sexualität von Jungen und Mädchen entwickelt sich auf der Grundlage des Zusammenwirkens biologischer (genetischer und hormoneller), psychologischer (individueller Erfahrungen) und kultureller (gesellschaftlicher und sozialer) Faktoren, zu denen z. B. die geschlechtsspezifischen Normen, die über Medien und Erziehung vermittelten Einflüsse und die konkreten Umstände, in denen jemand lebt, zählen.

Befragungen ergaben, dass mehr Jungen als Mädchen früher und häufiger sexuelle Selbstbefriedigung (Masturbation) betreiben. Dazu einige Zahlen aus den späten 90er Jahren: Vom 14. bis 17. Lebensjahr steigt der Anteil der Masturbationserfahrenen bei den Jungen von 61% auf 82%, bei den Mädchen von 21% auf 42% an; bei 20-jährigen Studenten liegen die entsprechenden Anteile bei 92% (Männer) und 73% (Frauen). Dass Mädchen seltener masturbieren als Jungen, bringen Sexualforscher mit zwei Tatsachen in Verbindung: Die weiblichen Sexualorgane sind von Außenreizen abgeschirmter als der männliche Penis und (die Praxis aktiver) Selbstbefriedigung steht mit dem traditionellen Bild weiblicher Sexualität nicht im Einklang.

Angenommen wird, dass Frauen die Erfahrung der Triebreduktion (Abnahme der sexuellen Spannung) durch Masturbation erst später machen und daher auch – statistisch häufiger als Männer – dazu neigen, neben ihrer Partnersexualität Selbstbefriedigungspraktiken beizubehalten (was natürlich auch mit der Tatsache in Zusammenhang stehen kann, dass sie während des Geschlechtsverkehrs keinen Orgasmus erreichen): Obwohl Mädchen im Durchschnitt eineinhalb bis zwei Jahre früher als Jungen in die Pubertät kommen, regt sich bei ihnen erstaunlicherweise der Sexualtrieb erst später (mit ca. 15 Jahren), wenn man als Indiz dafür das Auftreten von Masturbation in Verbindung mit sexuellen Phantasien wertet, was bei Jungen schon mit 13 Jahren zu registrieren ist. Ob es sich hier um eine faktische Auswirkung der geschlechtsspezifischen Sozialisation von Sexualität oder nur um ein falsches Ergebnis der sexualwissenschaftlichen Forschung handelt, muss offen bleiben.

Die Entstehung von männlicher und weiblicher Homosexualität wird auf Besonderheiten in der (frühen) biologischen, psychologischen und sozialen Entwicklung zurückgeführt. Ein ganz einfaches, aber sehr plausibles Erklärungsmodell legte Storms (1980) vor. Es geht davon aus, dass die sexuelle Entwicklung entscheidend durch die Erfahrungen, die man zur Zeit des ersten Auftretens des Sexualtriebs macht, geprägt wird. Jungen, deren Sexualtrieb früh erwacht, also z. B. mit 11 oder 12 Jahren, zu einem Zeitpunkt also, zu dem sie sich hauptsächlich in gleichgeschlechtlichen Gruppen bewegen, werden häufig homosexuelle Neigungen entwickeln. Jungen, deren Sexualtrieb sich erst später regt, wenn sie sich nicht mehr vorwiegend in gleichgeschlechtlichen Gruppen befinden, werden sich stärker heterosexuell orientieren. Für Storms schlichte Theorie finden sich eine Reihe von bestätigenden Befunden, so z. B. auch das Forschungsergebnis, dass sich Mädchen insgesamt seltener in homosexuelle Richtung entwickeln. Nach Storms liegt dies daran, dass sich ihr Sexualtrieb erst später bemerkbar macht, wenn sie im Durchschnitt bereits 15 Jahre alt sind und ihre Altersgenossen daher (zumindest teilweise) dem männlichen Geschlecht angehören.

Befragungen belegen, dass mit 18 Jahren ungefähr 50% der männlichen und 60% der weiblichen Jugendlichen Koituserfahrungen haben (eine Generation zuvor, im Jahre 1966, lagen die entsprechenden Zahlen bei 25% für Jungen und 11% für Mädchen!). Tatsächlich manifestiert sich hier eine zunehmende Liberalisierung der Sexualmoral vor allem für das weibliche Geschlecht. Dennoch unterscheiden sich Mädchen von Jungen deutlich im Hinblick auf ihre Einstellungen zur Aufnahme sexueller Beziehungen. Sie wünschen sich auch in kurzfristigen sexuellen Beziehungen viel häufiger als junge Männer Vertrauen zwischen sich und dem Partner, gegenseitiges Verstehen, Zärtlichkeit, Rücksichtnahme und Treue. Für Männer zählt vor allem die körperliche Attraktivität und das gute Aussehen der Partnerin; sie können sich befriedigende Sexualität auch ohne Partnerschaft vorstellen, während für junge Frauen gute Sexualität vor allem in harmonischen Partnerbeziehungen stattfindet.

In ihren Einstellungen zu längerfristigen Sexualbeziehungen in Partnerschaft und Ehe ähneln sich die Einstellungen der Geschlechter jedoch sehr stark: Liebe und Treue, Vertrauen und Verlässlichkeit und Bindung spielen nach wie vor eine zentrale Rolle bei jungen Frauen und Männern.

Auch in konkreten sexualitätsbezogenen Verhaltensweisen (Flirt, Werbung, Annäherung, Art und Intensität der Sexualpraktiken) manifestiert sich die Orientierung der beiden Geschlechter an traditionellen Rollenvorgaben: Jungen sind aktiver, bestimmender und leistungsorientierter, Mädchen passiver, zurückhaltender, abwartender und weniger erfolgs- und leistungsorientiert.

Geschlechtsunterschiede im Hinblick auf den physiologischen (und subjektiv erlebten) Verlauf sexueller Erregung und Spannungslösung (schneller Anstieg, schneller Abfall beim Mann, langsamer Anstieg, langsamer Abfall bei der Frau), wie sie in sexualwissenschaftlichen Forschungslaboratorien registriert (und oft weiterzitiert) worden sind, müssen im Licht neuerer Untersuchungen zumindest relativiert werden: Teilweise manifestiert sich in diesen Forschungsbefunden sicherlich das (erlernte) traditionelle Rollenverhalten von Frauen und Männern, teilweise müssen sie wohl auf den Umstand zurückgeführt werden, dass weibliche Erregungskurven ohne Einbezug der Klitoris ermittelt wurden (die höchst bedeutsame Funktion der Klitoris für die weibliche Sexualität rückt erst in den letzten Jahrzehnten zunehmend häufiger in den Mittelpunkt der Betrachtung).

Ein Blick über den Tellerrand hinaus: Sexualität im Kulturvergleich

In ethnologischen Untersuchungen wird Sexualität im allgemeinen in die Teilbereiche sexuelle Annäherung und Initiative, außerehelicher Geschlechtsverkehr, Verhüllung der primären Geschlechtsorgane (Bekleidungsvorschriften), sexuelle Selbstbefriedigung und Homosexualität aufgegliedert.

In der großen Mehrheit der von Völkerkundlern untersuchten (über 200) Kulturen geht die Initiative bei sexuellen Kontaktaufnahmen von den Männern aus. Dieses Faktum wird erklärt mit dem – hormonal gestützten – größeren männlichen Aggressverhalten und auch in Verbindung gebracht mit der – wahrscheinlich biologisch fundierten – Tatsache, dass Männer im Hinblick auf ihren Sexualpartner weniger wählerisch sind als Frauen.

In 61% der untersuchten Kulturen ist Frauen der außereheliche Sexualverkehr verboten; in einigen wenigen Kulturen ist er auch Männern verboten, doch fast immer wird mehr Gewicht auf das Verbot für Frauen gelegt. Ähnliches gilt für den – deutlich häufiger erlaubten – vorehelichen Sexualverkehr. Die meisten Autoren sind sich einig, dass sich hier die in den meisten Kulturen gültige restriktive patriarchale Haltung dem weiblichen Geschlecht gegenüber ausdrückt. Auch das Interesse der Männer, nur die eigenen, leiblichen Kinder als Erben einzusetzen, dürfte in diesem Zusammenhang Bedeutung besitzen.

In nur ganz wenigen so genannten primitiven Stammesgesellschaften gehen beide Geschlechter unverhüllt. Einige Kulturen finden sich, in denen nur die Frauen ihre Genitalien bedecken, jedoch keine, in denen dies nur die Männer tun.

Über die Hintergründe kulturell gültiger Bekleidungsvorschriften kann nur spekuliert werden: Möglicherweise stehen hinter den restriktiveren, für das weibliche Geschlecht geltenden Vorschriften patriarchale Normen, die Männern größere Freiräume zubilligen (Verschleierung der Frauen im Islam!). Es könnte sich hier aber auch die bereits erwähnte, biologisch fundierte Tatsache auswirken, dass Frauen in ihrem Sexualverhalten wählerischer sind als Männer und sich verhüllen, um nicht jedem Mann sexuellen Anreiz zu bieten. Schließlich könnte man vermuten, dass Frauen ihre Genitalien bedecken, um Infektionen zu vermeiden.

Zuverlässige Informationen über die kulturspezifische Verbreitung von Masturbation bei Frauen und Männern sind nur sehr schwierig zu erhalten. Angenommen wird, dass in allen Kulturen Männer häufiger als Frauen sexuelle Selbstbefriedigung praktizieren. Ursache könnte die unterschiedliche Hormonlage bei Frauen und Männern sein. Bei letzteren wirkt sich die zehnfach höhere Androgenkonzentration in Form eines stärker auf Befriedigung drängenden Sexualtriebes aus.

Homosexualität wird in zwei Drittel der untersuchten Kulturen akzeptiert oder als „normal" betrachtet. Eine Reihe von Erhebungen belegen, dass Männer häufiger als Frauen ihre Homosexualität ausleben. Ob dies mit der verbreiteten dominierenden Stellung der Männer in den meisten Kulturen in Verbindung gebracht werden kann – diese gestatten sich mehr, als sie den Frauen erlauben –, muss dahingestellt bleiben.

An diesem Bereich der Sexualität lässt sich besonders gut verdeutlichen, dass zwischen kulturellen Regelungen und Geboten und dem faktisch gezeigten sexuellen Verhalten Diskrepanzen bestehen können: Beispielsweise bewirkte die strafrechtliche Verfolgung der männlichen Homosexualität in vergangenen Jahrzehnten in vielen abendländischen Gesellschaften sicherlich nicht einen drastischen Rückgang der homosexuellen Kontakte zwischen Männern; sie spielten sich lediglich stärker im Verborgenen ab.

Opfer sexueller Gewalt

Schon in der Kindheit werden Mädchen deutlich häufiger als Jungen Opfer sexuellen Missbrauchs, der sich meist in ihren Familien abspielt. Jedoch schwanken die in der Fachliteratur in der Vergangenheit angegebenen Zahlenverhältnisse beträchtlich, was nicht weiter verwundert, wenn man sich die unterschiedlich hohen Dunkelzifferangaben (Delikte, die unentdeckt bleiben bzw. nicht zur Anzeige kommen) vor Augen führt. Heute wird zumeist von einem Zahlenverhältnis von 3:1 bis 4:1 (80% Mädchen und 20% Jungen) ausgegangen. Eine Befragung von 343 Studenten und 518 Studentinnen der Universität Dortmund ergab, dass 25% der jungen Frauen und 8% der jungen Männer sexuelle Übergriffe in ihrer Kindheit oder Jugend erfahren hatten. Die Täter stammen zumeist aus dem sozialen Nahraum (Familienangehörige, Verwandte, Freunde oder Bekannte) und sind in über 90% der Fälle männlich. Weibliche Täter sind selten, häufiger befinden sie sich in der Rolle der Komplizin oder Mitwisserin (z. B. Mütter, die den Missbrauch ihrer Tochter durch den Vater oder Stiefvater geschehen lassen, um ihre Ehe zu erhalten).

Mit zunehmendem Alter werden Jungen immer seltener Opfer sexueller Übergriffe, aber immer häufiger Täter, für Mädchen gilt das nicht. Zwischen 4 und 20% der männlichen Jugendlichen/jungen erwachsenen Männer geben an, dass sie selbst schon einmal Gewalt angewendet haben bzw. mit Gewaltanwendung gedroht haben, um ihr sexuelles Ziel zu erreichen.

Die traumatischen Folgen sexueller Übergriffe und von Vergewaltigungen sind immer wieder dokumentiert worden. Trotzdem finden sich noch zahlreiche – meist männliche – Stimmen, die den Opfern beständig eine Mitschuld zuweisen, die mit einer gleichzeitigen Entlastung der Täter verbunden ist.

Männliche Jugendliche und Männer als Opfer sexueller Übergriffe sind noch kaum zum Gegenstand wissenschaftlicher Untersuchungen gemacht worden, was natürlich auch damit zusammenhängt, dass solche Übergriffe, sieht man vom Stricher-Milieu und der männlichen Prostitution ab, statistisch betrachtet nur selten vorkommen.

Dass die traditionelle Geschlechtsrollenerziehung gewaltförmigen Übergriffen aller Art des männlichen Geschlechts auf das weibliche Geschlecht Vorschub leistet, wird nicht nur von feministisch orientierten Autorinnen betont, sondern von Fachleuten allgemein anerkannt.

Aggression

Wissenschaftler, die den Standpunkt vertreten, Männer sind aggressiver als Frauen, verweisen meist auf die Gene und auf die Evolution: Das männliche „Y"-Geschlechtshormon wird verantwortlich gemacht für die Aggression, denn Individuen mit abweichendem Geschlechtschromosomensatz XYY oder XYYY (dem so genannten Klinefelter-Syndrom) würden signifikant häufiger durch asoziales Verhalten und kriminelle Gewalttaten auffallen. Mit der Evolution wird auf folgende Weise argumentiert: Die männlichen Individuen unserer Vorfahren haben über Jahrhunderttausende hinweg außerhalb der schützenden Höhlen den Kampf ums Überleben bestehen müssen. Das Erkunden unwegsamen Geländes, das Erproben neuer Waffen, das Töten wilder Tiere und das Überstehen vieler anderer Gefahren gehörte zu ihrem Alltag. Die Ausbildung eines bestimmten

Verhaltens, das von Anthropologen als „Aggressverhalten" bezeichnet wird, war deshalb zweckmäßig. Unter Aggressverhalten subsumiert werden können alle Arten von Annäherungsverhalten (lat. aggredi = herangehen, sich annähern), vor allem um Dinge der Umwelt zu erkunden. Aggressverhalten kann möglicherweise einmünden bzw. übergehen in aggressives Verhalten, dann nämlich, wenn der Prozess der Auseinandersetzung mit den Umweltgegebenheiten nicht konstruktiv verläuft (z. B. eine Bedrohung wahrgenommen wird) und Angriffs- oder Fluchtimpulse ausgelöst werden. Vermutet wird, dass von männlichen Individuen im Verlauf der Evolution Reaktionsmuster ausgebildet und eventuell auch genetisch verankert wurden, der Umwelt mit Aggression zu begegnen, wenn sie einem bedrohlich oder feindselig erscheint.

Anzumerken bleibt, dass es sich hier um Annahmen und Spekulationen handelt, denn eine Fixierung von aggressiven Reaktionsmustern an männliche Gene oder Geschlechtshormone ist beim gegenwärtigen Forschungsstand nicht zu belegen. Die Aussage „Männer sind von Natur aus aggressiver als Frauen" ist eine bisher unbewiesene Behauptung.

Milieutheoretisch orientierte Wissenschaftler sind der Meinung, dass es keine Geschlechtsunterschiede im Aggressionsverhalten von Frauen und Männern gibt. Frauen haben lediglich aufgrund ihrer Erziehung und der ihnen in der Gesellschaft zugewiesenen Rolle gelernt, ihre Aggression zu unterdrücken bzw. so zu steuern, dass keine Sanktionen und Missbilligungen zu erwarten sind. Dementsprechend ist ihr Aggressionsverhalten weniger impulsiv, oft nicht eindeutig erkennbar oder es wird verinnerlicht und richtet sich gegen die eigene Person, was zu depressiven Zuständen bis zu Suizidtendenzen führen kann.

Suizidversuche und Selbstmord

Während der Pubertät und Jugendjahre sind Mädchen deutlich häufiger davon betroffen als Jungen. Auf allen späteren Altersstufen überwiegen die Männer!

Dieser überraschende Sachverhalt wird plausibel, wenn wir uns vor Augen führen, dass die während der Pubertät und Adoleszenz von Mädchen zu bewältigenden Entwicklungsaufgaben gerade in unserer Zeit besonders schwierig sind: Der Geschlechtsrollenwandel der letzten Jahrzehnte brachte zwar eine gewisse Angleichung der männlichen und weiblichen Geschlechtsrolle und Nivellierung der Geschlechtsunterschiede mit sich, führte aber auch dazu, dass es heranwachsenden Mädchen häufig nicht leicht fällt, ihre weibliche Geschlechtsidentität im Einklang mit den vielschichtigen und teilweise widersprüchlichen gesellschaftlichen Vorgaben aufzubauen. Im Kindesalter wird es noch toleriert oder stößt sogar auf Anerkennung, wenn sie sich nicht wie „typische Mädchen" verhalten, sondern in Jeans herumlaufen, auf Bäume klettern und sich mit Computerspielen auskennen. In der Pubertät aber wird allzu burschikoses, wildes, jungenhaftes Verhalten zunehmend problematisch. Doch in welche Richtung sollen sich die heranwachsenden Mädchen orientieren? Ihre Mütter erleben sie oft als altmodisch, zuweilen auch, wenn diese sich in den 70er und 80er Jahren mühsam emanzipiert haben, als übermächtige, unattraktive Vorbilder. Außerdem entspricht eine zu enge Identifikation mit der Mutter nicht dem Rollenklischee der modernen, selbstbewussten, jungen Frau, die nicht an Mamas Schürze hängt, sondern ihren Weg allein findet. Dazu kommt oft, dass innerhalb der Familie über die sich anstauenden Probleme nicht geredet werden kann. Wenn dann Versuche, sich bei der gleichaltrigen Freundin auszusprechen, scheitern, können die resultierende Verzweiflung und Einsamkeitsgefühle Kurzschlusshandlungen auslösen. Gefährdete Mädchen befinden sich in einer existenziellen Krise: Sie haben Schwierigkeiten, sich selbst richtig zu verstehen und fühlen sich dazu von allen Menschen und der ganzen Welt unverstanden.

Jungen haben, zumindest in diesem Lebensabschnitt, die klareren Orientierungsmöglichkeiten in unserer Leistungsgesellschaft: Erst der qualifizierte Schulabschluss, dann die solide berufliche Ausbildung und dann die Karriere! Das sind die Landmarken und Wegweiser der nach wie vor gültigen männlichen Geschlechtsrollensozialisation. Typische männliche Existenzkrisen ereignen sich viel später, wenn sich z.B. herausstellt, dass die Partnerschaft und das Familienglück auf dem Altar des beruflichen Erfolgs geopfert wurden oder wenn ein Mann erkennen muss, dass der Zugang zu wirklicher Begegnung, zu Intimität und Nähe für ihn endgültig versperrt ist.

Zusammenfassende Übersicht

In Tabelle 9 sind die wichtigen Themen der Pubertät und Jugendjahre in ihrer unterschiedlichen Ausprägung für die Geschlechter zusammengefasst.

Tabelle 9: Thematisch bedeutsame Zusammenhänge im Jugendalter
(Pubertät und Adoleszenz: 13–19 Jahre)

Themen	weibliche Jugendliche	männliche Jugendliche
Entwicklungs-aufgabe	Differenzierung (bei Aufrechterhaltung der Beziehung zu den Eltern)	Separation, d. h. Abgrenzung und Loslösung (insbesondere von der Mutter)
Entwicklungs-schritte	erfolgen stärker im interpersonalen (zwischenmenschlichen) Bereich	erfolgen stärker im intrapersonalen d. h. in Bereich, der Person selbst
Entwicklungs-ziel	Intimität, Erwerb von sozial-zwischen-menschlichen Kompetenzen	Autonomie und Identität, Erwerb von Sachkompetenzen und -kenntnissen
Biologische Entwicklung	Reifung (Hormonschub) setzt i.a. 1,5 bis 2 Jahre früher ein	Reifung setzt i.a. 1,5 bis 2 Jahre später ein
Grundlegende moralische Orientierungen („Mitgefühl")	an zwischenmenschlicher Übereinstimmung und Verantwortung	Recht und Gesetz und individuelle Pflicht/Verpflichtung
Denktyp	Einbezug von Absichten, Erfahrungen und Zielvorstellungen und der konkreten Situation	abstrahierend vom konkreten Zusammen-hang,logisch argumen-tierend, nach absoluter Wahrheit strebend
Einfühlung („Empathie")	größer und ausgeprägter	vergleichsweise weniger ausgeprägt
gegenwärtiger sozialer Druck	Offenbleiben für und allmählicher Einbezug der Entwicklungs-aufgaben und -ziele des anderen Geschlechts	Offenbleiben für und allmählicher Einbezug der Entwicklungs-aufgaben und -ziele des anderen Geschlechts

Fortsetzung von Tabelle 9

Themen	weibliche Jugendliche	männliche Jugendliche
Erwartungen und Wünsche	Partnerschaft/Ehe, Kinder, befriedigende Berufslaufbahn	berufliche Karriere, Partnerschaft/Ehe, Kinder
Vorstellung/ inneres Bild vom eigenen Körper	Schlankheitsideal	athletisches Ideal
Entwicklungs-störungen	Essstörungen (Magersucht, Bulimie)	Soziopathie (Ver-haltensstörungen, Aggressivität)
Einstellungs-muster	Orientierung an Personen, Freunden, Vorbildern	Orientierung an Idealen, Idolen, Gruppen
Bezugspersonen während der Vorpubertät	hauptsächlich weiblichen Geschlechts	hauptsächlich männlichen Geschlechts
sexualitäts-bezogene Normen	tendenziell mehr Einschränkungen	tendenziell weniger Einschränkungen
Empfängnis-erhütung	stärkere Verantwortung	geringere Verantwortung

7 Frühes Erwachsenenalter (20–39 Jahre)

Partnerwahl und Partnerschaft

Jahrzehntelang gingen die meisten Fachleute davon aus, dass der Prozess der Ausgestaltung einer Geschlechtsrolle spätestens mit Erreichen des Erwachsenenalters seinen Abschluss findet. Erst nachdem im letzten Vierteljahrhundert das sich wandelnde Verhältnis der Geschlechter zueinander in vielen Lebensbereichen – und nicht zuletzt im alltäglichen Umgang von erwachsenen Frauen und Männern miteinander – immer deutlicher dokumentiert werden konnte, zeigten auch die Forscher mehr und mehr Bereitschaft zu akzeptieren, dass sich Veränderungen im Geschlechtsrollenverhalten auch noch in späteren Lebensphasen abspielen können.

Im Verlauf des frühen Erwachsenenalters sind im Normalfall vier umfassende Entwicklungsaufgaben zu bewältigen: Beruf (Berufswahl und Gestaltung der Berufslaufbahn), Partnerwahl (Entscheidung für einen Lebenspartner), Partnerschaft (Aufbau und Gestaltung der Partnerbeziehung) und Elternschaft (Familiengründung und Kindererziehung). Noch vor wenigen Jahrzehnten waren die von der Gesellschaft für Frauen und Männer vorgegebenen Strategien zur Lösung dieser Entwicklungsaufgaben deutlich voneinander abgegrenzt: Frauen waren zuständig für den Haushalt und die Kindererziehung, Männer – als „Oberhaupt" der Familie – kümmerten sich um das Geldverdienen.

Heutzutage sind die Zuständigkeitsbereiche nicht mehr so klar voneinander abgehoben: Zwar lassen sich immer noch Geschlechtsunterschiede aufweisen – nur Frauen werden schwanger, können gebären und Kinder stillen – doch wird die folgende Darstellung zeigen, dass zunehmend mehr Bereiche in die Zuständigkeit beider Geschlechter fallen. Das gilt umso mehr, je weniger traditionell die Geschlechtsrollenorientierung der in einer Partnerschaft verbundenen Frauen und Männer ist.

Romantische Liebe: Keine Sache für Frauen?

Auch in den Augen der jungen Generation ist Liebe nach wie vor die Voraussetzung für das Herstellen und Aufrechterhalten einer Partnerschaft und für spätere Heirat und Gründung einer Familie. Mit dem rätselhaften Phänomen Liebe als zwischenmenschlichem Ereignis beschäftigen sich Sozialpsychologen erst seit einigen Jahrzehnten. Liebe wird erfahrungswissenschaftlich entweder bestimmt als einheitliches Konstrukt, z. B. also als tief empfundenes, umfassendes Gefühl der Zuneigung und des Hingezogenseins zu einer anderen Person, oder aber als mehrdimensionales, vielschichtiges Phänomen aufgefasst.

Im Lehrbuch von Sears und Mitarbeitern (1988) werden 6 Arten oder „Modelle" der Liebe unterschieden, welche in konkreten Liebesbeziehungen (gleichzeitig) mehr oder weniger stark ausgeprägt vorhanden sein können und in Kulturepochen der Vergangenheit unterschiedliche Bedeutung besaßen:

1. *Eros*, die romantische Liebe mit den Merkmalen körperliche Anziehung, sexuelle Erregung, Leidenschaft, Ekstase und Verschmelzungswünsche,
2. *Pragma*, die pragmatische Liebe, das Sich-an-einen-Partner-Binden und der Bindung Verpflichten,
3. *Mania*, die besitzergreifende Liebe, die durch Eifersucht, Exklusivität, Faszination und Idealisierung gekennzeichnet ist,
4. *Agape*, die aufopfernde, altruistische Liebe, die das Glück des Partners in den Vordergrund rückt,
5. *Storge*, die freundschaftliche Liebe, die sich auf Toleranz und Vertrauen gründet und
6. *Ludus*, die spielerische Liebe, für die nicht Bindung, sondern das sexuelle Abenteuer im Vordergrund steht.

In verschiedenen Untersuchungen erreichten Männer höhere Werte auf den Eros-, Agape- und Ludus-Skalen und Frauen höhere Werte auf den Mania- und Pragma-Skalen. Natürlich lassen sich diese Forschungsergebnisse unter Heranziehung der – teilweise immer noch wirksamen – Geschlechtsrollenklischees plausibel machen: Dass Frauen oft eine recht pragmatische Einstellung in ihrer Liebesbeziehung zeigen, könnte damit zusammenhängen, dass ihr zukünftiger Lebensstandard, besonders wenn sie selbst aus bescheidenen Verhältnissen stammen, sehr stark abhängt vom Status ihrer Männer. Ein vermögender Ehemann garantiert ihnen und ihrem Nachwuchs eine sorgenfreie Zukunft. Männern dagegen ist typischerweise mehr gelegen an Spannung und Aufregung (romantische Liebe), Abenteuer und Abwechslung (spielerische Liebe) und Versorgen und Sicherheit geben (aufopfernde, altruistische Liebe). Für Frauen ist der Verlust des Ehepartners auch heute noch oft gleichbedeutend mit sozialem Abstieg und finanzieller Notlage: Ein Grund dafür, von ihren Partnern Besitz zu ergreifen und die Beziehung nach außen als etwas Exklusives und Ideales darzustellen.

Von einer vorschnellen Verallgemeinerung der genannten Forschungsbefunde sollte jedoch Abstand genommen werden: Der Geschlechtsrollenwandel bringt es mit sich, dass immer mehr Frauen höhere Maskulinitätswerte auf „Instrumentalitäts"-Skalen und immer mehr Männer höhere Femininitätswerte auf „Expressivitäts"- Skalen erreichen. Und Personen, die Eigenschaften und Merkmale aufweisen, die – in traditioneller Sicht – nicht zu ihrem Geschlecht passen, verhalten sich auch geschlechtsuntypisch, wenn sie ihr Liebesleben anhand der oben aufgeführten sechs Liebes-Skalen beurteilen sollen. Nachgewiesen wurde z. B., dass nicht nur Frauen, sondern auch Männer mit niedrigen Instrumentalitätswerten und hohen Expressivitätswerten zu besitzergreifender Liebe tendieren und dass nicht nur Männer, sondern auch Frauen mit hohen Instrumentalitätswerten die spielerische Liebe schätzen.

Sich verlieben: Was läuft ab bei Frauen und Männern?

Eine Reihe von Studien lieferten Belege dafür, dass bei Männern die körperliche Attraktivität bei der Partnerwahl im Vordergrund steht, während für Frauen sozio-ökonomischer Status, Leistungsorientierung, Intelligenz und Persönlichkeit ihres zukünftigen Partners wichtiger sind. Dieser Sachverhalt wird z. T. durch Rückgriffe auf die Evolution und tief in der Menschheitsgeschichte wurzelnde Mechanismen erklärt: Der Mann muss sichergehen, dass seine zukünftige Partnerin gesund und fortpflanzungsfähig ist und achtet deshalb besonders auf körperliche Merkmale, die Gesundheit und Fortpflanzungsfähigkeit anzeigen. Die Frau dagegen bevorzugt einen physisch starken (bzw. wirtschaftlich gutsituierten) Partner, der dafür sorgt, dass es ihr und den gemeinsamen Kindern gut geht. Heute noch heiratet Aschenputtel häufiger den Märchenprinzen, d. h. Frauen in „bessere Verhältnisse" hinein, als umgekehrt ein armer Mann eine vermögende Frau.

Frauen bestimmen, wie die Beziehung weiter verläuft

Wie sich eine Liebesbeziehung weiterentwickelt, hängt natürlich davon ab, welche Erfahrungen die Partner miteinander machen. In neuen Untersuchungen finden sich jedoch einige Anhaltspunkte dafür, dass Frauen und ihren Einstellungen und Verhaltensweisen entscheidendere Bedeutung zukommt für den Beziehungsverlauf als Männern. Männer erreichen zwar in den ersten Monaten nach dem Kennenlernen durchschnittlich höhere „Liebeswerte" – gemessen auf einer von Rubin und Mitarbeitern (1981) konstruierten Skala) – sind also schneller als Frauen „bis über beide Ohren verliebt", aber es zeigte sich, dass in Beziehungen, die Bestand hatten, die Liebeswerte der Frauen nach einem Jahr höher lagen als die der Männer, während in Beziehungen, die nach einem Jahr bereits wieder aufgelöst worden waren, die Liebeswerte der Frauen niedriger lagen als die der Männer.

Auch für die Sexualität, die Intimität der Kommunikation und die emotionale Nähe und Selbstöffnung dem Anderen gegenüber spielt die Haltung der Frau eine entscheidende Rolle: In zwischenmenschlichen Begegnungen scheinen Frauen generell eine größere Vertrautheit herstellen zu können als Männer. Frauen mit konservativer katholischer Einstellung sind in vorehelichen Beziehungen häufiger sexuell enthaltsam als Männer mit demselben religiösen Hintergrund. Wenn es zu sexuellen Kontakten kommt, so werden diese öfter von den Männern initiiert; Frauen wehren dagegen häufiger sexuelle Initiativen ihrer Partner ab und üben so eine negative Kontrolle aus. Im Hinblick auf Einstellungen zur Sexualität wurden immer wieder deutliche Geschlechtsunterschiede nachgewiesen: Männer vertreten öfter eine freizügige Haltung, Frauen haben häufiger die Folgen und Konsequenzen (ungewollter Schwangerschaft!) im Auge. In vielen Beziehungen zu registrierende Konflikte und Spannungen sind auf solche geschlechtstypischen Einstellungsunterschiede zurückzuführen.

Für Probleme in der Beziehung scheinen Frauen die größere Sensibilität zu besitzen sowie die größere Bereitschaft, darüber zu sprechen. Kommt es zur Trennung, so ist diese für Männer häufiger eine besonders traumatische, negativ nachwirkende Erfahrung: Rubin und Mitarbeiter (1981) fanden in ihrer Studie, an der 231 Paare im Alter von ungefähr 20 Jahren teilnahmen, dass Frauen eine Beziehung, die sie als problematisch erleben, eher verlassen als Männer. Frauen scheinen eine realistischere, Männer eine romantisch-verklärendere Einstellung zu vertreten. Nach vollzogener Trennung bleiben die ehemaligen Partner häufiger dann gute Freunde, wenn der Mann die Trennung wollte und seltener dann, wenn die Frau die Trennung herbeiführte.

Frauen wollen mehr Intimität in der Partnerschaft

Männern scheint allzu große Intimität, zu große Nähe und gegenseitige Öffnung in der Partnerschaft Schwierigkeiten zu bereiten. Aus Sicht psychoanalytischer Autoren haben Männer Angst, auf eine frühkindliche Entwicklungsstufe der Abhängigkeit und symbiotischen Verbundenheit mit der Mutter zurückzufallen, aus der sie sich mühsam und unter Inkaufnahme von vielen gefühlsmäßigen Entbehrungen befreien mussten – getreu dem Motto „Wenn Du ein richtiger Mann sein willst, musst Du unabhängig werden und Stärke zeigen!"

Frauen stehen – auch heute noch – nicht unter dem Zwang, sich gefühlsmäßig von der Mutter abzunabeln und auch der auf sie ausgeübte Druck, sich auf die eigenen Beine zu stellen und ein eigenes Leben, emotional und finanziell unabhängig von der Familie, zu führen, ist geringer. Ihre Töchter „gut unter die Haube zu bringen" ist für viele Eltern noch immer ein erstrebenswertes Ziel. Und Frauen, die mit 30 „noch nicht in festen Händen gelandet sind", bekommen das Unverständnis und Misstrauen ihnen vertrauter Personen oft hautnah zu spüren.

Amerikanische Psychologen meinen, dass die männliche und die weibliche Entwicklung im 3. Lebensjahrzehnt dann besonders asynchron verläuft, wenn beide Partner eine traditionelle Geschlechtsrollenorientierung verinnerlicht haben. Das starke Bedürfnis der Frauen nach Nähe und intensivem gefühlsmäßigem Austausch stößt bei den Männern teilweise nicht nur auf Ablehnung, sondern ruft sogar Ängste in ihnen hervor, die während der Adoleszenz mühsam aufgebaute „maskuline" Identität in Frage stellen zu müssen und wieder zu verlieren. Sie müssen sich auf ihre berufliche Karriere konzentrieren und alle Kräfte zum Aufbau eines ihnen angemessen erscheinenden Lebensstandards verwenden. Partnerschaftsprobleme sind vorprogrammiert – einige Scheidungsforscher nehmen sogar an, dass die hohen Trennungsquoten in jungen Ehen damit zusammenhängen, dass Frauen und Männer sich in diesen Jahren hinsichtlich ihrer grundlegenden Orientierungen und Zielvorstellungen besonders stark unterscheiden.

Frauen leisten mehr Beziehungsarbeit als Männer

Eine Reihe von Studien untermauern, dass Frauen negative Veränderungen in der Partnerschaft – mehr Streit, weniger Zärtlichkeit, eingeschränkte Kommunikation, sexuelle Unstimmigkeiten – früher und intensiver wahrnehmen als Männer. Frauen suchen auch häufiger als Männer von sich aus durch offene, klärende Gespräche eine Verbesserung des Beziehungsklimas herbeizuführen. Sie sind eher als Männer bereit, Hilfe von außen anzunehmen, z. B. durch Kontaktaufnahme mit qualifizierten Eheberatern und Partnerschaftstherapeuten. Der Rat von Freundinnen und anderen Bezugspersonen ist ihnen wichtig und aufgrund ihrer größeren Bereitschaft sich zu öffnen, aber auch sich anzupassen und umzustellen, tragen sie oft in stärkerem Ausmaß dazu bei, die partnerschaftliche Zufriedenheit zu erhöhen und die stattgefundenen gefühlsmäßigen Distanzierungen abzubauen. Erinnert sei in diesem Zusammenhang an den Bestseller „Wenn Frauen zu sehr lieben" von Robin Norwood und an die in diesem Buch – und auch von Feministinnen – formulierte Kritik an vielen Frauen, die sich selbst aufopfern und auf die eigene Verwirklichung in ihren Partnerschaften verzichten.

Frauen sprechen eine andere Sprache als Männer

Viele Fachleute bringen Beziehungsprobleme in jungen Partnerschaften auch in Verbindung mit der Tatsache, dass Frauen und Männer verschiedene Sprachen sprechen, wenn sie miteinander kommunizieren. Frauen kommunizieren eher emotional, Männern geht es mehr um Informationen. Frauen stellen mit Hilfe der Sprache eine Beziehung zum Gesprächspartner her, suchen dabei Nähe und Akzeptanz; sie reagieren deshalb besonders sensibel auf die „Zwischentöne", z. B. den Tonfall und die Lautstärke, weil sich in diesen „paralinguistischen" Merkmalen Stimmungen und Gefühle des Sprechers – ist er gereizt, müde, belustigt, gelangweilt? – ausdrücken. Männer kommunizieren stärker auf einer Sachebene, sie wollen in erster Linie Fakten austauschen und blenden dabei den Beziehungsaspekt und die Zwischentöne aus (z. B. Oppermann/Weber 1997).

Elternschaft

Übergänge von der Partnerschaft zur Elternschaft

Aus Paaren werden heutzutage auf sehr unterschiedliche Weise Eltern (Beck-Gernsheim 2000; Herzog et al. 1997). Noch vor wenigen Jahrzehnten war es üblich zu heiraten, wenn ein Kind unterwegs war. Eine ledige Mutter wurde diskriminiert und befand sich im sozialen Abseits. Heute ist Schwangerschaft kein zwingender Grund mehr, sich trauen zu lassen. Die Zahl der unverheiratet zusammenlebenden Paare mit Kind (ca. 624.000 im Jahr 2000) und die Zahl der allein erziehenden Mütter (1,52 Millionen im Jahr 2000) und Väter (308.000) wachsen beständig. Diese Veränderung scheint stärker von den Frauen als von den Männern getragen zu werden, denn in einigen Untersuchungen finden sich Hinweise darauf, dass Männer die traditionellen familienbezogenen Normen stärker verinnerlicht haben als Frauen: Der Wunsch zu heiraten wird häufiger von Männern geäußert und auch der Wunsch nach einem Kind (oder nach einem weiteren Kind) von der Partnerin wird im frühen Erwachsenenalter häufiger von Männern formuliert. Erst wenn Frauen über 30 sind, nimmt bei ihnen der Kinderwunsch zu – natürlich auch aufgrund des Wissens, dass das Kinder-auf-die-Welt-Bringen an biologische Altersgrenzen gebunden ist.

Eltern werden ist nicht schwer, Eltern sein dagegen sehr?

Viele Familienforscher behandeln die Zeit des Übergangs zur Elternschaft als kritische Lebensphase oder „Krisenzeit". Sie gehen davon aus, dass die Partner während dieser Zeit in besonderem, Frauen und Männer jedoch in unterschiedlicher Weise betreffenden, Maße gefordert sind, sich an Veränderungen anzupassen und Bewältigungsstrategien für neue Situationen zu entwickeln. In jüngerer Zeit plädieren aber immer mehr Familienforscher dafür, den Übergang zur Elternschaft als Entwicklungschance aufzufassen, die dem jungen Erwachsenen – bei erfolgreicher Lösung der anstehenden Entwicklungsaufgaben – wichtige Erfahrungswerte und Entwicklungsimpulse vermittelt.

Zufriedenheit mit der Beziehung nützt den Frauen und den Männern

Es wurde nachgewiesen, dass eine gute Partnerschaft beiden Partnern, den werdenden Müttern und den werdenden Vätern, hilft mit den neuen Anforderungen zurechtzukommen. Frauen mit einem aktiv an ihrer Schwangerschaft Anteil nehmenden Partner, der sich beteiligt an den Vorbereitungen auf die Geburt und Elternschaft, erleben die Zeit der Schwangerschaft besonders positiv und unterhalten zu ihrem ungeborenen Kind bereits eine gute Beziehung. Demgegenüber fühlen sich Frauen mit einem abständigen und desinteressierten Partner, der dem Verlauf der Schwangerschaft gleichgültig oder sogar ablehnend gegenübersteht, verunsichert und unglücklich. Übelkeit und Erbrechen kommen bei diesen Frauen häufiger vor und sie reagieren oft negativ und ablehnend auf Lebenszeichen des in ihnen heranwachsenden Kindes (Olbrich/Brüderl 1995).

Auch werdende Väter profitieren von einer sie zufrieden stellenden Partnerbeziehung: Cox und Mitarbeiter (1985) fanden, dass junge Väter auf ihre wenige Monate alten Säuglinge sensibler und insgesamt positiver reagierten, wenn sie während der Schwangerschaft eine befriedigende Beziehung zu ihrer Partnerin unterhalten hatten.

Für Mütter, die mit ihrem Partner während der Schwangerschaftsmonate zufrieden waren, konnte belegt werden, dass sie ein Jahr nach der Geburt eine gute und sichere Bindung zwischen sich und ihrem Kind aufgebaut hatten.

Verschlechterung der Partnerschaftsqualität im ersten Elternjahr

Sehr häufig spielt sich im ersten Elternjahr das ab, was von Fachleuten „schleichende Erosion" (Olbrich/Brüderl 1995) der Partnerbeziehung genannt wird: Das Kind fordert die ganze Zuwendung der jungen Mutter, ihr Mann fühlt sich vernachlässigt und sie ist unzufrieden, weil sie seine Unterstützung und Hilfe vermisst. Selbst in weniger traditionell orientierten, „emanzipierteren" Beziehungen kommt es im Verlauf der Elternschaftserfahrung zu Unstimmigkeiten und Konflikten. Männer, die in den ersten Wochen nach der Niederkunft ihren Frauen noch tatkräftig zur Seite stehen, überlassen diesen sehr schnell die Hauptverantwortung (und -last) bei der Versorgung des Säuglings. Häufig tragen die Frauen selbst dazu bei, dass ihren Partnern sehr schnell die Lust vergeht, sich weiter mit Füttern und Wickeln zu befassen, indem sie diesen unterschwellig zu verstehen geben, dass sie solche Versorgungsaufgaben nur unzulänglich bewältigen. Oft sind es auch die Männer, die sich den alltäglichen Pflege- und Versorgungsroutinen rund ums Kind nur allzu gern entziehen, weil sie sich nach einem anstrengenden Arbeitstag „geschafft" fühlen oder weil sie – aus welchen Gründen auch immer – zur Ansicht gelangen, dass die Säuglingsversorgung doch mehr „eine Frauensache" ist.

Anerkennungsvakuum der jungen Mütter

Wieder sind es die Frauen, welche die negativen Veränderungen in der Partnerschaft früher und intensiver wahrnehmen als die Männer, was wohl auch damit zusammenhängt, dass sie die größere Bürde zu tragen haben: Den Hauptanteil bei den kind- und haushaltsbezogenen Aufgaben, die mehr oder weniger „freiwillige Bereitschaft" zur mehrjährigen Berufsunterbrechung und der – zumindest zeitweilige – Verzicht auf außerfamiliäre Befriedigungsquellen. Zur sozialen Isolierung hinzu kommt die finanzielle Abhängigkeit vom Partner und das Verkraftenmüssen der Tatsache, dass Hausfrauen- und Familienarbeit in der Werteskala unserer Gesellschaft an unterster Stelle rangieren. Soziologen/innen (z. B. Beck-Gernsheim 1988) sprechen davon, dass die jungen Mütter allmählich in ein „Anerkennungsvakuum" geraten, in dem es ihnen schwer fällt, aus sich heraus ein positives Selbstwertgefühl aufrechtzuerhalten.

Aus familienpädagogischer Sicht sehr zu empfehlen sind während dieser Zeit regelmäßige Aussprachen, Abstimmungen und Neukoordinierungen zwischen den Partnern – leichter gesagt als getan, wenn sich die gegenseitigen Schuldzuweisungen und negativen Gefühle schon aufgetürmt haben.

Wo sind die „neuen Väter"?

Seit zwei Jahrzehnten ist die Rede von den „neuen Vätern", die ihrer Partnerin gleichberechtigt zur Seite stehen, wenn es um die Versorgung und Betreuung des Kindes geht. Die Realität schaut anders aus: Zwar wurde bei den Männern ein gewisser Einstellungswandel im Hinblick auf ihre Beteiligung an der Kindererziehung und an Haushaltstätigkeiten nachgewiesen. In mehreren wissenschaftlichen Forschungsprojekten wurde eine 10–20% der jeweiligen Stichprobe umfassende Gruppe von Vätern identifiziert, die dies zumindest bekundet (Werneck 1998). Die veränderten Einstellungen „im Kopf" sind jedoch bis heute nur in sehr beschränktem Maße handlungswirksam geworden. Nach wie vor verrichten auch Frauen mit „neuen Vätern" an ihrer Seite den Löwenanteil der haushaltsbezogenen Tätigkeiten, wie Putzen, Waschen, Kochen, Einkaufen. Mit den Kindern beschäftigen sich die „neuen Väter" tatsächlich länger, jedoch meist nur im Rahmen von spielerischen Aktivitäten und gemeinsamen Unternehmungen. Die Mehrzahl aller Verrichtungen, die der Versorgung der Kinder dienen, fällt immer noch in die Zuständigkeit der Mütter. Sie übernehmen im Durchschnitt mindestens drei Viertel der Betreuungs- und Versorgungsaufgaben, die „neuen Väter" – gleichgültig, ob ein oder mehrere Kinder in der Familie leben – im günstigen Falle ein Viertel.

Koordinierung von Berufs- und Privatleben: Frauen haben es schwerer

Der Anteil der (weitgehend) familienorientierten Frauen hat in den letzten Jahrzehnten kontinuierlich abgenommen. Heute wollen die meisten jungen Frauen beides: Berufstätig sein und eine Familie und Kinder haben. Wie sie dies praktisch bewerkstelligen, ist nicht nur eine Sache der Planung und der vorhandenen Ressourcen, sondern auch abhängig davon, welche konkreten Erfahrungen sie im Verlauf ihrer Berufsausbildung und bei der Gestaltung ihrer privaten Beziehungen machen.

Im Hinblick auf den erreichten Schulabschluss unterscheiden sich junge Frauen und Männer in Deutschland kaum noch voneinander. In den Jahren der beruflichen Qualifizierung ist jedoch bei vielen Frauen zu beobachten, dass sie zurückstecken und ihre Berufskarriere weniger zielstrebig als die männlichen Kollegen verfolgen. Sie schneiden dadurch schlechter ab bei betriebsinternen Beurteilungen und werden schlechter bezahlt, ihnen wird schneller gekündigt, sie werden häufiger arbeitslos und sie erreichen seltener Leitungsfunktionen als Männer. Zu diesen Benachteiligungen kommt es natürlich vor allem dadurch, dass in den Betrieben Leistung und Effizienz zählen und Schwangerschaft und Mutterschaft lediglich Kosten verursachen.

Nur eine Minderheit der Frauen ist bereit, sich dieser Kosten-Nutzung-Rechnung zu beugen, auf die eigenen Ambitionen im privaten Bereich zu verzichten und sich ausschließlich auf die berufliche Karriere zu konzentrieren. Die Mehrheit bemüht sich um Kompromisse, die es mit sich bringen, dass die Berufslaufbahn (mehrmals) unterbrochen wird bzw. durch das Inkaufnehmen zeitweiliger Doppel- und Dreifachbelastungen (Beruf, Haushalt und Kinder) das persönliche Wohlbefinden und die Partnerschaft beeinträchtigt werden. Viele betroffene Frauen haben das Gefühl, weder den Beruf noch die familienbezogenen Aufgaben gut zu schaffen und sind in dieser Situation eher bereit, in beruflicher Hinsicht zurückzustecken „den Kindern und dem Partner zuliebe".

Männer können Beruf und Familienleben leichter miteinander koordinieren. Für sie stellt sich die Frage einer Unterbrechung der Berufstätigkeit, um mehr Zeit für die Kinder und die Partnerin zu haben, in der Regel gar nicht. Sie sind die Besserverdienenden und überlassen die Baby- und Kleinkindversorgung getrost ihren Frauen, die sie dafür als geeigneter erleben.

„30 und etwas": Frauen an einem kritischen Punkt

Besonders für Frauen, die studiert und mit einer hochqualifizierten Berufslaufbahn begonnen haben, stellt sich irgendwann, nachdem sie das 30. Lebensjahr vollendet haben, die Frage, ob sie noch eine richtige Familie mit Kindern gründen wollen. Immer mehr Frauen schieben die Beantwortung dieser Frage immer weiter hinaus: In Deutschland ist ungefähr jede 5. Frau zwischen 30 und 35 unverheiratet und kinderlos (Statistisches Jahrbuch 2001). Immer mehr Frauen heiraten immer später und bekommen immer später immer weniger Kinder (mittlerweile ist die durchschnittliche Kinderzahl pro Familie auf 1,5 gesunken). Immer mehr Frauen bleiben „Single", leben in Ein-Personen-Haushalten und bekommen gar keine Kinder. Diese Entwicklungstrends scheinen unaufhaltsam und sind in allen Industrienationen mehr oder weniger deutlich zu verzeichnen.

Nur sehr selten gelingt es Frauen, Karriere, Kinder und Partnerschaft unter einen Hut zu bringen. Das ist meist dann der Fall, wenn ihre Partner in überdurchschnittlichem Maße zu Zugeständnissen, Kompromissen und eigenem Zurückstecken bereit und sie selbst außergewöhnlich begabt, fleißig, ehrgeizig und leistungsorientiert sind.

Für Karrierefrauen ohne Kinder wurde nachgewiesen, dass sie in befriedigenderen Partnerschaften/Ehen leben als berufstätige Frauen mit Kindern. Vermutet werden kann, dass die größere Unzufriedenheit der Frauen mit Kindern schwerpunktmäßig zusammenhängt mit der über weite Strecken nicht zufriedenstellend gelösten Koordination von berufs-, haushalts- und kinderbezogenen Aufgaben.

Mit der besonderen Situation von allein lebenden Frauen über 35 in den USA beschäftigte sich u. a. die Psychotherapeutin Florence Kaslow (1992). Diese Frauen haben – statistisch betrachtet – nur noch eine 5%-ige Chance, einen Partner fürs Leben zu finden, sehen sich aber einem anhaltend großen Erwartungsdruck von Seiten der Eltern, Geschwister, Großeltern und weiteren Bezugspersonen ausgesetzt, nun endlich Ernst zu machen und zu heiraten.

Für Männer im Alter von „30 und etwas" existieren vergleichbare problematische Konstellationen nicht. Sie müssen sich lediglich entscheiden, welchen Stellenwert sie dem Beruf und der Karriere und welchen Stellenwert sie dem Familienleben einräumen. Umfragen haben ergeben, dass Familie, Freizeit und Privatleben nicht nur für die meisten Frauen, sondern auch für die Mehrzahl der Männer einen höheren Rang einnehmen als Beruf und Karriere. Jedoch gibt es immer noch deutlich mehr männliche „Workaholics": Nur 5% der Frauen, aber 10% der Männer in den USA geben an, dass der Beruf für sie der wichtigste und befriedigendste Bereich ihres Lebens ist (Tepperman/Djao 1986).

Männer sind häufiger ledig

In der Altersgruppe der 20- bis 39-Jährigen gibt es 7,0 Millionen männliche und 5,2 Millionen weibliche unverheiratete Personen (Tabelle 10). Die Tatsache, dass es wesentlich mehr ledige Männer gibt, erklärt sich in erster Linie aus dem in dieser Altersgruppe in Deutschland herrschenden Männerüberschuss. In den USA beispielsweise gibt es in der Altersgruppe der 30- bis 39-Jährigen über eine Million mehr Frauen als Männer und entsprechend mehr allein lebende weibliche Personen. Die Beweggründe von Frauen und Männern für ihr Unverheiratetsein sind unterschiedlich: Frauen geben häufiger an, dass sie aus Karrieregründen auf eine Familie verzichten und dass sie ihre Unabhängigkeit und Freiheit durchaus genießen. Männer sagen öfter, dass sie noch nicht die Frau, die ihren Ansprüchen genügt, gefunden haben. Dass man gern einmal verhei-

Tabelle 10: Frauen und Männer zwischen 20 und 40 (Aufgliederung nach dem Familienstand)

Altersgruppe	ledige Männer (in 1000)	ledige Frauen (in 1000)	verheiratete Männer (in 1000)	verheiratete Frauen (in 1000)
20–25	2187,3	1891,0	119,4	313,3
25–30	2028,3	1448,6	606,2	1018,0
30–35	1757,2	1059,8	1655,7	2063,1
35–40	1071,1	606,4	2284,3	2477,4
Summe	7043,9	5205,8	4665,6	5871,8

Altersgruppe	verwitwete Männer (in 1000)	verwitwete Frauen (in 1000)	geschiedene Männer (in 1000)	geschiedene Frauen (in 1000)
20–25	0,2	1,1	3,6	10,5
25–30	1,2	4,7	39,6	73,0
30–35	4,8	15,0	168,5	223,5
35–40	10,1	36,6	310,9	348,5
Summe	16,3	57,4	422,6	655,5

Altersgruppe	Männer (in Mill.)	Frauen (in Mill.)
20–40	12,148	11,791

ratet wäre, obwohl man mit der jetzigen Situation nicht unzufrieden sei, ist die mehrheitlich vor allem von Frauen geäußerte Meinung (Kaslow 1992).

Männerüberschuss: Günstig für geschiedene Frauen

In Deutschland gibt es 655.500 geschiedene Frauen und 422.600 geschiedene Männer in der Altersgruppe der 20- bis 40-Jährigen. Berücksichtigt man, dass die ökonomische Situation geschiedener Frauen, denen in der Regel das Sorgerecht für die Kinder zugesprochen wird, oft nicht gerade günstig ist und führt man sich den Männerüberschuss auf dem „Heiratsmarkt" vor Augen, so kann davon gesprochen werden, dass für geschiedene Frauen die Wiederverheiratungschancen durchaus günstig sind. Tatsächlich übertrifft die Zahl der durch Wiederverheiratung von Frauen entstandenen Stiefvaterfamilien die Zahl der Stiefmutterfamilien um ein Mehrfaches (genaue Zahlen liegen nicht vor – Schätzungen gehen von einer vier- bis fünfmal so großen Zahl von Stiefvaterfamilien aus).

Berufsbezogene Entwicklungsaufgaben

Die unterschiedliche Wahrnehmung und Lösung berufsbezogener Entwicklungsaufgaben, wie Ausbildung, Qualifikation, Weiterbildung, Karriere, von Frauen und Männern lässt sich an einer Reihe von Besonderheiten dokumentieren.

Schlechtere Arbeitsmarktchancen für Frauen

Auf dem Arbeitsmarkt werden Frauen nach wie vor diskriminiert. Obwohl weibliche Auszubildende sehr häufig bessere Schulnoten mitbringen bzw. die bessere schulische Qualifikation aufweisen, haben sie es schwerer, eine angemessene Lehrstelle zu finden. Dies gilt insbesondere dann, wenn sie in einem typischen Männerberuf (Elektroinstallateur, Industrieschlosser, Kraftfahrzeugmechaniker) eine Lehre absolvieren wollen.

Zwar haben in den letzten 20 Jahren Frauen eine ganze Reihe von Männerberufen erobert, wie die folgende Abbildung illustriert, die sich in dem Buch von Hoppe (1993) „Frauenleben: Alltag, Aufbruch und neue Unsicherheiten" findet.

Es erscheint jedoch unangemessen, hier von einem echten Fortschritt zu sprechen, denn Frauen haben vor allem zu den Männerberufen Zugang gefunden, in denen nur geringe Chancen auf einen sicheren Arbeitsplatz nach der Ausbildung bestehen. Tatsache ist, dass Frauen nach Absolvierung einer Ausbildung viermal so häufig von Arbeitslosigkeit betroffen sind wie Männer. In Berufen mit guten Perspektiven, z. B. in der Metall- oder Elektroindustrie, ist es für Frauen immer noch sehr schwierig, einen Ausbildungsplatz zu bekommen. Die wenigen weiblichen Jugendlichen oder jungen Frauen, die eine Lehrstelle erhalten, sehen sich selbst oft als „Alibi"-Frauen, die zwar ihre Berufsausbildung erfolgreich absolvieren, vom

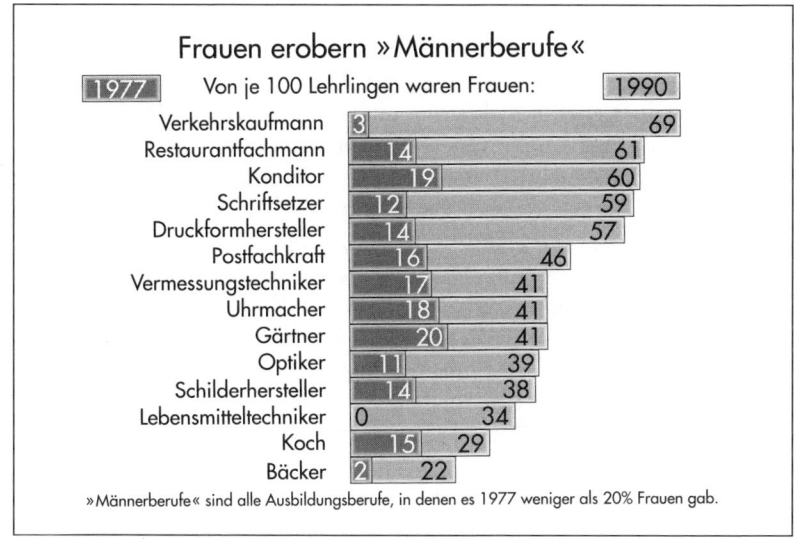

Abbildung 3: Frauen erobern Männerberufe (Hoppe 1993)

Betrieb aber eigentlich nur aus Gründen der Imagepflege („Schaut her, was wir für die Frauen und die Gleichberechtigung tun!") eingestellt wurden.

Viele junge Frauen, die sich vergeblich um einen Ausbildungsplatz beworben haben, absolvieren ein Berufsgrundbildungs- oder Berufsvorbereitungsjahr oder besuchen eine 2-jährige Berufsfachschule, die Berufsabschlüsse wie Kinderpflegerin, Hauswirtschafterin, chemisch- oder pharmazeutisch-technische Assistentin ermöglicht. Solche Fachschulen, die z. T. privat und schulgeldpflichtig sind, werden zu fast 90% von jungen Frauen besucht. Demgegenüber beträgt die Frauenquote an die Berufsausbildung begleitenden Schulen nur 31%. Die Benachteiligung ist offensichtlich: Frauen (bzw. deren Eltern) zahlen die Ausbildungskosten, die z. B. während des 2-jährigen Besuchs einer Fachschule anfallen, häufiger selbst als Männer und müssen sich am Ende der schulischen Ausbildung (wieder) um eine Stelle bemühen. Männliche Lehrlinge erhalten schon während der Ausbildungszeit eine Vergütung und werden sehr oft nach Abschluss der Lehre in ein reguläres Beschäftigungsverhältnis übernommen.

Was weibliche Abiturienten betrifft, so erbrachte die „Schülerstudie" von Behnken et al. (1991), dass sie weniger Selbstvertrauen als männliche Abiturienten haben und weniger optimistisch in die Zukunft blicken. Sie begnügen sich häufiger mit einem Beruf, für den sie (nur) eine Lehre absolvieren müssen, wie Arzthelferin, Bank- oder Industriekauffrau, und verzichten auf eine weitere berufliche Qualifikation durch ein Fachstudium. An den Universitäten konzentrieren sich die Studentinnen auf bestimmte Fachrichtungen: In den Lehramtsstudiengängen sind sie mit 68% deutlich überrepräsentiert, in den technischen Fächern und Ingenieurswissenschaften bilden sie mit nur 12% eine kleine Minderheit. In den Sprach- und Kulturwissenschaften gibt es doppelt so viele Studentinnen wie Studenten in Studienfächern, wie Germanistik, Anglistik, Kommunikationswissenschaft, die auch heute noch als „typisch weiblich" gelten.

Vereinbarkeit von Familie und Beruf mit Hilfe des 3-Phasen-Modells

Die Mehrheit der Männer und auch eine (etwas kleinere) Mehrheit der Frauen befürwortet ein solches 3-Phasen-Modell:

1. Bis zur Geburt des 1. Kindes ist die Frau berufstätig.
2. Dann unterbricht sie für eine gewisse Zeit die Berufstätigkeit ganz oder teilweise und kümmert sich schwerpunktmäßig um die Kindererziehung und den Haushalt.
3. Nach mehrjähriger Pause kehrt sie, zunächst als Teilzeit- und später als Vollzeitkraft, wieder in den Beruf zurück.

In den neuen Bundesländern sind nicht nur wesentlich mehr Frauen als in den alten Bundesländern (über alle Altersklassen berechnet) berufstätig (über 80% gegenüber knapp 60%), sondern auch andere Einstellungen zur Frauenerwerbstätigkeit anzutreffen: Nur 30% der Ostfrauen sind dafür, dass die Frau zuhause bleibt und sich um Kinder und Haushalt kümmert. In der DDR war es aufgrund einer fast flächendeckenden Versorgung mit Kinderkrippenplätzen möglich, dass auch Mütter mit Kleinkindern ihre Berufstätigkeit nur kurzfristig unterbrachen. Die derzeit sehr hohe Frauenarbeitslosigkeit im Osten trifft Frauen im jungen Erwachsenenalter besonders hart. Und ältere weibliche Langzeitarbeitslose befürchten (nicht ohne Grund), keinen Arbeitsplatz mehr zu finden, der ihren früher erworbenen Qualifikationen entspricht.

Das 3-Phasen-Modell stützt – von außen betrachtet – die traditionelle Geschlechtsrollenorientierung und die bestehenden Geschlechterverhältnisse. Die von Frauen – häufiger als von Männern – gewünschten Veränderungen in der Verteilung der Zuständigkeiten bleiben solange Utopie, wie nicht im Alltag damit begonnen wird. Wie weit wir noch davon entfernt sind, macht z. B. die Tatsache deutlich, dass die staatlich angebotene Möglichkeit für Männer, Erziehungsurlaub in Anspruch zu nehmen, zwar von über zwei Drittel der Männer begrüßt, aber faktisch nur von knapp 2% in Anspruch genommen wird. *Diese Männer dürfen mit Fug und Recht das Prädikat „neue Väter" für sich in Anspruch nehmen!*

Das 3-Phasen-Modell benachteiligt Frauen auch finanziell und im Hinblick auf ihre zukunftsbezogenen Absicherungen: Als Hausfrau verfügen sie über kein eigenes Einkommen, haben damit keinen Anspruch auf Gesundheits- und Sozialleistungen und sind finanziell und was die Kranken- und Altersversicherung betrifft von ihren Ehemännern abhängig. Dementsprechend würden es deutlich mehr Frauen als Männer sehr gern sehen, wenn Hausarbeit vom Staat bezahlt würde (Hoppe 1993, 63).

Schwierigkeiten bei der Verwirklichung von Kinderwunsch und Elternschaft

Frauen fällt es oft schwer, ihren Wunsch nach einem Kind zu verwirklichen, wenn sie nicht bereit sind, ihre Berufsarbeit aufzugeben. Die Rede von der „kinderfeindlichen Gesellschaft" wird mit Leben erfüllt, wenn man sich vor Augen führt, dass Mütter, die berufstätig oder wenigstens teilzeitbeschäftigt bleiben wollen, bei der Suche nach einer angemessenen Betreuung für ihr kleines Kind weitgehend auf sich allein gestellt sind: Nicht einmal die Versorgung mit Kindergartenplätzen ist flächendeckend gesichert und Kinderkrippen gibt es so gut wie gar nicht. Zudem behindert Mutterschaft eine erfolgreiche Berufslaufbahn.

Besonders in den neuen Bundesländern, in denen nach der Wiedervereinigung ein drastischer Geburtenrückgang zu registrieren war, scheinen immer weniger Frauen bereit zu sein, die Bürde einer berufstätigen Mutter auf sich zu nehmen, so lange „der neue Staat" so wenig zu ihrer Entlastung beiträgt und sie sich in von ihnen selbst als wirtschaftlich und sozial unsicher erlebten Verhältnissen befinden.

Viele Frauen in Ost und West entscheiden sich zwar nicht eindeutig gegen Kinder, schieben aber das Kinderkriegen immer weiter hinaus und verwirklichen ihren Kinderwunsch sehr spät, dann aber meist unter günstigeren privaten und finanziellen Vorzeichen, die eine angemessene Betreuung und Versorgung des Kindes realistisch erscheinen lassen. Auch die beruflich erfolgreiche Frau, die sich sozusagen in letzter Minute entschließt, ein Kind zu bekommen, um sich selbst und ihrer weiblichen Identität Bestätigung zu geben, ist hier zu erwähnen.

„Baby-Schock" der Mütter

Zusammenfassend betrachtet müssen vor allem die Benachteiligungen von Frauen in Erwägung gezogen werden, wenn es darum geht zu klären, warum Wünsche nach einem Kind oftmals nicht verwirklicht werden. Heutzutage wollen die meisten Frauen – und natürlich auch Männer – zwei (oder mehr) Kinder: Die Existenz einer 2-Kinder-Norm und deren Verinnerlichung bei sehr vielen Paaren wurde wiederholt nachgewiesen. Nicht selten bleibt es jedoch bei nur einem Kind, weil die Mütter zuweilen einen regelrechten „Baby-Schock" erleben und es ihnen schwerfällt, ihr Kleinkind angemessen zu versorgen und zu ihm eine positive Beziehung aufzubauen (besonders dann, wenn die Väter „außen vor" bleiben und sich gar nicht um das Baby kümmern). Häufig wird der Kinderwunsch ganz aufgegeben – der Anteil der Kinderlosen liegt in den alten Bundesländern mittlerweile bei 38% – und der Selbstverwirklichung in Partnerschaft und Beruf der Vorrang gegeben.

Weibliche und männliche Erwerbstätigkeit

Die ehemalige DDR hatte weltweit die höchste Frauenerwerbsquote (91%), das wiedervereinte Deutschland bringt es lediglich auf etwas über 60% (Anteil der berufstätigen Frauen im Alter von 15 bis 65 Jahren). und belegt damit im internationalen Vergleich einen Platz im unteren Mittelfeld.

Frauen (als Hauptverantwortliche für Haushalt und Kinder) sind häufiger als Männer teilzeitbeschäftigt (jede 3. Frau, aber nur jeder 30. Mann arbeitet in den alten Bundesländern Teilzeit); immerhin noch fast 70% der Frauen sind vollzeitbeschäftigt. Umfragen belegen, dass insbesondere die jüngere Frauengeneration in den neuen Bundesländern die Bedeutung des Berufs in ihrem Leben sehr hoch einstuft: Mit Hilfe des Berufes erlangt eine Frau Selbstbestätigung und Anerkennung, nimmt am sozialen Leben teil, hat Kontakt mit anderen und das Gefühl gebraucht zu werden und verschafft sich außerdem eine gewisse finanzielle Unabhängigkeit und Lebensqualität (Bertram 1992).

Ältere Untersuchungen erbrachten, dass für Frauen ein gutes Arbeitsklima und nette Kollegen/innen besonders wichtig sind, doch in neueren Befragungen unterscheiden sich Frauen und Männer nur noch unwesentlich voneinander in ihren Arbeitsplatzeinschätzungen, sieht man von der Tatsache ab, dass die Arbeitszeitregelung für Frauen einen deutlich höheren Stellenwert einnimmt. Tabelle 11 illustriert diesen Sachverhalt.

Tabelle 11: Was schätzen Frauen und Männer an ihrem Arbeitsplatz? Quelle: Statistisches Bundesamt (1989)

Von je 100 Beschäftigten schätzten als „sehr wichtig" für ihren Arbeitsplatz ein:		
Frauen	sehr wichtig für den Arbeitsplatz:	Männer
57	Kollegen	53
53	Sicherheit	57
45	Abwechslung	43
37	Arbeitszeit	22
37	Selbständigkeit	45
31	Verdienst	38
22	Aufstiegschancen	27
15	Prestige	13

Geringere Entlohnung für Frauen

Dass Frauen in Deutschland auch heute noch durchschnittlich 35% weniger als Männer verdienen, obwohl sie arbeitsrechtlich seit 1992 (mit der Abschaffung des Nachtarbeitsverbots für Frauen) den Männern gleichgestellt sind, hat eine Reihe von Gründen:

1. Frauen sind aus familiären Gründen häufiger teilzeitbeschäftigt und können seltener Überstunden und Schichtarbeit leisten;
2. sie unterbrechen in der Regel ihre Erwerbstätigkeit, wenn sie Mütter werden;
3. sie werden innerbetrieblich seltener für Führungspositionen ausgewählt und haben schlechtere Aufstiegschancen;
4. teilweise sind sie beruflich auch noch weniger qualifiziert als Männer;
5. sie finden sich oft in „Leichtlohngruppen" wieder, d. h. auf (tariflich) niedriger bewerteten Arbeitsplätzen.

Sonderregelungen gelten für Frauen im Zusammenhang mit Schwangerschaft (Mutterschutz, Kündigungsschutz, keine Arbeit mit gefährlichen Stoffen) und Körperkraft (Beschäftigungsverbot im Bauhauptgewerbe, LKW-Fahrerinnen dürfen keine schweren Lasten tragen).

Typisch weibliche (und männliche) Arbeitsplätze und Tätigkeiten

Als Angestellte und Beamtinnen arbeiten Frauen vorwiegend in „sozialen" Berufen (z. B. als Krankenschwester, Kindergärtnerin, Lehrerin, Ärztin) oder im Handel und in der Verwaltung (meist auf unteren oder mittleren Hiercharchie-Ebenen). Über die Hälfte der in der Industrie beschäftigten weiblichen Angestellten verfügt über keinen eigenen Verantwortungsbereich – bei den männlichen Angestellten trifft dies nur auf 15% zu. Von den Arbeiterinnen sind fast zwei Drittel ungelernte bzw. angelernte Hilfskräfte – bei den Arbeitern nur gut ein Drittel. Selbständige Frauen sind selten: Nur jeder 6. Selbständige ist eine Frau. Immerhin wird gegenwärtig fast jedes 3. neugegründete Unternehmen von einer Frau geleitet, und immerhin ist die Quote der Unternehmerinnen, die wieder aufgeben, deutlich niedriger als die Quote der Unternehmer. Die große Mehrheit der selbständigen Frauen ist im Dienstleistungssektor tätig (z. B. als Friseurmeisterin, Gastwirtin, Pensionschefin), entspricht also nicht dem Klischee der sportlich-schlanken Karrierefrau im Modellkostüm mit Aktentasche, die gerade aus ihrem Sportcoupe steigt. 4% der berufstätigen Frauen sind „mithelfende Familienangehörige" (z. B. in der Landwirtschaft, im Handwerksbetrieb, in der Rechtsanwaltskanzlei oder Arztpraxis); bei den Männern sind dies nur 0,5%.

In ihren Berufen werden Frauen auch heute noch vielfach zu Verrichtungen und Aufgaben – von Männern – herangezogen, die mit arbeitsplatzbezogenen Tätigkeiten nur in sehr mittelbarem Zusammenhang stehen, jedoch als „Selbstverständlichkeiten" abgeleitet werden aus dem traditionellen Geschlechtsrollenklischee der hilfsbereiten, einfühlsamen, wenig durchsetzungsfähigen, kompromissbereiten und attraktiven, d. h. mit weiblichem Charme ausgestatteten Frau. Als Sekretärin und Büroangestellte kochen sie Kaffee und bereiten einen Imbiss zu, als Verkäuferin, Empfangsdame, Stewardess oder Kellnerin sollen sie durch ihr Lächeln und ihre Freundlichkeit überzeugen, als Altenpflegerin und Krankenschwester Mitgefühl und menschliche Wärme zeigen. Natürlich werden entsprechende „Macho"-Merkmale auch von Männern erwartet, die einen „typisch männlichen" Beruf ausüben und z. B. Manager, Pilot, Trucker, Feuerwehrmann, Chefarzt sind.

Krisen und ihre Bewältigung

Partnerschaftskrisen und geschlechtstypische Bewältigungsformen

Frauen sind in der Regel sensibler für atmosphärische Störungen in der Partnerbeziehung, reagieren feinfühliger auf emotionale Unstimmigkeiten und sind eher bereit als Männer, bestehende Probleme offen anzusprechen und über Abhilfemöglichkeiten nachzudenken. Sie akzeptieren auch bereitwilliger professionelle Hilfe, z. B. von Eheberatern oder Familientherapeuten. Männer neigen häufiger dazu, Probleme unter den Tisch zu kehren und tun sich schwerer, über gefühlsmäßige Diskrepanzen und Verständigungsschwierigkeiten, z. B. im Bereich Sexualität, offen zu sprechen.

Wenn Männer sich mit ihrer ignorierenden, verdrängenden Haltung durchsetzen, können die sich auftürmenden Schwierigkeiten und der wachsende Problemdruck schließlich dazu führen, dass eine Trennung unabwendbar erscheint. In derart verfahrenen Beziehungskonstellationen sind es öfter die Frauen, die einen Schlussstrich ziehen wollen und auf Scheidung drängen.

Trennung und Scheidung

Obwohl sie sich finanziell in der Regel verschlechtern, werden Scheidungen wesentlich häufiger von Frauen (zu fast 70%) eingereicht. Die sozialen Folgen von Trennung und Scheidung sind meist für Männer gravierender: Diese ziehen meist aus der gemeinsamen Wohnung aus und erleben stärkere Beeinträchtigungen in sozialer Hinsicht (Verlust von Freunden und Bekannten). Statistische Untersuchungen erbrachten, dass es häufiger zur Scheidung kommt, wenn einer der Partner bereits einmal geschieden worden ist oder wenn der Ehemann nur über ein niedriges Einkommen verfügt oder wenn die Ehefrau ein niedriges Bildungsniveau aufweist.

Single mit Kind(ern): Geschlechtsunterschiede bei allein Erziehenden

Fast 20% der im Jahre 2000 in den alten Bundesländern geborenen Kinder waren nichtehelich, hatten also eine Mutter, die nicht mit dem Vater verheiratet war. Die Entscheidung, nicht zu heiraten wird häufiger von den Frauen als von den Männern getroffen. Knapp 80% der allein Erziehenden sind Frauen, von denen die meisten nur ein Kind haben. Schätzungen gehen davon aus, dass ungefähr ein Viertel der allein erziehenden Mütter ledig ist, die Mehrheit ist geschieden oder lebt dauernd getrennt vom Ehepartner; knapp 20% sind verwitwet.

Allein erziehen ist im Laufe einer durchschnittlichen Familienbiografie nichts Ungewöhnliches mehr und meist auch kein Dauerzustand: Ledige Mütter (und Väter) heiraten irgendwann doch noch, und geschiedene Mütter (und Väter) heiraten noch einmal.

Was soziale Herkunft und Ausbildungsniveau betrifft, so gehören allein erziehende Mütter häufiger der Mittelschicht an als verheiratete Mütter, ledige Mütter haben oft überdurchschnittliche Schul- und Ausbildungsabschlüsse; auf ledige Väter trifft dies nicht zu. Ledige Mütter erreichen im Lauf der Zeit bessere berufliche Positionen und höhere Einkommen als verheiratete Mütter, was darauf zurückzuführen ist, dass sie ihre Erwerbstätigkeit nicht eine Zeitlang („dem Partner und der Familie zuliebe") unterbrechen.

Insgesamt betrachtet leben allein erziehende Frauen jedoch häufiger in ungünstigen finanziellen Verhältnissen: Nur ein Drittel erhält regelmäßig Unterhaltszahlungen vom Vater des Kindes (allein erziehenden Vätern ergeht es nicht anders), knapp 40% sind nicht berufstätig (entweder arbeitslos oder noch in der Ausbildung), 34% arbeitet vollzeit und der Rest teilzeit.

Allein erziehende Frauen kommen mit der „Doppelbelastung" Beruf und Familie besser zurecht als verheiratete Frauen, was damit in Verbindung gebracht wird, dass sie einen kleineren (und oft besser organisierten) Haushalt haben und keinen Ehemann mitversorgen müssen. Auch die Mehrheit der alleinerziehenden Väter scheint sich mit der Doppelbelastung arrangieren zu können.

Arbeitslosigkeit: Härter für Männer?

Viele Sozialwissenschaftler gehen davon aus, dass Frauen unter den Folgen von Arbeitslosigkeit weniger leiden als Männer, denen in traditioneller Geschlechtsrollenorientierung noch immer die Funktion des Hauptversorgers in der Familie zufällt. Argumentiert wird, dass bei Frauen Unterbrechungen in der Erwerbsbiografie („Kinderpause", Versorgung pflegebedürftiger Familienangehöriger) selbstverständlich sind und deshalb auch leichter verkraftet werden können. Ob dieses Argument auch im ersten Abschnitt des frühen Erwachsenenalters gilt, in einer Zeit also, während der noch keine kind- und familienbezogenen Aufgaben zu bewältigen sind, ist anzuzweifeln. In den frühen 20er Jahren geht es heutzutage für die meisten Frauen (und Männer) darum, ihre berufliche Identität zu finden und zu festigen. Unfreiwillige Unterbrechungen durch Arbeitslosigkeit, von denen Frauen häufiger betroffen werden, können für Frauen genauso belastend sein wie für Männer. Entscheidend ist, in welcher Situation sich der/die Einzelne befindet: Wie kommt er/sie finanziell zurecht? Wie verhalten sich die Familienangehörigen, Freunde und Bekannten? Wie gestaltet er/sie den Alltag (sinnvoll)? Erhebungen belegen, dass insbesondere junge Frauen, die von längerer Arbeitslosigkeit betroffen sind, vom Elternhaus abhängig bleiben und darunter leiden, dass sie sich nicht ablösen.

Dokumentiert werden kann auch, dass Frauen, die während der

langen Jahre der Kindererziehung (mehr oder weniger unfreiwillig) die Berufstätigkeit unterbrochen hatten, im Alter finanziell schlechter dastehen und zudem nur über eingeschränkte persönliche und soziale Kompetenzen verfügen.

Gewalt: Männliche Täter – weibliche Opfer

Die Gruppe der männlichen Jugendlichen und jungen erwachsenen Männer ist am häufigsten als Täter in Gewaltdelikten anzutreffen. Diese Tatsache wird zum einen auf biologische Ursachen zurückgeführt (Behauptung: Männer sind von Natur aus aggressiver als Frauen und gerade in diesem Alter aufgrund ihrer Hormonsituation – Testosteron, das muskelbildende Geschlechtshormon, wird reichlich produziert – besonders aggressiv), zum anderen mit dem erlernten traditionellen Geschlechtsrollenverhalten in Verbindung gebracht: Schon in der Kindheit wird Jungen beigebracht, nicht nachzugeben, sondern sich durchzusetzen, notfalls auch unter Anwendung von Gewalt – und Mädchen werden bekräftigt, kompromissbereit zu sein, nachzugeben und sich zu fügen.

Fest steht, dass gewaltförmige Übergriffe, deren Opfer häufiger weiblichen als männlichen Geschlechts sind, zum Alltag in unserer Gesellschaft gehören und unter Strafverfolgung nur dann gestellt werden, wenn sie ein nicht näher bestimmtes Maß überschreiten bzw. sich in besonderen sozialen Kontexten ereignen: Toleriert wird über weite Strecken z. B., wenn Eltern ihre Kinder schlagen, Ehemänner ihre Frauen mit Gewalt sexuell gefügig machen (Vergewaltigung in der Ehe wurde erst 1995 juristisch unter Strafandrohung gestellt), halbwüchsige Hauptschüler ihre Klassenkameradinnen bedrohen, Skinheads vorübergehende Passanten anpöbeln, fanatische Fußballfans sich Schlägereien liefern und rechtsradikale Jugendliche ausländische Mitbürger oder Asylanten beschimpfen.

Nachgewiesen wurde, dass die – zumeist weiblichen – Opfer gewaltförmiger Übergriffe, in Abhängigkeit von der Art der erfahrenen Verletzung und Demütigung, lang anhaltende seelische Wunden davontragen, die manchmal ein Leben lang – z. B. im Falle des sexuellen Missbrauchs im Kindesalter – Spuren hinterlassen und nicht verheilen. In zahlreichen Fällen gewaltförmiger Übergriffe in jungen Partnerschaften und Ehen, z. B. in Form von körperlicher Misshandlung oder sexueller Nötigung, welche die seelische Gesundheit der betroffenen Frauen untergraben, ist die frühzeitige

Inanspruchnahme professioneller Hilfe dringend angezeigt. Mit Hilfe von Eheberatern und Partnerschaftstherapeuten schaffen es Täter und Opfer möglicherweise gemeinsam, das Gewaltpotential in ihrer Beziehung abzubauen. Allgemeine Empfehlungen, an die Adresse der Frauen und Männer gerichtet, die letztlich darauf hinauslaufen, dass jeweils mehr typische Verhaltensweisen und Eigenschaften vom anderen Geschlecht angenommen werden sollten, z. B. von Frauen mehr Selbstbewusstsein und Stärke, von Männern mehr Einfühlung und Nachgiebigkeit, bewirken wenig, wenn es nicht gelingt, die den Partnern verborgenen Beziehungsanteile aufzudecken, durch welche sie immer wieder in Täter-Opfer-Gewaltzirkel verstrickt werden.

Unterdrückung des weiblichen Geschlechts

Obwohl in den westlichen Industrieländern seit mehr als einer Generation im Verhältnis der Geschlechter zueinander Veränderungen im Sinne von Angleichungen zu registrieren sind, kann (summarisch betrachtet) in vielen Bereichen des öffentlichen und privaten Lebens – trotz Frauenbewegung und Emanzipationsbestrebungen – immer noch eine Unterdrückung des weiblichen Geschlechts durch das männliche dokumentiert werden. In Bereichen wie Politik, Technik, Naturwissenschaften, Universität/Hochschule usw., in denen Frauen deutlich unterrepräsentiert sind, lassen sich Bestrebungen verzeichnen, die Frauenquote zu erhöhen. Die Mechanismen, die zum Teil auf subtile Weise zu Diskriminierungen des weiblichen Geschlechtes beitragen, sind vielfältig und miteinander vernetzt. Weibliche Jugendliche und Frauen haben (auch aufgrund der Einstellungen ihrer Eltern) nach wie vor schlechtere Chancen, schulisch und beruflich qualifizierte Abschlüsse zu erreichen. Benachteiligungen im Beruf ergeben sich im Zusammenhang mit der Mutterschaft (Mehrfachbelastungen als berufstätige Mutter und Hausfrau). Im Falle der Trennung und Scheidung vom Partner entstehen Nachteile für Frauen dadurch, dass ihnen in der Regel die Bürde der alleinigen elterlichen Sorge für die Kinder übertragen wird. Immer noch werden Frauen unterbezahlt, d. h. Männer erhalten für die Ausübung derselben Tätigkeit ein höheres Entgelt. Immer noch sind Frauen überrepräsentiert in Teilzeitbeschäftigungen und wenig anspruchsvollen Tätigkeitsfeldern (z. B. als angelernte oder ungelernte Arbeiterinnen und Hilfskräfte), was sich ungünstig auf ihre Renten- und

Versorgungsansprüche auswirkt und ihre Abhängigkeit vom (Ehe-) Mann erhöht.

Krankheiten

Obwohl mittlerweile viele Mediziner der Ansicht sind, dass die meisten Krankheiten seelisch mit verursacht bzw. in ihrem Verlauf durch psychische Faktoren beeinflusst werden, erweist es sich im Folgenden als zweckmäßig, von der traditionellen Unterscheidung zwischen körperlichen und seelischen Krankheiten auszugehen.

Körperliche Krankheiten: Statistiken der Weltgesundheitsbehörde WHO belegen eine geschlechtstypische Krankheitenverteilung (Tabelle 12).

Tabelle 12: Geschlechtstypische Verteilung körperlicher Krankheiten

 Männer erkranken häufiger als Frauen an:	 Frauen erkranken häufiger als Männer an:
Asthma Atemwegskrankheiten Bronchitis Dickdarmkrebs Emphysemen (Luftblasen in der Lunge) Erkrankungen der Verdauungsorgane Gehirngefäßerkrankungen Herzerkrankungen Kreislauferkrankungen Leberschäden/Leberzirrhose Lungenkrankheiten (Entzündungen, Tumore, Tuberkulose) Magenkrebs Mastdarmkrebs Suchtkrankheiten	Anämie (Blutarmut) Arthritis (Gelenkentzündung) Colitis Diabetes (Zuckerkrankheit) Enteritis (Dünndarmentzündung) Gallenblasenkrankheiten hypertensiven Herzkrankheiten Krampfadern

Tabelle 13: Geschlechtstypische Verteilung seelischer Krankheiten

 Männer erkranken häufiger als Frauen an:	 Frauen erkranken häufiger als Männer an:
Autismus (extreme Kontaktunfähigkeit) Persönlichkeitsstörungen Delinquenz aggressiven Verhaltensstörungen motorischen Störungen Formen sexueller Abweichungen Alkoholismus, Drogenabhängigkeit Suizidalen Tendenzen (bis zum vollendeten Selbstmord)	Psychoneurosen (vor allem Depressionen und Phobien) Migräne/Kopfschmerzen Schlafstörungen Essstörungen (Bulimie, Magersucht)

Auch *seelische Krankheiten* verteilen sich mit unterschiedlicher Häufigkeit auf die Geschlechter (Tabelle 13).

In verschiedenen Veröffentlichungen finden sich Hinweise darauf, dass Männer häufiger an körperlichen Krankheiten und Frauen häufiger an seelischen Krankheiten leiden; Männer erkranken anscheinend auch häufiger an chronischen Krankheiten, die ein höheres Sterberisiko mit sich bringen, Frauen häufiger an akuten Krankheiten.

Einer Aufstellung von Waldron/Johnson (1976) ist zu entnehmen, dass die Sterblichkeitsraten für Männer bei vielen Krankheiten höher liegen als bei Frauen: Männer sterben häufiger an Tumoren der Atemwege (3,7:1), an Bronchitis, Emphysemen und Asthma (3,1:1), an chronischen ischämischen Herzerkrankungen (2,4:1) und Herzinfarkten (2,4:1), an Leberzirrhosen (2,2:1), sowie an Mord (3,6:1), Selbstmord (3,1:1), Verkehrsunfällen (2,8:1) und sonstigen Unfällen (2,8:1). Waller (1985) stellte ergänzend dazu fest, dass die Todesrate der Frauen die der Männer bei Ernährungs- und Stoffwechselkrankheiten, Krankheiten der inneren Sekretionsdrüsen, Krankheiten des Kreislaufsystems, Rheumaerkrankungen, psychischen Störungen und Krankheiten des Nervensystems übertrifft.

Was die Ursachen der vorangehend zusammengestellten Geschlechtsunterschiede betrifft, so werden verschiedene, teilweise zueinander im Widerspruch stehende Theorien diskutiert.

Man versucht, die statistisch belegten höheren psychischen Erkrankungsraten von Frauen durch soziale und psychische Faktoren zu erklären: Frauen sind offener und äußerungsfähiger im Hinblick auf innerseelische Vorgänge und haben eine größere Bereitschaft, den Arzt aufzusuchen. Von ähnlichen Annahmen gehen Wissenschaftler aus, die behaupten, dass sich Frauen in unserer Gesellschaft aufgrund ihrer Geschlechtsrolle leichter tun, die Krankenrolle zu übernehmen. Diese weist ihnen traditionellerweise Merkmale zu, wie ängstlich, abhängig, hilfsbedürftig, schwach, zart usw.

In einer anderen Theorie wird behauptet, dass Frauen aufgrund ihrer seelischen Konstitution gesünder und weniger krankheitsanfällig sind: Ihre größere gefühlsmäßige Offenheit und die damit in Zusammenhang stehende offensivere Verarbeitung von Belastungen, Konflikten und Stressereignissen machen sie stabiler und widerstandsfähiger. Männer reagieren anders als Frauen auf Belastungen, verdrängen oft Kummer, Leid und Probleme und sind dadurch gefährdeter. Zudem wirkt sich geschlechtstypisches männliches Rollenverhalten, wie Aggressivität, extremes Leistungsbedürfnis, Macho- und gewalttätiges Verhalten, Rauchen und Alkoholgenuss, in gewissem Umfang selbstschädigend aus.

In einer dritten Theorie bezieht man sich vor allem auf die unterschiedlichen gesellschaftlichen Bedingungen, in denen Frauen und Männer leben: z. B. wurde in vergleichenden Untersuchungen der psychischen Gesundheit von unverheirateten und verheirateten Personen festgestellt, dass die Ehe die Erkrankungsgefährdung für Männer allgemein reduziert, während verheiratete Frauen kränker sind im Vergleich zu nicht verheirateten Frauen und verheirateten Männern (z. B. Böhm 1987).

Dass Ärzte und Psychologen bei der Diagnose und Behandlung von (körperlichen und seelischen) Krankheiten bei Frauen und Männern nicht frei von Rollenklischees und geschlechtsspezifischen Vorannahmen sind, wurde in einer Reihe von Untersuchungen dokumentiert. Zwar dominieren im deutschen Gesundheitssystem die Männer (knapp 80% der niedergelassenen Ärzte sind männlichen Geschlechts), doch konnte z. B. nachgewiesen werden, dass weibliche Ärzte noch häufiger als ihre männlichen Kollegen dazu neigen, bei Erkrankungen ihrer weiblichen Patienten psychogene (seelische) Ursachen zu unterstellen. Beispielsweise diagnostizierten Ärztinnen bei männlichen Patienten in 8% der Fälle den Kopfschmerz als psychogen, bei weiblichen Patienten jedoch in 36% der Fälle – männliche Ärzte machten keine Unterschiede bei der Diagnose von Kopfschmerz bei weiblichen und männlichen Patienten.

Psychische Gesundheit

Vorangehend wurde darauf hingewiesen, dass zahlreiche medizinische Statistiken belegen, dass in den westlichen Industriegesellschaften Frauen häufiger psychisch erkranken, häufiger psychotherapeutische Hilfe in Anspruch nehmen, häufiger Psychopharmaka verschrieben bekommen, häufiger in psychiatrische Institutionen eingeliefert werden und – im Überblick betrachtet – an anderen psychischen Störungen als Männer leiden (z. B. Schepank 1992). Trotzdem erscheint die Schlussfolgerung, dass Männer psychisch gesünder als Frauen sind, ungerechtfertigt, wenn man die folgenden Überlegungen und Forschungsergebnisse einbezieht. Das ihnen anerzogene weibliche Geschlechtsrollenverhalten veranlasst Frauen zu Selbstbeschreibungen, die von typisch männlichen Selbstbeschreibungen im Durchschnitt stark abweichen (Tabelle 14).

Einschränkend anzufügen ist, dass sich in den letzten Jahren eine Reihe von Geschlechtsunterschieden, die in der Vergangenheit mithilfe von Persönlichkeitsfragebögen nachgewiesen wurden, abzuschwächen scheinen. Im „Gießen-Test" (vgl. Beckmann et al. 1991) beschreiben sich Frauen durchschnittlich zwar noch als etwas depressiver, der Abstand zum männlichen Durchschnitt ist jedoch deutlich geringer geworden; im Hinblick auf das Persönlichkeitsmerkmal „Dominanz" ergibt sich gar kein Unterschied mehr.

Einleuchtend ist, dass psychische Gesundheit sehr stark davon abhängt, in welcher sozialen und persönlichen Situation man objektiv lebt (z. B. verheiratet/unverheiratet/ohne Partner, berufstätig/ nicht berufstätig/Hausfrau, mit Kindern/kinderlos) und sich subjektiv erlebt (z. B. Zufriedenheit mit der Partnerschaft/dem Beruf/der Kinderzahl und der gegenwärtigen Lebenssituation, Verfügbarkeit von Handlungsstrategien zur Bewältigung von kritischen Lebensereignissen). Nicht von der Hand zu weisen ist darüber hinaus die Überlegung, dass bestimmte Eigenschaften, Verhaltensweisen und

Tabelle 14: Selbstbeschreibungen von Frauen und Männern (nach Fahrenberg et al. 1973)

 Männer charakterisieren sich typischerweise als	 Frauen beschreiben sich dagegen typischerweise als
zuversichtlich, ausgeglichen, selbstbewusst, durchsetzungsfähig, unternehmungslustig, einsatzbereit und geben an, dass sie wenig körperliche Beschwerden, psychosomatische Störungen und Lampenfieber haben	etwas zurückhaltend, schüchtern, u. U. gehemmt, weniger zuversichtlich und selbstbewusst, leichter enttäuscht und verzagt, stimmungsmäßig etwas niedergedrückter und als etwas häufiger unter Beschwerden und psychosomatischen Störungen leidend

Einstellungen der psychischen Gesundheit eher nutzen, andere dagegen der Gesundheit eher abträglich sind. Dass Frauen häufiger an psychischen Störungen leiden, könnte somit darauf zurückzuführen sein, dass sie nicht im Besitz von bestimmten Persönlichkeitsmerkmalen sind, die zur Förderung der psychischen Gesundheit beitragen und über die viele Männer verfügen.

Beispielsweise dürften eine ganze Reihe von vom Geschlechtsrollen-Stereotyp her betrachteten „typisch männlichen" Eigenschaften, wie „ausgeglichen, stabil, entschlusskräftig, gelassen, kraftvoll, sachlich, realistisch, selbstbewusst, stark, reif, überlegen, unabhängig, unternehmungslustig, verantwortungsbewusst, zuverlässig, optimistisch" usw. der Förderung der psychischen Gesundheit zuträglicher sein als „typisch weibliche" Eigenschaften, wie „ängstlich, abhängig, leichtsinnig, launisch, reizbar, nervös, schwach, unentschlossen, unkritisch, irrational, unterwürfig, verträumt, weinerlich, zimperlich" usw. Dabei wird psychische Gesundheit in Anlehnung an einen Vorschlag von Becker (1982) definiert: Eine Person ist in dem Maße psychisch gesund, in dem es ihr gelingt, äußere und innere Anforderungen in wirksamer Weise zu bewältigen. Becker schlägt vor, den individuellen Gesundheitsgrad einer Person mithilfe von sieben Indikatorenbereichen, die unterschiedlichen Theorien zur psychischen Gesundheit entstammen, zu beurteilen (vgl. Becker/Minsel 1986): Die psychisch gesunde Person verfügt über ein hohes Selbstwertgefühl, Autonomie, Selbsttranszendenz, Leistungsfähigkeit und Produktivität, Expansivität, Antriebsstärke und eine schwerpunktmäßig positive Gefühlslage. Demgegenüber ist die psychisch weniger gesunde bzw. kranke Person zu charakterisieren durch geringes Selbstwertgefühl, Abhängigkeit, Selbstzentriertheit, Funktions- und Leistungsstörungen, Defensivität, Energiemangel und Antriebsschwäche sowie eine schwerpunktmäßig negative emotionale Befindlichkeit.

Tatsächlich wurde in Untersuchungen belegt, dass Personen mit vom Geschlechtsrollen-Stereotyp her als maskulin zu bezeichnenden Eigenschaften psychisch gesünder sind als Personen mit mehr femininen Eigenschaften. Dass es vor allem maskuline Eigenschaften sind, die der psychischen Gesundheit nützen, hängt natürlich damit zusammen, dass unser Kulturkreis patriarchalisch organisiert ist und sich in der Hauptsache an männlichen Werten orientiert. Natürlich muss dabei in Rechnung gestellt werden, dass in jüngerer Zeit eine zunehmende Pluralisierung und Liberalisierung der Werte zu verzeichnen ist, die z. B. auf extrem maskuline Männer einen gewissen Druck ausübt, ihr „Macho"-Verhalten abzuschwächen.

Depression – eine typische Frauenkrankheit

Frauen erkranken mehr als doppelt so oft wie Männer an Depression oder depressiven Verstimmungen. Von Medizinern werden häufig biologische Faktoren (hormonell bedingte Spannungen vor der Menstruation, Reaktionen auf die Einnahme der Anti-Baby-Pille, Wochenbettdepression nach der Entbindung) ins Spiel gebracht, um die dokumentierten Geschlechtsunterschiede zu erklären.

Soziologen und Sozialpsychologen bevorzugen eine rollentheoretische Erklärung: Frauen reagieren auf die Benachteiligungen (z. B. die Mehrfachbelastung durch Beruf, Haushalt und Familie) und Abwertungen, die ihnen widerfahren, mit negativen Selbstbewertungen und depressiven Verstimmungen.

Sozialisationsforscher und Entwicklungspsychologen weisen auf Erziehungs- und Lernprozesse hin, um die höhere Depressionsrate bei Frauen zu erklären. Schon in Kindheit und Jugend bilden Frauen eine Erwartungshaltung aus, die es ihnen z. B. nicht erlaubt, für

Misserfolge – wie viele Männer – andere verantwortlich zu machen. Frauen reagieren stattdessen mit Selbstbeschuldigungen, Hilflosigkeit oder irrationalen Deutungen; ihr Horizont an positiven Erwartungen ist insgesamt eingeengter, weil sie von früh an lernen mussten, ihre Antriebe und spontanen Impulse zu unterdrücken. Dass die traditionelle weibliche Geschlechtsrolle geradezu zugeschnitten ist auf das Krankheitsbild der Depression, wird nicht in Abrede gestellt. Mit der traditionellen männlichen Geschlechtsrolle im Einklang stehen aggressive, nach außen gerichtete Verhaltensstörungen (Amokläufer!), während Frauen traditionellerweise die Aggression gegen die eigene Person richten – ein Vorgang, der ursächlich Depressionen auslösen kann. Als Schutzfaktoren, die das Depressionsrisiko bei Frauen mindern, gelten

1. Berufstätigkeit (die mit Ansehen und Abwechslung verbunden ist),
2. tragfähige Partnerbeziehungen,
3. tragfähige Mutter-Kind-Beziehungen,
4. ausreichende finanzielle und materielle Ressourcen,
5. mittleres oder gehobenes Schulbildungsniveau,
6. liberale Geschlechtsrollenorientierung,
7. positive Rückmeldungen (Anerkennung) für Leistung und Erfolg,
8. stabiles Selbstwertgefühl.

Dementsprechend wurden als Risikofaktoren, die das Depressionsrisiko bei Frauen erhöhen, identifiziert:

1. Nichtvorhandene Berufstätigkeit (oder Tätigkeit in einem wenig angesehenen, keine persönliche Befriedigung verschaffenden Berufsfeld),
2. unsichere, problematische Partnerbeziehungen,
3. unsichere, spannungsreiche Mutter-Kind-Beziehungen,
4. eingeschränkte finanzielle und materielle Ressourcen,
5. niedriges Schulbildungsniveau,
6. traditionelle Geschlechtsrollenorientierung,
7. fehlende Rückmeldungen für Leistung und Erfolg,
8. labiles Selbstwertgefühl und
9. lebensphasenspezifische hormonale Veränderungen, z. B. durch Absinken des Östrogenspiegels vor der Menstruation, nach der Geburt (Wochenbett-Depression!) und im Klimakterium.

Einfühlung: Männer tun sich schwerer

Das Geschlechtsrollenstereotyp besagt, dass Frauen emotional ansprechbarer sind, gefühlsbetonter und gefühlsbezogener reagieren und mehr Einfühlungsvermögen besitzen als Männer. In neuerer Zeit wurden eine Reihe von Forschungsbefunden vorgelegt, die eine zumindest teilweise Gültigkeit dieses Geschlechtsrollenklischees wahrscheinlich machen. In einer Untersuchungsreihe sollten Frauen und Männer (im Alter von 20 bis 50 Jahren) einen glücklichen bzw. traurigen Gesichtsausdruck von weiblichen/männlichen Schauspielern erkennen. Ergebnis: Frauen und Männer erkannten annähernd gleich gut (Frauen zu 100%, Männer zu 98%) einen glücklichen Gesichtsausdruck. Bei der Identifikation einer unglücklichen Mimik taten sich Männer schwerer als Frauen: Nur 70% beurteilten ein Trauer ausdrückendes Frauengesicht zutreffend. Das Forscherehepaar Raquel und Ruben Gur, von dem die Untersuchung durchgeführt wurde, erklärt den nachgewiesenen Geschlechtsunterschied unter Heranziehung evolutionstheoretischer Überlegungen. Im prähistorischen Kampf ums Überleben war es für die männlichen Individuen existenziell notwendig, die Mimik ihrer Geschlechtsgenossen und Rivalen blitzschnell richtig zu erkennen und möglichst keine Anzeichen von Bedrohung oder Angriff zu übersehen. Die unzutreffende Deutung des Gesichtsausdrucks einer Frau war demgegenüber mit weniger hohen Folgekosten und geringeren negativen Konsequenzen verbunden. Das Ehepaar Gur konnte in seinen Studien auch nachweisen, dass es Frauen leichter fällt als Männern, sich in die Lage anderer zu versetzen und deren emotionale Befindlichkeit nachzuvollziehen. Messungen mithilfe eines Positronen-Emissions-Tomographen, eines neu entwickelten Messgerätes, welches den Hirnstoffwechsel sichtbar macht, belegten, dass Frauengehirne weniger hart arbeiten, um die Stimmungslage anderer Menschen zu erfühlen.

In diesem Zusammenhang erwähnenswert ist ein Ergebnis der Studien des US-Psychiaters Mark George, der sich mit der Erforschung der Ursachen depressiver Erkrankungen beschäftigte. George bat seine Probanden, sich zurückzuerinnern an ein vergangenes, erschütterndes Ereignis (Tod einer nahen Bezugsperson oder Trennung von einer solchen). Mithilfe der Positronen-Emissions-Messung konnte gezeigt werden, dass bei männlichen und weiblichen Probanden während der Rückerinnerungsphase die Frontpartie des limbischen Systems, einer Stammregion, die vor allem für Gefühle zuständig ist, besonders aktiviert war. Bei Frauen war der aktivierte Bereich achtmal größer als bei Männern. Dieses über-raschende Ergebnis wird in Verbindung gebracht mit der Tatsache, dass Frauen wesentlich häufiger als Männer unter Depressions-erkrankungen leiden.

Matriarchat und Patriarchat

In Anthropologie und Völkerkunde wird häufig davon ausgegangen, dass mutterrechtlich organisierte Gesellschafts- und Familienformen vaterrechtlich organisierten vorangegangen sind. Wichtigster Grund dafür, dass sich zunächst mutterrechtlich organisierte Gruppen des Homo sapiens an verschiedenen Orten auf der Erde ausbreiteten, dürfte die Tatsache gewesen sein, dass die biologischen Grundlagen der Vaterschaft noch nicht erkannt worden waren. Ob in mutter-rechtlich organisierten Gruppen Frauen einen höheren Status als Männer besaßen, wie zuweilen besonders von Feministinnen auf der Grundlage der Deutung prähistorischer Funde (z. B. Muttergott-heiten), die sich vor allem in und im Umfeld von Höhlen gefunden haben, behauptet wird, ist unsicher. Wahrscheinlich müssen zur Matrilinearität (die Nachkommen werden verwandtschaftlich der Mutter zugeordnet) weitere Faktoren hinzukommen, wie Matriloka-lität (die Nachkommen nehmen ihre Wohnung bei der Mutter) und Matrifokalität (Betonung des Stellenwertes der Mutter-Kind- und Geschwisterbeziehung, nachrangige Bedeutung der Mann-Frau-Beziehung), um eine Gesellschaftsform zu ermöglichen, in der Frauen über Männer dominieren. Wahrscheinlich ist, dass viele Jahr-tausende lang, während der Gesellschaftsform der Jäger und Samm-ler, kein Geschlecht über das andere dominierte, sondern dass sich – in Abhängigkeit von den klimatischen und geographischen Gege-benheiten, arbeitsteilige Organisationsformen zwischen Frauen und Männern herausbildeten. In kälteren Regionen dürften die Männer als Fischer und Jäger den größeren Teil an Nahrung herbeigeschafft haben, in wärmeren Gebieten dagegen die Frauen als Sammlerinnen und Feldbestellerinnen, die ihre Kinder auf dem Rücken mit zur Arbeit nehmen konnten. Dafür sprechen auch die folgenden Überle-gungen: Die biologischen Voraussetzungen, Kinder zu gebären und zu stillen, finden sich nur beim weiblichen Geschlecht. Das weniger ortsgebundene männliche Geschlecht war zuständig für Unterneh-mungen außerhalb der schützenden Höhlen, z. B. auch für die Jagd und den Fischfang. Ob sich die kräftigere Muskulatur der Männer erst dadurch ausbildete (und genetisch verankerte), dass sie sich über lange Jahrzehntausende als Jäger und Fischer bewähren mussten, und ob auch der höhere Androgenspiegel im Hormonhaushalt der Männer, der aggressives Verhalten möglicherweise begünstigt, damit in Verbindung gebracht werden kann, muss – als nahe liegende, aber unbewiesene Vermutung – dahingestellt bleiben.

Nicht anzuzweifeln ist, dass der räumliche Aktionsradius der Frauen – bedingt durch ihre Mutteraufgaben – zumeist enger und begrenzter war als der der Männer. Weitgehend Einigkeit besteht darüber, dass mit dem Übergang von den Jäger- und Sammlergemeinschaften zur Gesellschaftsform der Ackerbauer und Viehzüchter die Position der Frau zunehmend an Wert verlor.

Der Verlust an Status für die Frau während der Übergangsepoche könnte damit zusammenhängen, dass die Schaffung von Eigentum (Ackerland und Nutzvieh) und (wertvollen) Vorräten die Frage nach der leiblichen und sozialen Verwandtschaft immer wichtiger machte. Die (möglicherweise hormonal gestützte) größere Aggressionsbereitschaft des Mannes machte es ihm möglich, sich eine immer dominantere Rolle anzueignen: Zuständig für die Verteidigung des Eigentums gegenüber Eindringlingen waren die Männer wahrscheinlich zunehmend interessierter daran, ihre Altersversorgung durch eigene Kinder abzusichern und vaterrechtlich zu verankern.

Wieso aber kam es zu einer Unterordnung, ja Unterwerfung der Frauen unter das männliche Wertesystem und damit zur Schaffung der patriarchalen Gesellschaftsformen? Die allmähliche Etablierung von vaterrechtlich (patrilinear und patrilokal) strukturierten Gruppen durch die Männer führte zu einer immer stärkeren Abwertung der Position der Frauen. Deren Nachkommen waren nur noch mit dem Vater verwandt, wohnten mit ihm – wie auch die Frauen – zusammen, welche – weil untereinander nicht mehr verwandt – sich nicht mehr miteinander solidarisieren konnten. Den Frauen fehlte nun die gemeinsame verwandtschaftliche Bindung, sie hatten keine Einflüsse mehr im politisch-rechtlichen Bereich und waren auch in wirtschaftlicher Hinsicht entmündigt; sie fanden sich reduziert auf den häuslichen Bereich und die Kinderaufzucht. In dieser ohnmächtigen Situation blieb ihnen nichts anderes übrig, als die Überlegenheit der Männer anzuerkennen und damit die eigene Minderwertigkeit zu akzeptieren.

In den folgenden Jahrtausenden hat sich die Lage der Frauen, insbesondere während der patriarchalen Herrschaftsformen in Antike und Mittelalter, weiter negativ verfestigt.

Erst in den letzten beiden Jahrhunderten sind mit der zunehmenden Industrialisierung gewisse Veränderungen im Verhältnis der Geschlechter zueinander zu registrieren. Die Industrialisierung brachte nicht nur einen Wertewandel mit sich (Produktivität und Konsum haben beträchtlich an Gewicht gewonnen und sind zu zentralen Wertkategorien geworden!), sondern leistete auch dem Zerfall der patriarchal organisierten Großfamilie und der zunehmenden Verbreitung der mobilen Kleinfamilie Vorschub.

Ob sich dadurch, dass in der modernen Industriegesellschaft immer mehr Frauen in Wirtschaft, Politik und Kultur „ihren Mann" stehen, zwischen den Geschlechtern in den kommenden Jahrzehnten ein gleichberechtigteres Verhältnis entwickeln wird, bleibt abzuwarten.

Zusammenfassende Übersicht

In Tabelle 15 sind die wichtigsten Entwicklungsaufgaben und Themen, die sich im jüngeren Erwachsenenalter stellen, noch einmal aufgeführt.

Tabelle 15: Entwicklungsaufgaben und thematisch bedeutsame Zusammenhänge im jüngeren Erwachsenenalter (20–39 Jahre)

Themen	Frauen	Männer
1. Entwicklungsaufgabe: Partnerwahl	pragmatischere, realistischere Orientierung	romantischere Orientierung
2. Entwicklungsaufgabe: Partnerschaft	größere Intimitäts- und wechselseitige Abhängigkeitswünsche	größeres Unabhängigkeits- u. Autonomiebestreben (Angst vor zu großer Intimität)
– Partnerschaftsverlauf	Haltung der Frau bedeutsamer	Haltung des Mannes weniger bedeutsam

Fortsetzung von Tabelle 15

Themen	Frauen	Männer
– Kinderwunsch	zunehmend bis ca. 35 Jahre, dann tendenzielles Absinken	zunehmend im Verlaufe des jüngeren Erwachsenenalters
– Geburt des ersten Kindes	zunehmend traditionellere Geschlechtsrolle (Doppel- u. Dreifach-belastung)	dito (geringere Belastungen durch Kind und Haushalt)
3. Entwicklungs-aufgabe: Elternschaft/ Kinderbetreuung	Hauptverantwortung u. Hauptversorgung	Sekundäraufgaben (Spielkamerad und Anreger für das Kind)
4. Berufsbezogene Entwicklungs-aufgaben:	oft kürzer und weniger qualifiziert	oft länger und qualifizierter
– Berufsausbildung	oft weniger qualifiziert	oft qualifizierter
– Berufsabschluss, Berufslaufbahn	Diskriminierungen, schlechtere Bezahlung, Karriere oft nicht mittelpunkthaft	wenige Diskriminierungen, Karriere oft im Mittelpunkt
– Vorgaben für die außerfamiliale Kinderbetreuung	muss vom Staat und Arbeitgeber sichergestellt werden, nicht mehr nur überwiegend durch Privatinitiative gelöst werden	muss vom Staat und Arbeitgeber sichergestellt werden, nicht mehr nur überwiegend durch Privatinitiative gelöst werden
Vorgaben für die Familienpolitik	Aufwertung der Rolle der Hausfrau	Aufwertung der Rolle des Hausmanns
Vorgaben für die Arbeitgeber	Gleichbezahlung und Gleichbehandlung	Forderung nach Wohnortwechsel ggf. vermeiden

Fortsetzung von Tabelle 15

Themen	Frauen	Männer
Emotionalität	Verschmelzungs-wünsche	Abgrenzungswünsche
Elternrolle	Übernahme der traditionellen Mutter-rolle verläuft i. d. R. unproblematisch; aber Probleme durch zusätzliche Belastungen (Beruf, Haushalt)	Schwierigkeiten bei der Ausübung der „neuen" Vater-Rolle, weil die eigene Erziehung konträr lief
(psychische) Krankheiten	Depression, Eßstörungen, hysterische Erscheinungsformen	Soziopathie, Schizoidie, Aggressivität/ Explosivität
Konfliktlösungs-formen (empfehlenswerte Konfliktlösungs-strategie: nicht Gleichheit, sondern Fairness)	mehr Verständnis (und Nähe) geben, sich selbst zurücknehmen	sich abgrenzen und zurückziehen, aggressives Sichdurchsetzen
moralische Orientierung	an zwischen-menschlicher Übereinstimmung und Situationsangemessen-heit	an Recht, Gesetz und allgemeinen Verpflichtungen
Scheidung	häufiger von der Frau initiiert	seltener vom Mann initiiert
Nachscheidungs-phase	materiell-ökonomische Probleme	emotional-zwischenmenschliche Krisen und Probleme

Fortsetzung von Tabelle 15

Themen	Frauen	Männer
anstrebenswerte, „ideale" partnerschaftliche Ziele in der Kinderbetreuung	sich zurücknehmen, um dem Partner Erlernen der Versorgerrolle zu ermöglichen (unbewusster Wunsch, den Partner wenigstens in der Kinderversorgung zu übertreffen)	sich nicht unzulänglich fühlen, wenn die Partnerin die Versorgungsaufgaben besser schafft (das Baby nicht als Konkurrent um die Zuwendung der Partnerin erleben)
Freizeitbeschäftigungen	soziale Kontakte, musische Interessen (Kunst, Literatur, Musik)	sachbezogene Interessen (Naturwissenschaften, Technik); Sport, Wettkampf, Konkurrenzspiele
typische Reihenfolge der Entwicklungsaufgaben	erst Intimität, dann Identitätsaufbau	erst Abgrenzung und Identitätsfindung, dann Nähe und Intimität
(therapeutische) Entwicklungsziele	Zulassen und Integrieren der maskulinen Persönlichkeitsanteile	Zulassen und Integrieren der femininen Anteile
Familienformen, die vom einen bzw. vom anderen Geschlecht bevorzugt werden bzw. häufiger gelebt werden	– Zwei-Karrieren-Partnerschaft – Single- bzw. Ein-Personen-Haushalt (regional und von Land zu Land verschieden) – geschieden mit Kindern, keine Wiederheirat	– traditionelle Kernfamilie mit Kindern (Frau nicht berufstätig) – Stiefvater- und/oder „Patchwork"familie

8 Mittleres Erwachsenenalter (40–65 Jahre)

Aspekte des Älterwerdens

Als mittleres Erwachsenenalter werden im Folgenden die an das junge Erwachsenenalter anschließenden zwei bis zweieinhalb Lebensjahrzehnte bis zum Ausscheiden aus dem Beruf bezeichnet. Im Überblick betrachtet fällt auf, dass für das mittlere und spätere Erwachsenenalter (alle über 65-Jährigen) insgesamt weniger Forschungsbefunde – was Geschlechtsunterschiede betrifft – vorgelegt wurden. Erst seit ungefähr 25 Jahren rücken die „mittlere Generation" und die „Senioren" zunehmend häufiger in den Mittelpunkt wissenschaftlicher Untersuchungen.

Für Frauen beginnt das Älterwerden früher

Die hier zugrunde gelegte Phaseneinteilung wurde aus praktischen Gründen gewählt und entspricht nicht der subjektiven Strukturierung der Lebensspanne: Eine in Deutschland durchgeführte repräsentative Erhebung (Piel 1989) erbrachte, dass für die Mehrheit der Befragten als „älterer Mensch" eine Frau ab ungefähr 50 Jahren und ein Mann ab ungefähr 54 Jahren gilt. Das heißt, dass von der Mehrheit der Bevölkerung (übrigens auch in den USA) Alter und Älterwerden in Abhängigkeit vom Geschlecht beurteilt werden: In der Wahrnehmung der meisten Menschen altern Frauen früher (und verlieren an „Attraktivität"), sie haben aber im Durchschnitt eine deutlich höhere Lebenserwartung als Männer (79 gegenüber 72 Jahre!), für die „graue Schläfen" oft ein Gewinn sind: Ein ähnliches Paradoxon, wie das weiter oben beschriebene (männliche Kleinkinder werden so behandelt, als wären sie robuster und kräftiger, als die biologisch reiferen, weniger krankheitsanfälligen, weiblichen Kleinkinder).

Warum werden Frauen älter als Männer?

Eine Reihe von Faktoren müssen in Erwägung gezogen werden, um die durchschnittlich 6–7 Jahre kürzere Lebenserwartung von Männern in Westeuropa verständlich zu machen (Klotz 1998).

1. Das stärkere Körperbewusstsein der Frauen, die zum Arzt gehen, wenn sie Beschwerden verspüren; Männer dagegen schieben Arztbesuche häufig so lange hinaus, bis die Krankheit fortgeschritten und nicht mehr zu heilen ist. Besonders vom traditionellen Geschlechtsrollenstereotyp geprägte Männer neigen dazu, ihre Körpersignale zu ignorieren („ein richtiger Mann beißt die Zähne zusammen und kennt keinen Schmerz").

2. Männer ignorieren daher auch oft ihre Wechseljahre, die Zeit der „Andropause", während der sich nicht nur ihr Androgenspiegel, sondern die gesamten physischen und psychischen Kräfte reduzieren. Viele übernehmen sich im Beruf und Herzinfarkte und andere lebensgefährliche Erkrankungen sind vorprogrammiert.

3. Männer ernähren sich ungesünder als Frauen: Sie essen mehr als doppelt so viel Fleisch und Wurstwaren wie Frauen, aber 20% weniger Obst und Gemüse (der Verzehr von letzteren verlangsamt den körperlichen Verschleiß, denn die im Obst und Gemüse enthaltenen Vitamine C und E machen bestimmte Zellgifte, die so genannten freien Radikale, unschädlich). Darüber hinaus sind Männer häufiger übergewichtig und konsumieren mehr Alkohol und Nikotin.

4. Frauen sind auch auf Grund ihrer Geschlechtschromosomen im Vorteil: Bei ihnen veranlasst das zweite X-Chromosom eine Kodierung von Eiweißstoffen, welche ebenfalls die freien Radikale neutralisieren. Außerdem sind hin und wieder auftretende ungünstige Mutationen im X-Chromosom für Frauen (der nachfolgenden Generationen) „nur" rezessiv wirksam, für Männer jedoch dominant.

5. Die hormonelle Situation benachteiligt Männer: Östrogene, also weibliche Hormone, schützen vor Gefäßerkrankungen und Knochenschwund (Osteoporose) und stärken die Immunabwehr, schützen Frauen also besser vor Infektionen, Androgene, insbe-

sondere das männliche Geschlechtshormon Testosteron, dagegen tragen zur Blutdruckerhöhung bei und lassen die Blutgefäße schneller altern.

6. Aus Sicht der Verhaltensbiologie ist der Mann im Laufe der Evolution auf kurzfristige Höchstleistungen und Risikobereitschaft programmiert worden – und diese Programme fordern ihren Preis, zumal sie in unserer Leistungsgesellschaft permanent abgerufen werden müssen. Die Frau dagegen ist auf Dauerhaftigkeit und Kontinuität hin programmiert, Eigenschaften, die sie benötigt, um ihren Nachwuchs aufzuziehen. Nicht ohne Grund hat die Natur die Wechseljahre erfunden: So wird garantiert, dass die Frau nur so lange Kinder bekommt, wie sicher gestellt ist, dass sie diese bis sie wirklich „flügge" sind, also bis ins Teenageralter, betreuen und versorgen kann.

Wie aus der nach Angaben des Statistischen Bundesamtes (2001) zusammengestellten Tabelle 17 zu entnehmen ist, leben in Deutschland viereinhalbmal so viele verwitwete Frauen wie Männer (im Alter von 40–65 Jahren): In diesem Altersabschnitt sterben wesentlich mehr Männer als Frauen an geschlechtsspezifischen, häufig berufsbedingten Stress- und Verschleißkrankheiten. Diese Tatsache (über 750.000 mehr Witwen als Witwer) wirkt sich vor allem auf die Zahl der verheirateten Frauen aus (über 400.000 weniger als verheiratete Männer). Der größeren Zahl geschiedener Frauen (gut 100.000 mehr als geschiedene Männer) steht eine größere Zahl lediger Männer (gut 600.000 mehr als ledige Frauen) gegenüber: Die Chancen auf dem „Heiratsmarkt" für geschiedene Frauen in dieser Altersgruppe, einen Mann für eine zweite Ehe zu finden, sind also günstig.

Überproportionaler Anstieg weiblicher Singles

Erwähnenswert ist, dass in den letzten Jahrzehnten die Zahl der ledigen, allein lebenden Frauen im Verhältnis zu den ledigen Männern deutlicher zugenommen hat. Diese Tatsache hängt vermutlich mit dem stattgefundenen Geschlechtsrollenwandel zusammen, der es mit sich brachte, dass Frauen heute mit mehr Eigenständigkeit und Selbstbewusstsein ihre privaten Lebensverhältnisse gestalten: Sie heiraten immer seltener, „nur weil ein Kind unterwegs ist" (ledige allein erziehende Mütter erfahren heute weniger Diskrimination als vor

Tabelle 16: Frauen und Männer zwischen 40 und 65 Jahren (Aufgliederung nach dem Familienstand; Statistisches Bundesamt 2001)

Alters-gruppe	ledige Männer (in 1000)	ledige Frauen (in 1000)	verheiratete Männer (in 1000)	verheiratete Frauen (in 1000)
40–45	578,3	326,7	2246,0	2295,2
45–50	357,8	209,9	2151,1	2156,7
50–55	213,5	123,0	1832,7	1763,9
55–60	171,3	128,9	2187,0	2042,6
60–65	89,3	142,2	2242,8	1995,1
Summe	1410,2	930,7	10659,6	10254,5

Alters-gruppe	verwitwete Männer (in 1000)	verwitwete Frauen (in 1000)	geschiedene Männer (in 1000)	geschiedene Frauen (in 1000)
40–45	16,5	59,8	337,3	353,8
45–50	25,1	97,0	317,1	346,1
50–55	33,1	131,8	247,0	270,4
55–60	67,1	260,5	246,3	282,7
60–65	108,6	459,0	182,6	228,2
Summe	250,4	1008,1	1330,3	1481,2

Alter	Männer (in Mill.)	Frauen (in Mill.)
40–65	13,650	13,675

2–3 Jahrzehnten); sie entscheiden sich immer häufiger gegen eine einengende Ehe nach traditionellem Muster, die eine berufliche Selbstverwirklichung verhindert; sie bekennen sich immer öfter zu einer gleichgeschlechtlichen Partnerschaft. Dass die absolute Zahl der ledigen Männer die der ledigen Frauen trotzdem übertrifft, ist möglicherweise auf das Faktum zurückzuführen, dass es mehr schwule Männer als lesbische Frauen gibt (Schätzungen gehen davon aus, dass in Deutschland 2- bis 3-mal so viele Homosexuelle männlichen Geschlechts leben).

Entwicklungsaufgaben im mittleren Erwachsenenalter

Für das mittlere Erwachsenenalter stellen sich im Anschluss an Erikson (1973) und Andrews (1983) vier umfassende Entwicklungsaufgaben, die von den beiden Geschlechtern auf unterschiedliche Weise bewältigt werden:

1. Partnerschaftsbezogene Entwicklungsaufgaben (Umgehen mit sich wandelnden Geschlechtsrollen),
2. elternschaftsbezogene Entwicklungsaufgaben (Abnabelung der flügge gewordenen Kinder und Verbundenbleiben mit ihnen),
3. Versorgung und Betreuung der eigenen alten Eltern und
4. Kontakt- und Beziehungsgestaltung zum sozialen Umfeld.

Partnerschaftsbezogene Entwicklungsaufgaben: Die „Krise der Männlichkeit"

Einige Autoren (z. B. Hollstein 1992) sprechen von einer „Krise der Männlichkeit" – herbeigeführt durch den immer weiter um sich greifenden Geschlechtsrollenwandel: Viele in traditioneller Geschlechtsrollenerziehung „groß und stark" gewordene Männer schaffen es nicht, sich auf die veränderten Wünsche und Erwartungen ihrer Partnerinnen einzustellen. Weil sie es nicht gelernt haben, ihre Gefühle zu zeigen, besonders wenn es sich um zarte, widersprüchliche, „unmännliche" Emotionen handelt, wehren sie die weiblichen Wünsche nach mehr Nähe, Intimität und Tiefe ab. Weil sie Angst haben vor den weichen und weiblichen Anteilen ihrer Persönlichkeit und sich davor fürchten, auf andere Männer anziehend zu wirken, flüchten sie sich in starres, maskenhaftes und unpersönliches Verhalten. (Diese Angst nennt man auch „Homophobie", die Angst für schwul gehalten zu werden.) Sie unterbinden damit alle intensiveren Kontakte und tiefergehenden Beziehungen und isolieren sich gleichsam selbst. Weil sie die eigene Sexualität von Emotionalität und Zärtlichkeit abspalten und nur ihre Dominanz- und Leistungsbedürfnisse ausleben, werden sie zu Opfern ihrer Kontroll- und Erfolgsorientierung.

Wenn sie sich in ihrem Drang nach Erfolg und Leistung gefühlsmäßig immer mehr von ihren Frauen und heranwachsenden Kindern enfernen, kommt es nicht selten zum endgültigen Bruch und zur Trennung.

Scheidungsgründe für Frauen

Frauen reichen auch in diesem Lebensabschnitt, zu einem Zeitpunkt also, an dem die Kinder „aus dem gröbsten heraus" oder sogar schon flügge geworden sind, häufiger die Scheidung ein als Männer. Es ist zu vermuten, dass ihre frustrierten Bedürfnisse nach mehr Nähe und Intimität in der ehelichen Beziehung oft den Ausschlag geben bei ihrer Entscheidung, sich vom Partner zu trennen, obwohl sie sich dadurch in der Regel finanziell und materiell verschlechtern.

Nicht selten verlässt die enttäuschte Frau den Partner auch dann, wenn dieser sich eine wesentlich jüngere, attraktive Gespielin sucht, die bereit ist, auf dessen Bedürfnisse nach Sex und männlicher Dominanz einzugehen.

Die Verallgemeinerbarkeit dieser Fakten, die in einer Reihe von Scheidungsstudien zutage gefördert wurden, muss dahingestellt bleiben. Wahrscheinlich spielen auch noch andere Gründe als die Frustration der Frauen über intimitätsunfähige Männer eine Rolle, wenn es im mittleren Erwachsenenalter zu Partnerschaftskrisen kommt. Diese Gründe sind jedoch weniger geschlechtsspezifisch und können daher im vorliegenden Zusammenhang vernachlässigt werden.

Voraussetzungen für partnerschaftliche Zufriedenheit

Die dramatisch angestiegenen Scheidungsquoten in den USA führten dazu, dass sich in den 70er und 80er Jahren immer mehr Wissenschaftler mit der Erforschung der Scheidungsursachen befassten. In einer Reihe von Studien konnte untermauert werden, dass eine weitgehende Übereinstimmung der Partner im Hinblick auf ihre Geschlechtsrollenorientierung eine wichtige Voraussetzung für eine gute Ehequalität darstellt. Für Partnerschaften, in denen der Mann eine traditionelle und die Frau eine liberalere, moderne Geschlechtsrollenorientierung einnahmen, wurde die schlechteste Ehequalität dokumentiert.

Es fanden sich Anhaltspunkte dafür, dass partnerschaftliche Anpassung und Zufriedenheit mit der Beziehung bei Frauen durch das Zusammenwirken anderer Faktoren als bei Männern erklärt werden muss. Bei Männern scheinen im typischen Fall „äußere" Faktoren, z. B. beruflicher Erfolg, Anerkennung, gesichertes Einkommen, bei Frauen dagegen typischerweise häufiger „innere" Faktoren, z. B.

Akzeptanz der bestehenden Aufgabenverteilung und persönlichen Situation, im Vordergrund stehen. Im Einklang mit diesem Forschungsergebnis steht die Beobachtung, dass sowohl nichtberufstätige Hausfrauen als auch Vollzeit (oder Teilzeit) erwerbstätige, doppeltbelastete Frauen, wenn sie mit ihrer Situation zufrieden sind, eine harmonische Beziehung zu ihrem Partner unterhalten – entscheidend ist ihre innere Einstellung.

Doppelt verdienende Ehepaare: Der Mann will seine Extrawurst

Eine Besonderheit fand sich bei kinderlosen, doppeltverdienenden Ehepaaren, die im Fachjargon als „dual-career couples" (2-Karrieren-Paare) bezeichnet werden: Für die Frauen bei solchen Paaren wurde die höchste partnerschaftliche Zufriedenheit gefunden, wenn sie auch in beruflicher Hinsicht zufrieden waren. Bei den Männern, für die relativ häufig eine konservative Geschlechtsrollenorientierung charakteristisch war, korrelierte partnerschaftliche Zufriedenheit mit Anteilnahme der Partnerin an ihrer Karriere. Die Beziehung lief also aus männlicher Sicht dann am harmonischsten, wenn die Partnerinnen sich – in welcher Form auch immer – interessierten und engagierten für die Karriere und den Berufserfolg ihrer Männer (Ray 1988).

Elternschaftsbezogene Entwicklungsaufgaben: Die Kinder selbständig werden lassen

Mütter in Familien mit traditioneller geschlechtsspezifischer Aufgabenverteilung haben emotional wesentlich größere Schwierigkeiten, ihre herangewachsenen Kinder abzunabeln als ihre Partner, aber auch als Mütter in „moderneren" Familien mit liberaler Geschlechtsrollenorientierung. Eine entscheidende Rolle spielt dabei die Berufstätigkeit: Frauen, die bereits wieder (wenn auch nur teilzeit) berufstätig sind, tun sich leichter, ihre Kinder gefühlsmäßig loszulassen und unterstützen deren Bemühungen, sich auf die eigenen Beine zu stellen stärker. Demgegenüber fällt es „Nur-Familien-Frauen" schwerer, den Kindern innere und äußere Freiräume zu geben – sie durchleben zuweilen eine Identitätskrise, eine Phase der Sinnentleerung und Hoffnungslosigkeit, angesichts des leeren Familiennests und der entbehrbar gewordenen Mutterliebe.

Besonders innige Beziehungen wurden zwischen Müttern und Töchtern dokumentiert: Komplikationen bei der wechselseitigen Ablösung sind besonders dann zu erwarten, wenn äußere Anforderungen, z. B. berufs- oder studiumbedingter Wohnortwechsel, die Bewältigungskapazität der Beteiligten überbeanspruchen. Phasen depressiver Verstimmung und lang anhaltende Trauerarbeit sind vorprogrammiert.

Bei der Mehrzahl der Frauen überwiegen heutzutage zwiespältige Gefühle: Erleichterung über das Wegfallen von Fürsorge- und Erziehungspflichten, Hoffnung auf einen Neubeginn in der Partnerschaft, im Beruf und in der eigenen Selbstverwirklichung, Trauer über den Verlust und die leerer gewordene Wohnung.

Veränderungen in der Vaterrolle: Noch einmal mit Gefühl

Traditionell orientierte Väter bewältigen die Ablösungsphase ihrer Kinder souverän. Sie handeln nach dem Motto „Wie's drinnen ausschaut, geht niemanden etwas an", stellen ihren Sprösslingen ihr Know-how und ihre Tatkraft zur Verfügung und sind ihnen bei berufslaufbahnbezogenen Planungen und Entscheidungen behilflich.

„Modernere" Väter, die sich als echte Partner ihrer Frauen im Erziehungs- und Betreuungsalltag engagiert hatten, durchleben nicht selten eine Phase der Verunsicherung. Sie leiden darunter, dass sie als Vorbilder und Experten für schwierige Fragen nicht mehr gebraucht werden und spüren gleichzeitig, dass sie innerlich am Ball bleiben müssen, damit sich die Heranwachsenden nicht zu schnell entfernen.

Auf die Verantwortung der Väter in einer Zeit der sich wandelnden Geschlechtsrollen als Bezugs- und Identifikationsfigur für ihre Söhne (und Töchter) weisen vor allem Psychiater hin (z. B. Lempp 1989). Aus psychoanalytischer Sicht kommt es zu einer dem Ödipuskomplex vergleichbaren Konstellation in der späten Adoleszenz im Zusammenhang mit der endgültigen Ablösung der Jugendlichen von den Eltern. Die Angleichung der männlichen und weiblichen Geschlechtsrollen bringt es mit sich, dass Väter nicht mehr nur instrumentell und verstandesmäßig am Abnabelungsprozess beteiligt sind, sondern ähnliche emotionale Zwiespältigkeiten erleben wie ihre Partnerinnen. Sie fühlen sich innerlich zerrissen, wenn sie – auf der einen Seite – einsehen, dass ihre Kinder eigenständige Erfahrungen machen müssen und Freiräume brauchen, um sich abzunabeln und – auf der anderen Seite – das Bedürfnis haben, helfend einzugreifen und den Heranwachsenden mit Rat und Tat zur Seite zu stehen.

Großmutter- und Großvater-Enkel-Beziehungen: Frauen schöpfen mehr Befriedigung daraus

Unabhängig davon, ob die Ablösung – aus Sicht der Betroffenen – als gelungen oder misslungen bezeichnet werden kann, wird durch die Geburt eines Enkelkindes die Bewältigungskompetenz der frischgebackenen Großeltern erneut auf eine Bewährungsprobe gestellt. Einige wenige Hinweise aus US-amerikanischen Untersuchungen (z. B. Thomas 1989) sprechen dafür, dass Großmütter insgesamt größere Befriedigung bei der Wahrnehmung ihrer großelterlichen Aufgaben erleben als Großväter. Diesen geht es gut bei der Vorstellung, dass die Familie sich vergrößert hat, und sie fühlen sich wohl, wenn sie das Enkelkind verwöhnen können. Zu vermuten ist, dass dieses Forschungsergebnis vor allem auf traditionell orientierte Großelternpaare zutrifft.

Verweigerung der Elternrolle: Gewollt kinderlose Frauen und Männer

Kinderlosigkeit wurde in der Vergangenheit angesichts der nach wie vor gültigen gesellschaftlichen Norm, nach der jeder gesunde erwachsene Mensch Kinder haben sollte, von Medizinern und Sozialwissenschaftlern als Makel und krankhafter, negative Auswirkungen mit sich bringender Zustand betrachtet. Für den bekannten Sozial- und Entwicklungspsychologen Erik H. Erikson beispielsweise war „Generativität" (Zeugungskraft und Nachkommenversorgung) die zentrale Entwicklungsaufgabe im Erwachsenenalter, deren Nichtbewältigung zwangsläufig „Stagnation" (Stillstand) in der Persönlichkeitsentwicklung mit sich bringen würde.

Zeitgenössische Wissenschaftler bemühen sich um einen weniger wertenden Zugang zum Phänomen der – aus welchen Beweggründen auch immer – gewollten Kinderlosigkeit (z. B. Halsig 1990). Anzunehmen ist, dass sich besonders bei Frauen ihr verändertes Geschlechtsrollenverständnis auf die Entscheidung für oder gegen ein Kind auswirkt. In der traditionellen weiblichen Geschlechtsrollenorientierung war Mutterschaft Mittelpunkt und Höhepunkt im

Leben einer Frau, heute bilden berufliche Selbstverwirklichung, Partnerschaft und gesellschaftliche Mitverantwortung gleichberechtigte Werte. Sicherlich spielen auch pessimistische Erwartungen und Zukunftsängste, von denen Frauen im mittleren Erwachsenenalter häufiger betroffen sind als Männer, eine Rolle. Manche verantwortungsvolle Frauen scheuen sich, ein Kind in die Welt zu setzen angesichts eigener, extrem negativer Kindheitserfahrungen und erlittener seelischer Verletzungen, die sie nicht weitergeben wollen. Zuweilen lässt auch die aufreibende Berufstätigkeit oder die Qualität der Partnerschaft keinen Freiraum für ein Kind offen: Erinnert sei an Männer, die von ihrer Partnerin so versorgt werden möchten, wie sie von ihrer Mutter versorgt wurden, und die kein Kind neben sich dulden, weil sie mit ihm alle Zuwendung „geschwisterlich" teilen müssten.

Prägende Erfahrungen im Elternhaus, Lebensstile und Lebenspläne, konkrete biografische Ereignisse und natürlich die gegenwärtigen gesellschaftlichen Bedingungen (so wie sie von den Betroffenen wahrgenommen werden) können – bei Frauen und Männern – an der Entscheidung gegen ein Kind beteiligt sein. Die wissenschaftliche Forschung steht hier noch ganz am Anfang.

Versorgung und Pflege der alten Eltern – eine Frauenaufgabe

In allen Industrieländern wird die Versorgung alter, pflegebedürftiger Menschen zunehmend in den Mittelpunkt sozialpolitischer Diskussionen gerückt. Obwohl allgemein akzeptiert wird, dass eine angemessene Versorgung der Alten durch Familienmitglieder, insbesondere jüngere Geschwister und Kinder, nicht mehr zu gewährleisten ist, fühlen sich vor allem die Töchter ihren alten Eltern gegenüber moralisch verpflichtet, die Fürsorge und Betreuung, welche sie als Kinder erfahren haben, zu vergelten. In einer ganzen Reihe von Untersuchungen konnte gezeigt werden, dass in den allermeisten Fällen die Person, die sich in der Hauptsache um die Versorgung des pflegebedürftigen Elternteils kümmert, eine Verwandte weiblichen Geschlechts (Tochter, Schwiegertochter, Schwester, Nichte) ist – sieht man von der wachsenden Zahl der Senioren ab, deren Betreuung und Pflege professionellen Institutionen übertragen wird.

Natürlich manifestieren sich hier Auswirkungen der traditionellen Geschlechtsrollenerziehung: Frauen fühlen sich verantwortlich und in der Pflicht, weil sie so erzogen worden sind, dass sie sich zuständig zu fühlen haben, wenn es um die Versorgung der Familienmitglieder geht. Männer tragen ihren Teil zur Pflege bei, indem sie sich materiell und organisatorisch (Haushaltsauflösung, Beschaffung eines Pflegeplatzes usw.) engagieren. Diese Aufteilung der Verantwortungsbereiche wird auch von Ehepaaren praktiziert, die in ihrer Partnerschaft sonst eine weniger konventionelle Aufgabenverteilung vornehmen.

Kontakte und zwischenmenschliche Beziehungen: Domäne der Frauen

In Partnerschaften mit traditioneller Geschlechtsrollenverteilung bleiben die Frauen auch dann, wenn die Kinder aus dem Haus sind, hauptverantwortlich für den zwischenmenschlichen Bereich. Sie kümmern sich um die Kontakte zu Freunden und Bekannten, treffen Verabredungen und arrangieren Einladungen und halten die Verbindungen zur Verwandtschaft aufrecht. Kommt es zu Meinungsverschiedenheiten, Streit und kleinen Konflikten, bemühen sie sich um Klärung und Schlichtung. Gelegentlich führt die Dominanz der Frauen im zwischenmenschlichen Bereich dazu, dass es ihren Männern, wenn sie die 50 bereits überschritten haben, nach einer Trennung oder Scheidung schwer fällt, bestehende Kontakte zu gemeinsamen Freunden aufrechtzuerhalten, neue Bekanntschaften anzuknüpfen und neue Beziehungen aufzubauen.

In kleineren, insbesondere in (ehemaligen) Ein-Kind-Familien, so haben eigene Untersuchungen ergeben (Kasten 1995), findet sich dagegen häufiger eine gleichberechtigte Rollenverteilung, d. h. beide Partner engagieren sich im zwischenmenschlichen Bereich, unterhalten eigene Freundschaften und Bekanntschaften und treffen auch separate Verabredungen.

Krisen und Chancen zum Neubeginn in der Lebensmitte

Im Beruf: Konsolidierung bei den Männern, Neuaufbau bei den Frauen

Wenn die Kinder selbständig geworden sind, ihre eigenen Wege gehen oder sogar schon ausgezogen sind, beginnt für viele Frauen, die ihr Leben in traditioneller Geschlechtsrollenorientierung nach dem 3-Phasen-Modell eingerichtet hatten, eine Phase der beruflichen Um- und Neuorientierung: Manche steigen lediglich um von Teilzeit auf Vollzeit, manche bemühen sich um qualifiziertere Tätigkeiten und bewerben sich auf besser bezahlte Stellen, einige beginnen mit Umschulungs- und Weiterbildungskursen, und einige drücken sogar noch einmal die Schulbank und absolvieren ein Aufbau-, Ergänzungs- oder Zweitstudium. In allen Fällen spielen sich Veränderungen ab, die möglicherweise auf die Partnerschaft – in positivem oder negativem Sinn – zurückwirken. Konservative Männer tun sich schwerer, mit den Veränderungen zurechtzukommen, sind z. B. nicht bereit, sich an haushaltsbezogenen Aufgaben zu beteiligen und fürchten vielleicht ins Gerede zu kommen, weil sie es nötig zu haben scheinen, die Frau arbeiten zu schicken. Ihnen wäre es lieber, wenn ihre Frau irgendeine ehrenamtliche soziale Tätigkeit, z. B. bei einer gemeinnützigen oder karitativen Einrichtung, annehmen würde – was in der Realität, vorausgesetzt man lebt in gutsituierten Verhältnissen, gar nicht so selten passiert.

Die Umstellung auf die neue Situation in der Partnerschaft dürfte Männern mit liberalerer Geschlechtsrollenorientierung leichter fallen. Für Männer beginnt ab Mitte 40 in beruflicher Hinsicht oft eine Phase der Konsolidierung. Man hat etwas erreicht und aufgebaut und dafür oft viele Jahre hart und voller Energie gearbeitet. Jetzt ruht man sich zwar nicht auf seinen Lorbeeren aus und legt sich auf die Bärenhaut, aber etwas Kürzertreten ist schon angezeigt, wenn es die Verhältnisse am Arbeitsplatz gestatten.

Festgehalten werden kann, dass Männer in diesem Alter in der Regel im Beruf bereits anerkannt und erfolgreich sind, während Frauen sich nicht selten vor neue Aufgaben und Herausforderungen gestellt sehen. Anzufügen bleibt, dass Frauen es oft schwerer haben, in neuen Positionen voranzukommen, weil sie nicht auf die Beziehungen und Verbindungen zurückgreifen können, über die Männer in ihren Berufen oft verfügen.

Frauen kommen ins Klimakterium und wohin Männer?

Der biologische Verlust der Menstruation und Gebärfähigkeit, der von den Frauen um die 50 verarbeitet werden muss, wurde in der Vergangenheit oft als kritische Lebensphase dargestellt, begleitet von schwerwiegenden körperlichen Beschwerden und Depressionen. Heute wird zu Recht die Frage aufgeworfen, was an dieser negativen

Einschätzung der Menopause tatsächlich durch Fakten zu fundieren ist. Nicht nur Feministinnen weisen darauf hin, dass gesellschaftliche Stereotype und Vorurteile daran beteiligt waren, wenn sich Frauen früher nutz- und wertlos gefühlt haben, nachdem sie ihre Lebensaufgabe, Kinder auf die Welt zu bringen und groß zu ziehen, erfüllt hatten (im Alter von 45–55 Jahren fand sich bei Frauen die höchste Rate an Depressionserkrankungen).

In neueren Untersuchungen wird immer häufiger dokumentiert, dass sich viele Frauen nach einer kurzen, zwiespältigen Übergangszeit anschicken, tatkräftig, energisch und durchaus positiv gestimmt, zu neuen Ufern aufzubrechen.

Viele Veröffentlichungen beschäftigen sich mit der „Midlife-Krise" oder einer für das männliche Geschlecht typischen „Virilitätskrise" (z. B. Pauleikoff 1989). Statistisch zu belegen ist die größere gesundheitliche Gefährdung der Männer durch Herz- und Gefäßkrankheiten im 5. und 6. Lebensjahrzehnt – die Frauen holen jedoch in den letzten Jahren überproportional stark auf! Nicht von der Hand zu weisen sind Erklärungen auf der Grundlage der traditionellen Geschlechtsrollenverteilung: Männer, die viele Jahre unter Stress und Leistungsdruck und oftmals bis an die Grenze ihrer Kräfte, ihre beruflichen Anforderungen erfüllt haben, zahlen nun den Tribut des Raubbaus an ihrer Gesundheit. Erwähnung verdient in diesem Zusammenhang auch das „Burn-out-Syndrom", eine Identitätskrise, die mit dem Gefühl des Ausgebrannt- und Nutzloseins einhergeht und typischerweise in „männlichen" Berufen zu verzeichnen ist, die ihren Inhabern ein Maximum an Einsatz, Hingabe und Identifizierung abverlangen.

Nicht ganz von der Hand gewiesen werden kann, dass typisches männliches Rollenverhalten zumindest dann, wenn es fortwährend auf seinesgleichen stößt, was in von Männern dominierten Berufen ja die Regel ist, zu Verschleißerscheinungen führt: Sich immer kämpferisch behaupten und durchsetzen zu müssen, kostet Kraft, besonders wenn der Kontrahent ebenbürtig ist und nicht einlenkt oder nachgibt (wie „Mann" es von Frauen gewöhnt ist). Müdigkeit und Erschöpfung, die zuweilen in lang anhaltende vitale Depressionen einmünden, können die Folge sein. Nicht selten reißen sich die Betroffenen aber auch zusammen, verdrängen ihre Gefühle von Ohnmacht und Stagnation, lernen aus schmerzhaften Niederlagen und verkürzen ihren eigenen Aktionsradius entsprechend.

Der „zweite" und „dritte" Frühling der Männer

Dass viele Frauen auf Männer mit grauen Schläfen fliegen und diese allzu gern bereit sind, ihren kalten Ehealltag durch eine heiße Liebesaffäre aufzuwärmen, wird oft berichtet. Verlässliche Daten dazu, z. B. darüber, in welchem Umfang (und mit welcher Intensität) von Frauen und Männern im mittleren Erwachsenenalter Seitensprünge und außerehelicher Geschlechtsverkehr praktiziert werden, fehlen.

Sicherlich kann unterstellt werden, dass angesichts der in unserer Gesellschaft immer noch vorherrschenden Einstellung, nach der ältere Frauen an Attraktivität verlieren und ältere Männer an Attraktivität gewinnen, es letzteren leichter fallen dürfte, amouröse Abenteuer zu erleben. Inwieweit sie ihre Chancen faktisch nützen, ist nicht exakt zu belegen: Sozialwissenschaftliche Erhebungen, die sich auf Sexualität und sexuelle Gepflogenheiten erstrecken, müssen sich mit dem Vorwurf mangelnder Zuverlässigkeit und eingeschränkter Gültigkeit auseinandersetzen. Gerade in diesem „sensiblen" Bereich ist die Bereitschaft und Fähigkeit der befragten Probanden, ehrlich und unvoreingenommen Auskunft zu geben, eher niedrig einzuschätzen; an traditionellen Geschlechtsrollen orientierte Männer dürften zu Übertreibungen, traditionsorientierte Frauen zu Untertreibungen neigen.

Wollen Frauen (immer noch) nur das Eine: mehr Intimität?

Vor allem Psychologen, die aus ihrer Klinik oder Beratungspraxis berichten (z. B. McGrath 1992), meinen, die Gegenüberstellung von initimitätsbedürftigen Frauen und intimitätsunfähigen Männern greife zu kurz und vernachlässige vor allem den Geschlechtsrollenwandel, welcher die Alterskohorte der 45- bis 55-Jährigen in besonderem Maße ergriffen und bereits geprägt habe. Verwiesen wird auf das gewachsene Selbstbewusstsein der Frauen über 40, die mit beiden Beinen im Familien- und Berufsleben stehen und auf die nachlassende Durchsetzungskraft der Männer, die allmählich entdecken, dass es im Leben noch andere wichtige Werte neben Leistung und Erfolg gibt.

Manchen Autoren sprechen von einer durchgängigen „Rollenumkehr", um das Geschlechterverhältnis der Frauen und Männer zu charakterisieren, die sich in der 2. Hälfte des mittleren Erwachsenenalters befinden. Andere Forscher reden vorsichtiger von einer „Geschlechtsrollenreise", die in diesem Lebensabschnitt angetreten wird und schlagen vor, zwischen traditionsorientierten und weniger traditionsorientierten Paaren zu unterscheiden (O'Neill/Egan 1992). Die zunehmende Zahl an therapeutischen „Frauengruppen" und „Männergruppen" ist möglicherweise ein Hinweiszeichen darauf, dass sich für immer mehr Frauen und Männer in diesem Alter Fragen nach dem Sinn und den Wurzeln der eigenen (Geschlechts-)Identität stellen – Fragen, auf die es vor wenigen Jahrzehnten noch klare, eindeutige Antworten gegeben hat. Heutzutage ist die weibliche Identitätssuche sicher nicht auf das Erreichenwollen von mehr Intimität zu reduzieren, ebenso wenig wie sich die männliche Identitätsfindung auf Selbstverwirklichung durch Leistung und Erfolg verkürzen lässt.

Festzuhalten bleibt, dass fundierte wissenschaftliche Untersuchungen, die sich mit den gegenwärtig stattfindenden Wandlungsprozessen und Umorientierungen differenziert auseinandersetzen, vollständig fehlen. Anzutreffen sind anekdotische Befunde und Beschreibungen von Einzelfällen, auf deren Grundlage zuverlässige Verallgemeinerungen nicht getroffen werden können. Jedoch mehren sich die Anhaltspunkte dafür, dass gerade in der „mittleren Generation" Umbrüche und Neuorientierungen in geschlechtsbezogenen Einstellungen an der Tagesordnung sind. Als „neue" Entwicklungsaufgabe scheint der Übergang von einer relativ starren Aufteilung geschlechtsspezifischer Aufgaben und Ziele zu einer flexibleren, „gerechteren" Zuordnung bewältigt werden zu müssen.

Weibliche und männliche Bewältigungsformen

Es finden sich einige Hinweise darauf, dass Frauen und Männer zwar nicht durchgängig und signifikant, aber doch ansatzweise und gelegentlich unterschiedliche Bewältigungsstrategien und Lösungsmuster verwenden bei der Um- und Neustrukturierung ihrer Geschlechtsidentität:

Frauen, die durchgängig berufstätig waren, bilden oft eine liberalere Geschlechtsrollenhaltung aus und sind eher bereit, auch radikale Umorientierungen zu vollziehen, sich z. B. vom Partner zu trennen und einen Neuanfang in einer lesbischen Beziehung zu wagen. Frauen schaffen es in der Regel auch besser, mit den unmittelbaren Auswirkungen kritischer Lebensereignisse (z. B. Tod oder lebensbedrohende Erkrankung naher Angehöriger, Unfälle, Naturkatastrophen, Verlust des Arbeitsplatzes usw.) zurechtzukommen, zeigen jedoch im Hinblick auf ihre mittel- und längerfristigen Zukunftsperspektiven weniger Konstanz und klare Konturen als Männer. Wenn Kummer und Sorgen, Konflikte und Probleme unlösbar erscheinen, greifen Frauen häufiger zu Tabletten, insbesondere Psychopharmaka, wie Antidepressiva und Tranquilizer, Männer greifen häufiger zur Flasche und flüchten in den Alkoholrausch – jedoch nimmt der Prozentsatz weiblicher Alkoholiker in jüngerer Zeit überproportional zu.

Zusammenfassende Übersicht

In Tabelle 17 sind die wichtigsten Entwicklungsaufgaben und Themen, die im mittleren Erwachsenenalter anstehen, noch einmal zusammengestellt.

Tabelle 17: Thematisch bedeutsame Zusammenhänge im mittleren Erwachsenenalter (40–65 Jahre)

Themen	Frauen	Männer
Veränderung durch Geschlechtsrollenwandel	stärker von Frauen gewünscht und getragen	Männer häufiger konservativ und beharrend
„Kosten" des Älterwerdens	eher Verlust (z. B. an „Attraktivität")	eher Gewinn
Leistung, Erfolg im Beruf	muss häufig erst wieder aufgebaut werden	zumeist bereits etabliert
Durchsetzungskraft	oft Zunahme (wenn nicht Schuldgefühle entstehen)	häufiger nachlassend
„Armut" (knappe ökonomische Resourcen)	trifft auf Frauen häufiger zu	trifft auf Männer seltener zu

Fortsetzung Tabelle 17

Themen	Frauen	Männer
Kinder	mehr Trauer über das „leere Nest"	verkraften Auszug der Kinder besser
Kinderwunsch	biologisch begrenzt	kaum biologische Grenzen
Unfruchtbarkeit	extrem negative Erfahrung	auch negativ, doch leichter zu verarbeiten
Menopause	Verlust der Gebärfähigkeit/Menstruation (Trauerarbeit)	keine Entsprechung
Depression	häufiger	weniger häufig
Hirnstammregion „Locus ceruleus"	stärkerer Zellverlust, der zu geringerer Produktion von Norepinephrin führt	weniger starker Zellverlust: deswegen geringere Depressionsneigung?
Gewalterfahrungen (körperlich und sexuell)	häufiger Opfer	häufiger Täter
Tablettensucht	häufiger, nämlich Schlankheitspräparate, Schlaftabletten, Antidepressiva, Tranquilizer	seltener
Therapieformen	Frauengruppen (feministische Therapien)	Männergruppen (kognitiv und verhaltensorientierte Therapien)
Sexualität	Wunsch nach mehr Intimität (Wechsel in homoerotische und homosexuelle Beziehung)	Wechsel in homosexuelle Beziehung sehr selten (Angst vor gesellschaftlicher Ächtung)

Fortsetzung Tabelle 17

Themen	Frauen	Männer
Liebesaffäre	keine Entsprechung?	verschafft Illusion von (vergangener) Stärke und Männlichkeit
Gefühle von Ohnmacht, Stagnation, Machtlosigkeit	tendenzielle Abnahme (leichter zu verkraften)	tendenzielle Zunahme (negativere Erfahrung)
Tod (eigene Sterblichkeit)	mehr Reflexion und Bewusstsein	mehr Beiseiteschieben und Verdrängung

9 Späteres Erwachsenenalter (über 65 Jahre)

Für das spätere Erwachsenenalter lassen sich zwei zentrale Entwicklungsaufgaben aufzeigen:

1. Ausscheiden aus dem Berufsleben und
2. Auseinandersetzen mit der Endlichkeit (nicht nur) des (eigenen) Lebens.

Übergang ins Rentenalter: Männer tun sich meist etwas schwerer mit der Umstellung

Dass es Männern oft schwerer fällt, die Umstellungen zu bewältigen, die mit dem Ausscheiden aus dem Berufsleben verbunden sind, wird meist auf die Tatsache zurückgeführt, dass in ihrem Leben berufliche Aktivitäten einen höheren Stellenwert eingenommen und sie sich innerlich stärker mit ihrer Arbeit identifiziert haben.

Deutliche Geschlechtsunterschiede, die in früheren Untersuchungen nachgewiesen wurden, lassen sich in neueren Erhebungen jedoch nicht mehr dokumentieren. Für beide Geschlechter scheint der Ruhestand zunehmend positive Qualitäten zu gewinnen. Trotzdem wird der Übergang ins Rentenalter in der psychologischen Forschung als kritische Lebensphase behandelt, deren Auswirkungen Frauen und Männer in unterschiedlicher Weise zu berühren scheint:

Vor allem allein stehende Frauen sehen sich, aufgrund ihrer geringeren Zahl an Berufsjahren und niedrigeren Einkommen, in finanzieller Hinsicht nicht selten an den Rand des Existenzminimums gestellt. Der Wegfall körperlicher und psychischer Arbeitsbelastungen kann sich kurzfristig – besonders bei Männern – destabilisierend und negativ bemerkbar machen und eine (vorübergehende) Verschlechterung des allgemeinen Gesundheitszustandes mit sich bringen. Mittelfristig sind aber in der Regel Gesundheitsverbesserungen zu verzeichnen. Langfristig werden Männer stärker als Frauen betroffen von chronischen, z. T. auch berufsbedingten Leiden.

In sozial-zwischenmenschlicher Hinsicht spielen sich bei Männern häufiger schwerwiegende Veränderungen ab: Die (oft umfangreichen) beruflich bedingten Kontakte finden – von einem Tag auf den anderen – nicht mehr statt. Auch Kontakte formeller Art, z. B. mit Behörden und anderen Institutionen, reduzieren sich deutlich. Es bleibt ein „Loch", das auch subjektiv durchaus als solches erlebt wird und sich meist nur langsam – bei Frauen u. U. schneller – schließt, wenn die Zahl der Kontakte im Freundes- und Bekanntenkreis im Rahmen gemeinsamer Aktivitäten und Unternehmungen allmählich zunimmt.

Was ihre Freizeitgestaltung betrifft, so knüpfen vor allem Männer an alte Hobbies und berufsähnliche Beschäftigungen an, bei Frauen scheinen – eine Manifestation des traditionellen Geschlechtsrollenverhaltens – zwischenmenschliche Beziehungen oft im Vordergrund zu stehen.

Natürlich handelt es sich bei den vorangehenden Charakterisierungen um holzschnittartige Vereinfachungen, die im Rahmen genauerer wissenschaftlicher Analysen zahlreiche Einschränkungen und Ergänzungen erfahren würden.

Tabuthema „Tod": Schreckt er Männer mehr?

Seriöse Forschungsarbeiten zum Thema „Tod" werden erst seit ungefähr 25 Jahren durchgeführt. Eine Differenzierung nach Geschlechtsunterschieden erfolgt in den zumeist klinisch-psychologisch oder gerontologisch orientierten Studien, die mit kleinen Stichproben arbeiten, angesichts der Fülle überraschender und erstaunlicher Befunde, allenfalls am Rande. Die im folgenden skizzierten Ergebnisse, in denen explizit auf Frauen und Männer Bezug genommen wird, dürfen deshalb nicht uneingeschränkt verallgemeinert werden.

Uneingeschränkt verallgemeinerungsfähig ist folgender Sachverhalt: In allen Industrieländern steigt die Selbstmordquote für Männer ab 65 Jahren deutlich an und übertrifft die weibliche Selbstmordquote, die ab 65 in den meisten Ländern deutlich zurückgeht, bei weitem. Zur Erklärung dieses Sachverhalts werden vor allem Faktoren herangezogen, die mit dem männlichen Geschlechtsrollenstereotyp in Verbindung stehen: Die Unfähigkeit vieler traditionell erzogener Männer, Gefühle von Schwäche und Hilflosigkeit zuzulassen bzw. sich Hilfe zu suchen, die von vielen Männern erlebte Sinnentleerung und Vereinsamung nach dem Ausscheiden aus dem Berufs-leben, die typisch männliche Haltung, bereitwillig die Verantwor-tung zu übernehmen für alles, was um einen herum passiert, die Unfähigkeit vieler Männer, Nähe und Vertrautheit aufzubauen und zu erleben in ihren zwischenmenschlichen Beziehungen.

Natürlich müssen noch andere, „objektive" Faktoren in Rech-nung gestellt werden, z. B. die Tatsache, dass Männer im späteren Erwachsenenalter gesundheitlich gefährdeter sind als Frauen und im statistischen Durchschnitt mit größerer Wahrscheinlichkeit zu einem früheren Zeitpunkt von lebensbedrohenden Erkrankungen heim-gesucht werden. Die Ergebnisse klinisch-psychologischer Unter-suchungen untermauern jedoch das Faktum der herausragenden Bedeutung von „rigiden" Geschlechtsrollenfaktoren im Leben von selbstmordgefährdeten, älteren Männern.

Interessante weitere Ergebnisse zu diesem Thema wurden in der „Bonner Gerontologischen Längsschnittstudie" (z. B. Lehr/Thomae 1989) zu Tage gefördert: Männer verdrängen Vorstellungen und Gefühle, die den eigenen Tod betreffen, stärker als Frauen und beschäftigen sich auch nur sehr ungern mit dem Thema Pflegebe-dürftigkeit. Andererseits planen sie, auch wenn sie durch aktuelle Krankheit oder andere Sorgen belastet sind – und das gilt vor allem für allein stehende Männer – , weiter in die Zukunft als ältere Frauen in vergleichbaren Lebenssituationen.

Tod des Lebenspartners: Frauen verkraften es besser

Dass Frauen es besser schaffen als Männer, den Tod ihres Lebens-partners zu verkraften, wurde auch im internationalen Vergleich immer wieder belegt. In neueren Studien, die in den USA durchge-führt wurden (z. B. Belsky/Kelly 1995), finden sich Anhaltspunkte dafür, dass es zwar beiden Geschlechtern relativ gut gelingt, mit dem schmerzlichen Verlust fertig zu werden, dass sich aber Frauen leich-ter tun, dem tragischen Ereignis sogar positive Seiten abzugewinnen und sich neu eröffnende Möglichkeiten zur Selbstentfaltung und Selbsterweiterung nutzen.

Wenn es Männern schwerer fällt, den Verlust ihrer Partnerin zu verkraften, so kann dies sicherlich wieder in Verbindung gebracht werden mit dem traditionellen Geschlechtsrollenstereotyp, das Män-ner fixiert auf die Position des Familienoberhauptes und „Paschas", der im Hinblick auf alle Verrichtungen des Alltags, wie Einkaufen,

Putzen, Essenkochen, Wäschewaschen, ein Leben lang von Frauen abhängig gewesen ist. In Erwägung gezogen werden kann aber auch das Phänomen der Anähnelung der Geschlechter, von dem vor allem in neueren klinisch-psychologischen Studien oft die Rede ist: Frauen werden im späteren Erwachsenenalter, nicht zuletzt dann, wenn sie sich sowohl im Kreise der Familie als Mutter und Hausfrau als auch in einem erfüllten Berufsleben bewährt haben, zunehmend energischer, selbstbewusster und durchsetzungsfähiger. Männern geht es teilweise genau umgekehrt: Sie stehen oft einem Verlust an Verantwortung in beruflichen und familiären Dingen gegenüber – im Job sind jüngere, dynamische Mitarbeiter an ihnen vorbeigezogen, die erwachsen gewordenen Kinder führen bereits ihr eigenes Leben und treffen ihre eigenen Entscheidungen – und verlieren an Sicherheit, aber auch an Aggressivität, wenn sie entdecken müssen, dass sie von anderen abhängig sind: Von den Streicheleinheiten und Zuwendungen ihrer Frauen, den Vorsorgeuntersuchungen und Empfehlungen ihrer Ärzte, den wohltuenden Massagen ihrer Physiotherapeuten, den aufmunternden Anrufen ihrer Töchter, den gut gemeinten Ratschlägen ihrer ehemaligen (jüngeren) Kollegen. Im günstigen Falle werden durch die Erfahrungen, die sie durchleben müssen, Veränderungen in Gang gebracht, die dazu beitragen, dass sie von ihren Bezugspersonen als umgänglicher, verständnisvoller, einfühlsamer, nachgiebiger – möglicherweise sogar als gütiger und liebevoller – erlebt werden. Für den Außenstehenden entwickeln sie sich ein Stück in Richtung des weiblichen Geschlechtsrollenstereotyps und ihre Frauen ein Stück in Richtung des männlichen Geschlechtsrollenstereotyps! Nicht ganz abwegig erscheint die Vermutung, dass es den weicher gewordenen Männern u. U. besonders schwer fällt, den Verlust der geliebten Partnerin gefühlsmäßig zu verkraften.

Befreiung von den Zwängen der traditionellen Geschlechtsrolle

Einige Argumente sprechen dafür, dass es Frauen im späteren Erwachsenenalter oft besser schaffen als Männer, sich von den Fesseln der traditionellen Geschlechtsrolle frei zu machen. Mit dem weitgehenden Wegfall der mütterlichen Versorgungspflichten, wenn die Kinder das Elternhaus verlassen haben, können sie sich, sofern sie von ihren Partnern nicht gebremst werden, frei und ohne einengende Rollenvorschriften entfalten. Sie können – aber müssen nicht –

in den Beruf zurück, sie können ihren eigenen Interessen und Neigungen nachgehen, sie können neue Kontakte knüpfen und sich neue Beschäftigungsbereiche und Tätigkeitsfelder erschließen. Für Männer ändert sich nach dem Auszug der Kinder – im Regelfall – kaum etwas, sie bleiben weiter eingespannt in tagtägliche berufliche Pflichten, der Alltagstrott ändert sich für sie nicht, und sie haben auch keinen Anlass, ihre traditionelle Rolle des für die Finanzen und die Außenrepräsentation der Familie zuständigen Oberhaupts aufzugeben – es sei denn, die von ihren Partnerinnen in Gang gebrachten Veränderungen wirken sich auch auf die innerfamiliale Aufgabenverteilung aus.

In US-amerikanischen Untersuchungen finden sich Belege dafür, dass ältere Paare sich auf unterschiedliche Weise im Hinblick auf ihre Geschlechtsrollenorientierung weiterentwickeln:

1. Es gibt Paare, die sich kaum bewegen und die traditionelle Geschlechtsrollenorientierung weitgehend beibehalten.
2. Andere Paare bewegen sich aufeinander zu und werden einander ähnlicher: Bei „ihr" ist eine Zunahme traditionell maskuliner, bei „ihm" eine Zunahme traditionell femininer Eigenschaften zu registrieren.
3. Eine dritte Gruppe von Paaren schafft es, insgesamt flexibler mit Rollenklischees umzugehen und praktiziert, in Abhängigkeit von den jeweiligen Situationserfordernissen, einmal eine konventionellere, einmal eine liberalere Verteilung geschlechtsspezifischer Aufgaben.

Sicherlich ist diese Unterscheidung von drei Gruppen nicht erschöpfend, weitere Zwischenformen sind (theoretisch) möglich und kommen wahrscheinlich auch praktisch vor. Festgehalten werden kann, dass eine Reihe von Untersuchungsbefunden dafür sprechen, dass sich auch im späteren Erwachsenenalter noch – mehr oder weniger umfangreiche – Veränderungen im traditionellen Geschlechtsrollenverhalten abspielen können. Eine Reihe von Hinweisen stützt die Annahme, dass Frauen häufiger eine aktivere Rolle im Rahmen von Veränderungsprozessen zukommt als Männern.

Versorgung der kranken Partnerin: Männern fällt es leichter

Auf den ersten Blick überraschend klingt dieses Forschungsergebnis, das in US-amerikanischen Studien mehrfach nachgewiesen wurde und wahrscheinlich auch auf deutsche Verhältnisse übertragen werden kann. Frauen scheinen an der Bürde eines kranken und versorgungsbedürftigen Partners schwerer zu tragen als Männer. Vermutlich fühlen sich viele Frauen, die traditionsgemäß ihr Leben lang hauptverantwortlich zuständig waren für die Pflege und Versorgung der ihnen anvertrauten Familienangehörigen (die eigenen Kinder, später die eigenen und Schwiegereltern und andere Verwandte), ganzheitlicher in die Pflicht genommen als Männer, die in der Vergangenheit traditionellerweise bei der Versorgung nur mit Sekundäraufgaben organisatorischer und instrumenteller Art befasst waren. Entsprechend ganzheitlich, mit dem Gefühl und dem Verstand, erleben Frauen den Stress, der im Verlauf der Erfüllung der Versorgungspflichten entsteht. Männer gehen möglicherweise mit aufkommendem Stress effizienter um, indem sie sich nicht total mit den anstehenden Pflichten identifizieren. Sie beweisen organisatorisches Geschick und entlasten sich auch innerlich und äußerlich dadurch, dass sie einen Teil der Versorgungsaufgaben an andere Personen delegieren. Vielleicht aber verdrängen sie auch nur alle negativen Belastungsgefühle und ergeben sich mit stoischer Ruhe in ihr Geschick.

Nicht ganz von der Hand gewiesen werden kann die Vermutung, dass in den durchgeführten Befragungen – gemäß dem zu erwartenden Geschlechtsrollenverhalten – Frauen offener über ihre Gefühle gesprochen und bereitwilliger als Männer zugegeben haben, sich durch die Versorgung des Partners tatsächlich belastet zu fühlen.

Geschlechtsunterschiede beim Altersabbau

Erst seit kurzer Zeit befasst sich die Forschung mit den Wechselwirkungen zwischen altersbedingten körperlichen, geistigen und sozialen Abbauprozessen, die in der Vergangenheit allenfalls auf das jeweils separate Interesse von Biologen, Medizinern, Psychologen und Soziologen gestoßen sind. Entsprechend dürftig ist der gegenwärtige Kenntnisstand in diesem Bereich:

Dass Frauen durchschnittlich 6–7 Jahre älter werden als Männer, wird in den statistischen Erhebungen der Industrieländer immer wieder dokumentiert. Verantwortlich gemacht dafür werden neben biologischen auch psychologische und soziologische Faktoren, die mit der traditionellen Verteilung geschlechtsrollenspezifischer Aufgaben zusammenhängen und oben bereits diskutiert wurden.

Männer müssen funktionieren, etwas erreichen und ihr Leben lang Leistung erbringen; sie dürfen nicht schwach sein, sondern müssen sich durchsetzen, gegebenenfalls auch kämpferisch und sollten Erfolg haben; auf Gefühle können sie verzichten, wenn es darauf ankommt und es für die Sache wichtig ist. Sie haben ihre Familie zu versorgen und sich beruflich einzusetzen für ihren Betrieb. Krankheit ist ein Zeichen von Schwäche, das am besten gar nicht zur Kenntnis genommen wird.

Wer sein Leben nach diesen Maximen der traditionellen männlichen Geschlechtsrolle einrichtet, nimmt die Warnsignale seines Körpers nicht mehr wahr, der nur noch als Instrument und Mittel zur Zielerreichung erlebt wird. Die Abspaltung von Kopf und Bauch, Verstand und Gefühl, verhindert eine ganzheitliche Orientierung und schränkt die Sensibilität für Rückkopplungen des Organismus ein.

Die Vorgaben der traditionellen weiblichen Geschlechtsrolle, die das Verhältnis von Körper und Geist betreffen, sind weniger restriktiv. Von Frauen wird geradezu erwartet, dass sie aus dem Bauch heraus leben und in chauvinistischer Sicht zuweilen angezweifelt, dass sie überhaupt rational denken. Frauen sind näher an ihrem Körper und den sich in ihm abspielenden Prozessen auch aufgrund der Tatsache, dass er sie mit allmonatlich wiederkehrenden biologischen Veränderungen konfrontierte. Frauen lässt man es durchgehen, wenn sie Schwäche zeigen und auf die Warnsignale ihres Körpers Rücksicht nehmen. Dass Frauen im statistischen Durchschnitt seltener als Männer an chronischen Erkrankungen leiden, welche die Lebenserwartung letztlich reduzieren, dürfte damit in Verbindung zu bringen sein.

Geschlechtsunterschiede beim Abbau geistiger Fähigkeiten

In der Intelligenzforschung wird zwischen fluider und kristalliner Intelligenz unterschieden. Fluide Intelligenz ist weitgehend unabhängig vom Wissenstand und den Kenntnissen, die jemand erworben hat. Sie bewährt sich in neuen, unbekannten Situationen, wenn es darauf ankommt, wesentliche Zusammenhänge zu erkennen und originelle Problemlösungen zu finden. In Tests zur Erfassung der fluiden Intelligenz müssen die Prüflinge unter Beweis stellen, dass sie logisch denken können und in der Lage sind, sich vom anschaulich Gegebenen frei zu machen und zu abstrahieren, Schlussfolgerungen zu ziehen und übergeordnete Begriffe bzw. übergreifende Beziehungen herauszufinden. Kristalline Intelligenz dagegen baut stärker auf erworbenem Wissen auf. Getestet wird, in welchem Umfang vorhandene Kenntnisse und Fertigkeiten beim Lernen, Erinnern und Problemlösen eingesetzt werden. Letztlich geht es darum, in der Vergangenheit erworbene Wissensbestände und bewährte Strategien zum Wissenserwerb in angemessener Weise bei der Lösung der Testaufgaben zu verwenden. In pointierter Vereinfachung kann fluide Intelligenz als schöpferischer und erfinderischer Bereich des Verstandes und kristalline Intelligenz als Bereich erworbenen Wissens und erworbener geistiger Fähigkeiten bezeichnet werden.

Neuere Forschungsbefunde (z. B. Schaie 1993) belegen, dass die fluide Intelligenz bei Frauen und die kristalline Intelligenz bei Männern jeweils zu einem früheren Zeitpunkt abzunehmen beginnt. Möglicherweise manifestieren sich hier Geschlechtsrollen-Unterschiede: Männer haben – traditionsgemäß – ihre Stärken in produktiver und innovativer Hinsicht, sie profilieren sich als Erfinder, Abenteurer und Entdecker; Frauen sind – dem Klischee entsprechend – prädestiniert für reproduktive Tätigkeiten, nicht nur als Mutter ihrer Kinder und Versorgerinnen ihrer Familie, und greifen dabei auf bewährte Techniken und Fertigkeiten zurück. Erwähnenswert bleibt, dass bei beiden Geschlechtern im Verlauf des 9. Lebensjahrzehnts ein deutlicher Abfall kristalliner Intelligenzleistungen zu verzeichnen ist, der sicherlich organisch (mit)bedingt ist.

Verkraften von Schicksalsschlägen

Das „starke Geschlecht" bekommt seine Grenzen aufgezeigt, wenn es um die Verarbeitung von nicht-normativen kritischen Lebensereignissen geht. (In der Forschung werden normative kritische Lebensereignisse, wie Alterskrankheiten, Tod des Ehepartners, familiale oder berufsbedingte Veränderungen: Auszug der Kinder, Eintritt in den Ruhestand usw., nicht-normativen kritischen Lebensereignissen gegenübergestellt.) „Nicht-normativ" sind Ereignisse, mit denen nicht gerechnet werden kann, weil sie entweder unzeitgemäß („plötzlich und unerwartet") geschehen oder nur den Einzelfall und nicht die Allgemeinheit betreffen, z. B. also Unglücksfälle und Unfälle, Tod eines Kindes, Naturkatastrophen usw. In US-amerikanischen Untersuchungen (z. B. Krause 1987) finden sich Anhaltspunkte dafür, dass Frauen nicht-normative Schicksalsschläge, wie den Verlust von Angehörigen oder die Zerstörung des Wohneigentums durch Erdbeben, Überschwemmungen, Wirbelstürme, mittelfristig besser bewältigen als Männer. Möglicherweise erleichtert ihre traditionelle Geschlechtsrolle es vielen Frauen, auch eine intensive gefühlsmäßige Aufarbeitung kritischer Lebensereignisse zuzulassen und vorzunehmen. Männer, die in ihrer traditionellen Rolle befangen sind, tun sich dabei schwerer; denn sie neigen dazu, Verstand und Gefühl zu trennen, setzen sich mit dem kritischen Ereignis vor allem rational auseinander und vernachlässigen die emotionale Trauerarbeit.

Diese Interpretation darf nicht uneingeschränkt verallgemeinert werden, denn auf der Grundlage der vorgelegten Forschungsbefunde erscheint die Annahme geschlechtsspezifischer kritischer Ereignisse berechtigt: Männer werden härter getroffen durch Ereignisse, wie Scheidung, Tod des Ehepartners, Arbeitslosigkeit oder durch Auswirkungen von Katastrophen, Frauen haben es schwerer bei der Verarbeitung von Ereignissen, wie unerfüllbarer Kinderwunsch/biologische Unfruchtbarkeit, Auszug der Kinder, Tod eines Kindes, die in enger Beziehung zu ihrer Mutterrolle stehen. Sie scheitern oft an der Bewältigung von negativen Vorkommnissen, für deren Entstehung sie sich selbst die Schuld zuweisen – auch wenn dies, von außen betrachtet, überhaupt nicht der Fall zu sein braucht, wie z. B. bei Partnerschaftsproblemen, Generationenkonflikten oder Meinungsverschiedenheiten mit Bezugspersonen. (Auf die Entstehung typisch weiblicher Formen von Depression im Gefolge von „unzutreffenden" Schuldzuweisungen wurde bereits eingegangen.)

Es kann angenommen werden, dass Frauen und Männer in unterschiedlicher Weise mit kritischen Lebensereignissen umgehen und auf unterschiedliche Weise reagieren, in Abhängigkeit von Inhalt und Qualität des jeweiligen Ereignisses.

Zwischenmenschliche Beziehungen: Nachteile für Männer

Im Normalfall lichtet sich das soziale Netz der Männer beim Eintritt in den Ruhestand. Die im Umfeld ihrer beruflichen Tätigkeiten entstandenen Bekanntschaften und Freundschaften rücken – mit dem

Verschwinden der äußeren Anlässe und Auslöser – von einem Tag zum anderen in den Hintergrund.

Berufstätigen Frauen geht es zwar ähnlich, doch gelingt es ihnen vermutlich leichter, die entstandenen Lücken zu schließen, weil sie ihr Leben lang immer zuständig waren für den „zwischenmenschlichen Bereich". Zwei weitere Forschungsergebnisse sprechen dafür, dass Frauen im späteren Erwachsenenalter teilweise über intensivere Sozialbeziehungen verfügen als Männer: Dokumentiert wurde zum einen (Gold 1989), dass unter den Geschwisterbeziehungen die Beziehungen zwischen Schwestern im Alter die positivste Qualität aufweisen. (Die Beziehungen zwischen älteren Brüdern und ihren Schwestern können z. B. oft dadurch belastet werden, dass von Seiten der Brüder oft mit großer Selbstverständlichkeit erwartet wird, dass sich ihre Schwestern – so wie früher ihre Mütter – um sie kümmern. Und zwischen Brüdern fehlt oft die gefühlsmäßige Nähe und Vertrautheit.)

Zum anderen wurde immer wieder belegt, dass zwischen Müttern und ihren Töchtern über die Lebensjahre hinweg die Verbindung am engsten bleibt. Bezieht man noch ein, dass Frauen meist die Hauptverantwortung bei der Versorgung der alten Eltern tragen und in der Regel auch den regelmäßigen Kontakt zu den anderen Familienangehörigen und Verwandten aufrechterhalten, dann wird deutlich, dass sich Frauen im späteren Erwachsenenalter seltener als Männer einem gelichteten sozialen Netz gegenübergestellt sehen.

Harte demographische Daten: Männer sterben früher

Aus der nach Angaben des Statistischen Bundesamtes von 2001 zusammengestellten Tabelle 18 ist zu ersehen, dass es im wiedervereinten Deutschland 5,076 Millionen ältere Männer und 8,276 Millionen ältere Frauen gibt.

Wenn man sich die Familienstände genauer anschaut, so zeigt sich, dass es über dreimal so viele ledige Frauen, fast fünfmal so viele verwitwete Frauen und zweieinhalbmal so viele geschiedene Frauen wie Männer in dieser Altersgruppe gibt. Lediglich in der Gruppe der Verheirateten finden sich mehr Männer.

Der Überhang an Frauen hat vor allem zwei Gründe: Die höhere durchschnittliche Lebenserwartung der Frauen und die im 2. Weltkrieg gefallenen Männer. Festgehalten werden kann, dass in Deutschland 5,24 Millionen allein stehende, ältere Frauen und nur 1,14 allein stehende, ältere Männer leben.

Tabelle 18: Frauen und Männer über 65 (Aufgliederung nach dem Familienstand; Statistisches Bundesamt 2001)

Alters-gruppe	ledige Männer (in 1000)	ledige Frauen (in 1000)	verheiratete Männer (in 1000)	verheiratete Frauen (in 1000)
65–70	89,3	126,4	1578,1	1295,8
70–75	52,7	158,6	1218,1	969,9
75–80	26,9	168,1	721,3	562,3
über 80	29,4	169,1	421,9	206,5
Summe	198,3	622,2	3939,4	3034,5

Alters-gruppe	verwitwete Männer (in 1000)	verwitwete Frauen (in 1000)	geschiedene Männer (in 1000)	geschiedene Frauen (in 1000)
65–70	127,0	573,2	89,8	133,4
70–75	165,4	825,0	49,8	113,5
75–80	162,3	1087,9	24,0	97,8
über 80	302,8	1710,2	16,8	78,1
Summe	757,5	4196,3	180,4	422,8

Altersgruppe	Männer (in Mill.)	Frauen (in Mill.)
über 65	5,076	8,276

*Legionen alter, allein stehender Frauen:
ein sozial-strukturelles Problem?*

Ein vom Statistischen Bundesamt herausgegebener Datenreport
(1992) belegt, dass negative Lebensgefühle bei älteren, verwitweten
Menschen (über 61 Jahre) keine Seltenheit sind, wie aus Tabelle 19 zu
ersehen ist.

Frauen sind wesentlich häufiger als Männer davon betroffen,
denn es gibt sechsmal mehr Witwen als Witwer in dieser Altersgruppe.

Auch in finanzieller Hinsicht geht es Frauen im Alter in der

Tabelle 19: Vorkommenshäufigkeit negativer Lebensgefühle bei älteren, verwitweten Menschen (Statistisches Bundesamt 1992)

Es fühlen sich ...	in den alten Bundesländern	in den neuen Bundesländern
oft einsam:	44%	71%
oft unglücklich:	11%	33%

Regel deutlich schlechter als Männern. Die oft gravierenden Unterschiede in der Rentenhöhe – männliche Arbeiter und Angestellte erhalten im Durchschnitt eine um 40% höhere Rente – kommen dadurch zustande, dass Frauen ihre Berufstätigkeit „der Kinder wegen und dem Mann zuliebe" unterbrochen hatten oder einschränkten und zudem meist geringer entlohnt wurden.

So verwundert es nicht, dass 80% der sozialhilfeabhängigen älteren Menschen Frauen sind, die mit den eigenen Rentenansprüchen nicht einmal das Existenzminimum erreichen. Viele betroffene Frauen schrecken sogar davor zurück, Sozialhilfe zu beantragen und leben äußerst bescheiden in faktischer Armut. Sie gelangen nicht mehr in den Genuss der Rentenreform von 1992, durch die die Versorgungsansprüche von Müttern deutlich verbessert wurden.

Zur psychosozialen Situation dieser – zweifellos großen – Frauengruppe in Deutschland wurden bis heute keine aussagekräftigen, verallgemeinerungsfähigen Untersuchungsergebnisse vorgelegt.

Zwei Wege zur Weisheit: einer für Frauen, einer für Männer?

Die erfahrungswissenschaftliche Forschung verhält sich dem Phänomen der Weisheit gegenüber bis heute sehr reserviert. Vereinzelt bemühen sich Gerontopsychologen um eine vorsichtige Annäherung und versuchen, das Konstrukt Weisheit messbar zumachen, indem sie seine unterschiedlichen Ausprägungsformen aufschlüsseln. Achenbaum/Orwoll (1991) gehen z. B. davon aus, dass Weisheit von Frauen und Männern auf verschiedenen Wegen erworben wird. Sie unterscheiden eine innerseelische, eine zwischenmenschliche und eine transpersonale Ebene, auf denen jeweils – in Gefühlen, Gedanken und Handlungen – Prozesse des Weiserwerdens ablaufen. Weil in unserer Gesellschaft Frauen und Männern unterschiedliche Aufgaben vorgegeben und unterschiedliche Rollen zugewiesen werden, weil Frauen und Männer sich im Laufe ihres Lebens vor unterschiedliche Herausforderungen und Entwicklungsmöglichkeiten gestellt sehen, unterscheiden sich auch die Pfade, die sie einschlagen können, um in ihrem Leben Sinn, Erfüllung und ein Stückchen Weisheit zu finden.

Zusammenfassende Übersicht

In Tabelle 20 sind die wichtigsten Entwicklungsaufgaben und Themen, die im späteren Erwachsenenalter anstehen, noch einmal zusammengestellt.

Tabelle 20: Thematisch bedeutsame Zusammenhänge im Alter (65 Jahre und älter)

Themen	Frauen	Männer
Übergang ins Rentenalter	für Frauen leichter zu bewältigen	auch für Männer zunehmend weniger problematisch
traditionelle Geschlechtsrolle	Typ 1: Zunahme maskuliner Merkmale Typ 2: flexibleres Umgehen mit den Rollenklischees Typ 3: Zunahme von Rigidität (unfreiwillig)	Typ 1: Zunahme femininer Merkmale Typ 2: flexibleres Umgehen mit den Rollenklischees Typ 3: Zunahme von Rigidität (unfreiwillig)
Familienstand/ Lebenssituation	allein lebend (häufig als Witwe)	seltener alleinlebend (als Witwer)
Selbstbild	Typ 1: zunehmendes Gefühl der Machtlosigkeit Typ 2: zunehmend selbstbewusster	Typ 1: anhaltende Stärke Typ 2: zunehmende Verunsicherung

Fortsetzung von Tabelle 20

Themen	Frauen	Männer
Großeltern-Rolle	mehr Bedeutung im Leben von Frauen	weniger bedeutsam für Männer
Interesse an Sexualität	schneller nachlassend (Klischee?)	allmählich nachlassend
Alterskrankheiten, Altersleiden	weniger starke Beeinträchtigung (höhere Lebenserwartung)	stärkere Beeinträchtigung (durch chronische Leiden)
Lebensabend im Altersheim	Frauen häufiger Altersheiminsassen	Männer seltener anzutreffen
Tod des Partners	leichter zu bewältigen (ggf. Chance zur Selbsterweiterung)	mehr Isolation (abnehmende Tendenz)
Resignation/ Sinnlosigkeit/ Verzweiflung	weniger ausgeprägt (sinkende Selbstmordquote)	ausgeprägter (zunehmende Selbstmordquote)

Literatur

Achenbaum, W. A., Orwoll, L. (1991): A psycho-gerontological interpretation of the Book of Job. International Journal of Aging and Human Development 32, 21–39

Andrews, L. (1983): An expansion of Erikson's psychosocial theory. Unpublished doctoral dissertation. California School of Professional Psychology, Los Angeles

Arlt, M. (1991): Pubertät ist, wenn die Eltern schwierig werden – Tagebuch einer betroffenen Mutter. Herder, Freiburg

Bandura, A., Ross, D., Ross, S. A. (1961): Transmission of aggression through imitation of aggressive models. Journal of Abnormal and Social Psychology 63, 575–582

Barry, H., Bacon, M. K., Child, I. L. (1957): A cross-cultural survey of some sex differences in socialization. Journal of Abnormal and Social Psychology 55, 327–332

Becker, P. (1982): Psychologie der seelischen Gesundheit. Theorien, Modelle, Diagnostik, Bd. 1. Hogrefe, Göttingen

–, Minsel, B. (1986): Geschlechtsdifferenzen in seelischer Gesundheit: Fakten, Hintergründe, Konsequenzen. In: Schorr, A. (Hrsg.): Bericht über den 13. Kongreß für Angewandte Psychologie. Bd. 2: Klinische Psychologie, Forensische Psychologie, Pädagogische Psychologie. Deutscher Psychologen Verlag, Bonn

Beck-Gernsheim, E. (1988): Das halbierte Leben. Männerwelt Beruf, Frauenwelt Familie. Campus, Frankfurt/Main

– (2000): Was kommt nach der Familie? Einblicke in neue Lebensformen. C. H. Beck, München

Beckmann, D., Brähler, E., Richter, H. E. (1991): Der Gießen-Test. 4. überarbeitete Aufl. mit 2. Neustandardisierung. Huber, Bern

Behnken, I. et al. (1991): Schülerstudie '90. Jugendliche im Prozess der Vereinigung. Psychologie VerlagsUnion, Weinheim/München

Belsky, J., Kelly, J. (1995): Und dann waren wir plötzlich zu dritt. Wie das erste Kind die Beziehung verändert. München: Goldmann

Bem, S. L. (1976): Die Harten und die Zarten. Psychologie heute 9, 54–59

Bertram, H. (1992): Zwischen Orientierungslosigkeit und neuer Perspektive. Frauen in den neuen Bundesländern. In: Kulke, C. (Hrsg.): Wider das schlichte Vergessen. Orlanda Frauenverlag, Berlin

Bischof-Köhler, D. (2002): Von Natur aus anders. Die Psychologie der Geschlechtsunterschiede. Kohlhammer, Stuttgart

Böhm, N. (1987): Frauen – das kranke Geschlecht? Zur Epidemiologie psychischer Erkrankungen bei Frauen. In: Rommelspacher, B. (Hrsg.): Weibliche Beziehungsmuster. Psychologie und Therapie von Frauen. Campus, Frankfurt/New York

Bräutigam, W. (1964): Körperliche, seelische und soziale Einflüsse auf die Geschlechtsentwicklung des Menschen. Der Internist 34, 171–182

Cowan, P. A., Cowan, C. P., Pape, C., Kerig, P. K. (1993): Gender differences in family formation and parenting style. In: Cowan, P.A. et al. (Hrsg.): Family, self, and society: Toward a new agenda for family research. Erlbaum, Hillsdale

Cox, M. J., Owen, M. T., Lewis, J. M., Riedel, C., Scalf-McIver, L., Suster, A. (1985): Intergenerational influences on the parent-infant relationship in the transition to parenthood. Journal of Family Issues 6, 543–564

Dannhauer, H. (1973): Geschlecht und Persönlichkeit. VEB Deutscher Verlag der Wissenschaften, Berlin

Denmark, F. L. (1992): The thirty-something woman: To career or not to career. In: Wainrib Rubin, B. (Hrsg.): Gender issues across the life cycle. Springer, New York

Ehrhardt, A. A. (1980): Prinzipien der psychosexuellen Differenzierungen. In: Bischof, N., Preuschoft, H. (Hrsg.): Geschlechtsunterschiede – Entstehung und Entwicklung. Mann und Frau in biologischer Sicht. Beck, München

Eibl-Eibesfeldt, I. (1997): Die Biologie des menschlichen Verhaltens. Grundriss der Humanethologie. Piper, München

Erikson, E. H. (1973): Identität und Lebenszyklus. Suhrkamp, Frankfurt/Main

Esser, G., Schmidt, M. H. (1990): Der Verlauf kinderpsychiatrischer Störungen und minimale zerebrale Dysfunktion im Längsschnitt von 8 nach 13 Jahren. In: Schmidt, M. H. (Hrsg.): Fortschritte der psychiatrischen Epidemiologie. VCH, Weinheim

Fahrenberg, J., Selg, H., Hampel, R. (1973): Freiburger Persönlichkeitsinventar. Hogrefe, Göttingen

Gilligan, C. (1984): Die andere Stimme. Lebenskonflikte und Moral der Frau. Piper, München

Gold, D. T. (1989): Sibling relationships in old age: A typology. International Journal of Aging and Human Development 28, 37–51

Greenglass, E. R. (1995): Geschlechterrolle als Schicksal. Soziale und psychologische Aspekte weiblichen und männlichen Rollenverhaltens. Klett-Cotta, Stuttgart

Gur, R. C., Skolnick, B. E., Gur, R. E. (1994): Effects of emotional discrimination tasks on cerebral blood flow: Regional activation and its relation to performance. Brain and Cognition 25, 271–286

–, Turetsky, B. I., Matsui, M., Yan, M., Bilker, W., Hughett, P., Gur, R. E. (1999): Sex differences in brain gray and white matter in healthy young adults: correlations with cognitive performance. The Journal of Neuroscience 19, 4065–4072

Habermas, T. (1995): Essstörungen der Adoleszenz. In: Oerter, R., Montada, L. (Hrsg.): Entwicklungspsychologie. Ein Lehrbuch. Psychologie VerlagsUnion, Weinheim/München

Halsig, N. (1990): Gewollte Kinderlosigkeit. Theoretische Überlegungen und mögliche Ansätze für zukünftige empirisch-psychologische Forschung. Memorandum Nr. 70. Universitätsbibliothek, Saarbrücken

Herbert, M. (1989): Ich bin doch kein Kind mehr! Mit Jugendlichen in der Familie leben. Ein Handbuch. Huber, Bern

Herzog, W., Böni, E., Guldimann, J. (1997): Partnerschaft und Elternschaft. Die Modernisierung der Familie. Paul Haupt, Bern

Hollstein, W. (1992): Männlichkeit und Gesundheit. In: Brähler, E., Felder, H. (Hrsg.) Weiblichkeit, Männlichkeit und Gesundheit. Medizinpsychologische und psychosomatische Untersuchungen. Westdeutscher Verlag, Opladen

Hoppe, H. (1993): Frauenleben: Alltag, Aufbruch und neue Unsicherheiten. Kleine, Bielefeld

Intons-Peterson, M. J. (1988): Children's concepts of gender. Ablex, Norwood

Kaslow, F. W. (1992): Thirty-plus and not-married. In: Rubin Wainrib, B. (Hrsg.): Gender issues across the life cycle. Springer, New York

Kasten, H. (1995): Einzelkinder – Aufwachsen ohne Geschwister. Springer, Heidelberg

– (1999): Pubertät und Adoleszenz. Wie Kinder heute erwachsen werden. Ernst Reinhardt, München

– (2001): Wie die Zeit vergeht. Zeitbewusstsein in Alltag und Lebenslauf. Primus und Wissenschaftliche Buchgesellschaft, Darmstadt

Klotz, T. (1998): Der frühe Tod des starken Geschlechts. Cuvillier, Göttingen

Kohlberg, L. (1966): A cognitive-developmental analysis of children's sex-role concepts and attitudes. In: Maccoby, E. E. (Hrsg.): The development of sex differences. Stanford University Press, Stanford

Krause, N. (1987): Exploring the impact of a natural desaster on the health and psychological well-being of older adults. Journal of Human Stress 13, 61–69

Kulke, C. (1992): Wider das schlichte Vergessen. Orlanda Frauenverlag, Berlin

Lehr, U., Thomae, H. (Hrsg.)(1989): Formen seelischen Alterns. Ergebnisse der Bonner Gerontologischen Längsschnittstudie (BOLSA). Enke, Stuttgart

Lempp, R. (1989): Veränderungen in der Vaterrolle im 20. Jahrhundert. In: Faulstich, W., Grimm, G. E. (Hrsg.): Sturz der Götter? Vaterbilder im 20. Jahrhundert. Suhrkamp, Frankfurt/Main

Levinson, R. M. (1975): From Olive Oil to Sweet Polly Purebread: Sex role stereotypes and televised cartoons. Journal of Popular Culture 9, 561–572

Levinson, D. J. (1986): A conception of adult development. American Psychologist 41, 3–13

Lytton, H., Romney, D. J. (1991): Parents' differential socialization of boys and girls: A meta-analysis. Psychological Bulletin 109, 267–296

McGrath, E. (1992): New treatment strategies for women in the middle. In: Rubin Wainrib, B. (Hrsg.): Gender issues across the life cycle. Springer, New York

Merz, F. (1980): Geschlechterunterschiede und ihre Entwicklung. Hogrefe, Göttingen

Meulenbelt, A. (1985): Wie Schalen einer Zwiebel oder Wie wir zu Frauen und Männern gemacht werden. Frauenoffensive, München

Möbius, P. J. (1903): Über den physiologischen Schwachsinn des Weibes. Marhold, Halle

Murdock, G. P. (1967): Ethnographic atlas. University of Pittsburgh Press, Pittsburgh

Oakley, A. (1981): Subject woman. Martin Robertson, Oxford

Olbrich, E., Brüderl, L. (1995): Frühes Erwachsenenalter: Partnerwahl, Partnerschaft, Elternschaft. In: Oerter, R., Montada, L. (Hrsg.): Entwicklungspsychologie. Ein Lehrbuch. Psychologie VerlagsUnion, Weinheim/München

O'Neil, J. M., Eagan, J. (1992): Motherhood and women's gender-role journeys: A metaphor for healing, transition and transformation. In: Rubin Wainrib, B. (Hrsg.): Gender issues across the life cycle. Springer, New York

Oppermann, K., Weber, E. (1997): Frauensprache, Männersprache. Die verschiedenen Kommunikationsstile von Männern und Frauen. Orell Füssli, Zürich

Pauleikoff, B. (1989): Das Menschenbild im Wandel der Zeit. Ideengeschichte der Psychiatrie und der Klinischen Psychologie. 1. Ergänzungsband: Partnerschaft im Wandel der Zeit. Kritische Geschichte der Sympathie, Freundschaft und Liebe. Aachen: Pressler

Petermann, F. (1995): Aggressives Verhalten. In: Oerter, R., Montada, L. (Hrsg.): Entwicklungspsychologie. Ein Lehrbuch. Psychologie Verlags-Union, Weinheim/München

Piel, E. (1989) „Ältere" oder „Alte" sind relative Begriffe. Planung und Analyse 16, 52–54

Powell, G. F., Brasel, J. A., Raiti, S., Blizzard, R. M. (1967) Emotional deprivation and growth retardation simulating hypopituitarism. II. Endocrinologic evaluation of the syndrome. New England Journal of Medicine 276, 1279–1285

Ray, J. A. (1988): Marital satisfaction in dual-career couples. Journal of Independent Social Work 3, 39–55

Rubin, Z., Peplau, L. A., Hill, C. T. (1981): Loving and leaving: Sex differences in romantic attachments. Sex Roles 7, 821–835

Rudolph, W. (1980): Geschlechterrollen im Kulturvergleich. In: Bischof, N., Preuschoft, H. (Hrsg.): Geschlechtsunterschiede – Entstehung und Entwicklung. Mann und Frau in biologischer Sicht. Beck, München

Rutter, M. (1979): Changing youth in a changing society. The Nuffield Provincial Hospitals Trust, London

Schaie, K. W. (1993): The Seattle Longitudinal Study: A thirty-five-year inquiry of adult intellectual development. Psychology and Aging 4, 443–453

Schenk-Danzinger, L. (1973): Entwicklungspsychologie. Österreichischer Bundesverlag für Unterricht, Wissenschaft und Kunst, Wien

Schepank, H. (1992): Geschlechtsunterschiede in Manifestation und Verlauf psychogener Erkrankungen. In: Brähler, E., Felder, H. (Hrsg.): Weiblichkeit, Männlichkeit und Gesundheit. Medizinpsychologische und psychosomatische Untersuchungen. Westdeutscher Verlag, Opladen

Sears, D. O., Peplau, A., Freedman, J. C., Taylor, S. E. (1988): Social Psychology. Prentice-Hall, Englewood Cliffs

Spence, J. T., Helmreich, R. L., Stapp, J. (1975): Ratings of self and peers of sex-role attributes and their relation to self-esteem and conceptions of masculinity and femininity. Journal of Personality and Social Psychology 32, 29–39

Statistisches Bundesamt (1992): Datenreport. Metzler und Poeschel, Wiesbaden

– (1993): Statistisches Jahrbuch 1993. Metzler und Poeschel, Wiesbaden

– (2001): Statistisches Jahrbuch 2000. Metzler und Poeschel, Wiesbaden

Storms, M. D. (1980): Theories of sexual orientation. Journal of Personality and Social Psychology 38, 783–792

Tepperman, L., Djao, A. (1986): Choices and changes. Harcourt Brace Jovanovich, New York
Thomas, J. L. (1989): Gender and perceptions of grandparenthood. International Journal of Aging and Human Development 29, 269–282
Tillmann, K. J. (1993): Söhne und Töchter in bundesdeutschen Familien – Mehr Kontinuität als Wandel? In: Tillmann, K. J. (Hrsg.): Jugend weiblich – Jugend männlich. Sozialisation, Geschlecht, Identität. Leske + Budrich, Opladen

Vaskovics, L. A., Buba, H., Rost, H., Schneider, N. F. (1991): Kinderwunsch junger Ehepaare. Forschungsforum. Berichte aus der Otto-Friedrich Universität Bamberg, 43–51

Wagner, J. W. L. (1991): Freundschaften und Freundschaftsverständnis bei 3- bis 12-jährigen Kindern. Sozial- und entwicklungspsychologische Aspekte. Springer, Berlin/Heidelberg
Waldron, I., Johnson, S. (1976): Why do women live longer than men? Journal of Human Stress 2, 19–29
Waller, H. (1985): Sozialmedizin. Kohlhammer, Stuttgart
Werneck, H. (1998): Übergang zur Vaterschaft. Auf der Suche nach den „Neuen Vätern". Springer, Berlin

Zahn-Waxler, C., Cole, P. M., Caplovitz Barrett, K. (1991): Guilt and empathy: sex differences and implications for the development of depression. In: Garber, J., Dodge, K. A. (Hrsg.): The development of emotion regulation and dysregulation. Cambridge University Press, Cambridge

Sachregister

Hartmut Kasten
Geschwister

Vorbilder – Rivalen –
Vertraute

5. Auflage 2003
192 Seiten. 15 Abb.
(3-497-01656-X) kt

Fast jeder kennt sie: Geschwister als innige Vertraute und Geschwister als lebenslange Rivalen. Ob erfolgreicher oder entthronter Erstgeborener, ob vernachlässigter Zweitgeborener oder bevorzugtes Nesthäkchen – die Beziehung zwischen den Geschwistern beeinflusst zwangsläufig Lebensweg und Persönlichkeitsfindung.

Die Geschwisterforschung hat interessante Sachverhalte herausgefunden. Der Platz in der Geschwisterreihenfolge, das Geschlecht und der Altersabstand sind wichtige Faktoren für die Entwicklung sozialer Fähigkeiten und der Intelligenz.

Der Entwicklungspsychologe und Pädagoge Hartmut Kasten beleuchtet dieses Thema in seiner ganzen Vielfalt und den Veränderungen, von der frühen Kindheit bis ins Alter. Das Buch ist allen zu empfehlen, die selbst Geschwister haben bzw. mit der Erziehung von Kindern betraut sind und Geschwisterkonstellationen besser verstehen möchten.

Aus dem Inhalt

Geschwister bei uns und in anderen Gesellschaften: Unterschiede zwischen Geschwistern – wie sind sie zu erklären?
Welchen Einfluss haben Geburtsrangplatz und die Struktur der Familie?
Welche Rolle spielt das Geschlecht der Geschwister?

EV reinhardt

Ernst Reinhardt Verlag • München Basel
E-Mail: info@reinhardt-verlag.de
http://www.reinhardt-verlag.de

Hartmut Kasten
Pubertät und Adoleszenz

„Kleine Kinder, kleine Sorgen – große Kinder, große Sorgen!" So trösten sich viele Eltern, wenn sich mit der Pubertät die Sorgen um die Kinder verschärfen. Der Psychologe und Pädagoge Hartmut Kasten geht in seinem Buch den vielfältigen Ursachen nach, die die Entwicklungsphase der Pubertät so schwierig machen können. Die körperlichen und seelischen Veränderungen bringen nicht wenige Jugendliche aus dem Gleichgewicht. Die Beziehung zu den Eltern wird neu definiert und eröffnet einen Spielraum für eigene Erfahrungen, die Erprobung von Verantwortung und erster Selbständigkeit. Die Jugendlichen sehen sich vor oft quälende Entscheidungen gestellt: Ausbildung und Beruf, Freundschaften und erste Liebe - zwischen Rückzug und Protest spielt sich die ganze Bandbreite jugendlicher Nöte und Sehnsüchte ab.

Wie Kinder heute erwachsen werden

1999. 224 Seiten
4 Abb. 10 Tab.
12 Fotos
(3-497-01485-0) kt

Aus dem Inhalt

Biologische und körperliche Veränderungen während der Pubertät und Adoleszenz
Die Pubertät: Beginn des großen seelischen Umbaus
In welchen Familien wachsen unsere Kinder auf?
Freundschaften, Bekanntschaften, Cliquen: Beziehungen zu Gleichaltrigen
Das Jugendalter: Rückkehr in ruhigere Gewässer oder Aufbruch zu unbekannten Meeren?
Alltagsstress bei Jugendlichen

Ernst Reinhardt Verlag • München Basel
E-Mail: info@reinhardt-verlag.de
http://www.reinhardt-verlag.de

ℇℛ reinhardt

Kurt Singer
Zivilcourage wagen

Wie man lernt,
sich einzumischen

3., aktual.
Auflage 2003
204 Seiten
(3-497-01648-9) kt

Mutig die persönliche Meinung sagen, zur eigenen Überzeugung stehen, sich gewaltfrei mit Andersdenkenden auseinander setzen – das ist Zivilcourage. Viele Bürger würden sich gerne einmischen: am Arbeitsplatz, auf der Straße, in Gemeinden, Schulen oder in einer Partei. Aber die Angst, gegen den Strom zu schwimmen, hält sie zurück. Dieses Buch wendet sich an alle, die sich mit sozialem Mut für mehr Menschlichkeit engagieren wollen. Sie werden darin bestärkt, Bürgermut als demokratische Tugend zu entwickeln.

Anschauliche Beispiele regen Leserinnen und Leser an, Autoritätsangst, Konfliktscheu und Anpassungsbereitschaft zu überwinden. Zivilcourage ist lernbar – das zeigt Kurt Singer in seinem überzeugenden Plädoyer.

Pressestimme

„Das Buch ist voll von Beispielen aus dem Alltag und aus der Geschichte, voll von Einsichten und Hilfestellungen; es ist ein Wegweiser gegen blinden Gehorsam, gegen die Trägheit des Herzens, gegen Bequemlichkeit und Mitläuferei und ein Plädoyer für politisches Handeln von unten." *Rheinischer Merkur*

reinhardt Ernst Reinhardt Verlag • München Basel
E-Mail: info@reinhardt-verlag.de
http://www.reinhardt-verlag.de

Margarete Blank-Mathieu
Kleiner Unterschied – große Folgen?

Spätestens mit dem Eintritt in den Kindergarten wissen kleine Mädchen, dass sie Mädchen sind, und Jungen wissen, dass sie eben Jungen sind. Und bis zur Einschulung haben die Kinder gelernt, welches Rollenverständnis mit ihrem Geschlecht verknüpft wird. In dieser Zeit tut sich also etwas in Sachen Geschlechtsidentität. Daher spielt auch der Kindergarten – neben der Familie – bei der kindlichen Entwicklung eine wichtige Rolle.

Erzieherinnen sind gefragt, geeignete Rahmenbedingungen zu schaffen, damit Kinder mit ihren unterschiedlichen Vorinformationen ihr individuelles Wissen über die Geschlechter im Kindergarten erweitern können. Das Buch lädt zu Fragen ein:

- Welche Bilderbücher bieten Sie den Kindern in der Einrichtung an?
- Bestärken Sie Jungen und Mädchen gleichermaßen, sowohl mit Puppen zu spielen als auch zu werken?
- Bitten Sie die Mädchen bevorzugt beim Aufräumen um Hilfe?
- Wie beziehen Sie die Eltern ein?

Margarete Blank-Mathieu bietet eine Fülle von Informationen über die Entwicklung von Kindern, gibt praktische Hinweise für die Arbeit in Kindertagesstätten und zeigt, wie eine geschlechtsoffene und demokratische Erziehung im Kindergarten geleistet werden kann.

Geschlechtsbewusste Erziehung in der Kita

(»Kinder sind Kinder«; 20)
2., aktual. Auflage 2002
140 Seiten
(3-497-01619-5) kt

Ernst Reinhardt Verlag • München Basel
E-Mail: info@reinhardt-verlag.de
http://www.reinhardt-verlag.de

Edith Wölfl
Gewaltbereite Jungen –
was kann Erziehung leisten?

Anregungen für eine
gender-orientierte
Pädagogik

2001. 237 S. 13 Tab.
(3-497-01556-3) kt

Warum sind unter den gewalttätigen Jugendlichen so selten Mädchen? Alles nur eine Frage von Genen und Hormonen? Die Antwort in diesem Buch lautet: Nein! Erziehung hat einen wesentlichen Einfluss auf das Zusammenspiel von Gewalt und Geschlecht. Was passiert mit kleinen Jungen, denen die Fähigkeit zu empathischem Verhalten angeboren ist, auf ihrem Entwicklungsweg? Sie werden von männlich bestimmten Gesellschaftsstrukturen und Mythen über dominante Männlichkeit geprägt. Individuelle und kollektive Gewaltverringerung ist daher nur auf der Grundlage eines anderen Männlichkeitsverständnisses möglich.

Die Autorin deckt die Zusammenhänge von Gewalt, Geschlecht und Erziehung auf. Praxisnah stellt sie Ansätze der Präventionsarbeit, der Jungenarbeit und Strategien zur Schulentwicklung vor und zeigt, wie Erziehung zu Hause und in Institutionen künftiger Gewalt vorbeugen kann.

Pressestimme

„Edith Wölfl hat mit ihren ‚Anregungen für eine gender-orientierte Pädagogik' einen bedeutsamen Beitrag zur Diskussion über Gewaltprävention in der Schule geleistet. Ihrem Buch ist es zu wünschen, dass es in der Lehrerausbildung, aber auch in schulhausinternen Fortbildungen in Auszügen gelesen und diskutiert wird [...]"
Unterrichten – erziehen

Ernst Reinhardt Verlag • München Basel
E-Mail: info@reinhardt-verlag.de
http://www.reinhardt-verlag.de

Joachim Rumpf
Schreien, schlagen, zerstören

Wenn Kinder ungewohnt aggressiv handeln, fühlen sich die Eltern oft hilflos. Soll ich das Verhalten meines Kindes ignorieren? Wie soll ich vorgehen? Was wird morgen sein, wenn ich heute nachgebe? Muss ich immerzu konsequent sein? Und oft sind Eltern gut gemeinten Ratschlägen ausgesetzt. Auch solchen Ratschlägen, die vor körperlicher Gewalt nicht zurückschrecken. Nach dem Motto: Eine Ohrfeige hat noch keinem geschadet.

Der Umgang mit aggressivem Verhalten ist so vielschichtig wie das Phänomen selbst. In einer Situation kann Ignorieren angebracht sein, eine andere Situation erfordert Konsequenz, aber auch das Nachgeben kann angemessen sein. Rezepte helfen also nur bedingt. Viel wichtiger ist es, dass Eltern sich über Aggressionen, ihre Erscheinungsformen und Ursachen informieren. Dass sie sich Wissen aneignen, wie man in unterschiedlichen Situationen mit der Aggressivität eines Kindes umgehen kann und welche positiven Bedingungen im Umfeld des Kindes und der Familie geschaffen werden können.

Joachim Rumpf, der mehr als 10 Jahre Elternseminare geleitet und moderiert hat, klärt Eltern über diese Fragen auf und veranschaulicht anhand von zahlreichen Fallbeispielen, wie Eltern auch schwierige Situationen in der Familie meistern können.

Mit aggressiven Kindern umgehen

(»Kinder sind Kinder«; 21)
2002. 120 Seiten
(3-497-01629-2) kt

Ernst Reinhardt Verlag · München Basel
E-Mail: info@reinhardt-verlag.de
http://www.reinhardt-verlag.de

Karl E. Dambach
Mobbing in der Schulklasse

(»Kinder sind
Kinder«; 15)

2., überarb. und erw.
Auflage 2002
115 Seiten
(3-497-01588-1) kt

Kinder hänseln MitschülerInnen, weil sie anders aussehen oder unsportlich sind. Sie grenzen andere wegen schlechter oder auch wegen herausragender schulischer Leistungen aus. Sie stempeln andere zum Außenseiter für belanglose Ereignisse. Das war schon immer so. Und dass viele Kinder besser „austeilen" als einstecken können, wissen Eltern und Lehrer nur zu gut.

- Wann aber beurteilen die verantwortlichen Erwachsenen dieses Verhalten als Ausgrenzung?
- Wo beginnen Psychoterror und Mobbing?
- Was können wir tun, um das Opfer zu schützen?
- Wie können wir das Verhalten der mobbenden Kinder ändern?

Karl E. Dambach zeigt die typischen Verhaltensmuster, die bereits in der Schule gelernt und geübt werden. Er gibt konkrete Hinweise, wie Lehrer und Eltern den gemobbten SchülerInnen helfen können und bietet Hilfen, wie das Sozialverhalten in der Schule verbessert werden kann.

Ẽʋ reinhardt

Ernst Reinhardt Verlag • München Basel
E-Mail: info@reinhardt-verlag.de
http://www.reinhardt-verlag.de

Janet W. Astington
Wie Kinder das Denken entdecken

Wie lernen Kleinkinder, zwischen ihrem Denken und der Welt der Dinge zu unterscheiden? Im Alter von 2 bis 3 Jahren können sie sich noch nicht richtig in das Denken und Wissen anderer Menschen hineinversetzen und es mit Tricks, Geheimnissen und Täuschungen manipulieren. Denn kleine Kinder müssen erst eine „Theory of Mind", eine Theorie des Denkens entwickeln, damit sie im Alltagshandeln die Perspektive des Anderen miteinbeziehen können.

Aus dem Amerikanischen von Matthias Reiss

2000
245 Seiten. 6 Abb.
(3-497-01526-1) kt

„Die Forschung zur „Theory of Mind" von Kindern ist eines der wichtigsten und interessantesten Arbeitsgebiete der Entwicklungspsychologie. Janet Astington hat eine herausragende Einführung in dieses Thema geschrieben – ihr Buch wendet sich gleichzeitig an fachliche Leser und interessierte Laien."

Howard Gardner, Harvard University

Pressestimme

„Dieses Buch fasziniert auf ganzer Ebene! (...) Die Autorin hat mit ihrer Publikation eine geradezu hervorragende Arbeit geleistet, indem sie ihre Forschung und deren Ergebnisse zur Theorie des Denkens einem interessierten Publikum vorstellt."

Unsere Jugend

Ernst Reinhardt Verlag • München Basel
E-Mail: info@reinhardt-verlag.de
http://www.reinhardt-verlag.de

Fritz Riemann
Grundformen der Angst

Eine tiefenpsycho-
logische Studie

35. Auflage 2003
213 Seiten.
(3-497-00749-8) kt

Hörbuch
4 CD (295 Minuten)
Sprecherin:
Katja Schild
2003. Gekürzte
Lesung
(3-497-02749-9)

Wer kennt nicht die Angst vor zu enger Bindung und die Angst vor dem Verlassenwerden? Wer hat nicht die Angst vor dem Ungewissen, aber auch die Angst vor dem Endgültigen durchlebt?

Riemann nennt sie die vier Grundformen der Angst und entwickelt daraus eine Charakterkunde. Er unterscheidet vier Grundformen und damit vier Persönlichkeitstypen:

1. Die Angst vor der Hingabe, als Ich-Verlust und Abhängigkeit erlebt (schizoide Persönlichkeitsstruktur)
2. Die Angst vor der Selbstwerdung, als Ungeborgenheit und Isolierung erlebt (depressive Persönlichkeitsstruktur)
3. Die Angst vor der Wandlung, als Vergänglichkeit und Unsicherheit erlebt (zwanghafte Persönlichkeitsstruktur)
4. Die Angst vor der Notwendigkeit, als Endgültigkeit und Unfreiheit erlebt (hysterische Persönlichkeitsstruktur)

Zu jeder Persönlichkeitsstruktur werden das Verhältnis zur Liebe und zur Aggression, der lebensgeschichtliche Hintergrund und typische Beispiele aufgezeigt.

Katja Schild hat diesen Klassiker einer verständlichen Psychologie als Hörbuch gelesen. In einer gekürzten Fassung werden die vier Grundformen der Angst und die Persönlichkeitstypen vorgestellt. Eine Hörprobe finden Sie im Internet unter www.reinhardt-verlag.de

⊟/ reinhardt

Ernst Reinhardt Verlag • München Basel
E-Mail: info@reinhardt-verlag.de
http://www.reinhardt-verlag.de

Erika Landau
Mut zur Begabung

„Dieses Buch ist für die Begabten und ihre Umgebung geschrieben. Es soll sie stärken, so daß sie den Mut haben, ihre Begabung zu realisieren. Wie weit es jemand wagt, seine kreativen Fähigkeiten zu verwirklichen, ist von seiner Umwelt abhängig. Unsere Gesellschaft ist konformistisch. In ihr herrschen ziemlich rigide Vorstellungen davon, was in einem Kind wann entwickelt werden sollte. Individuelle Fähigkeiten und Begabungen werden dabei oft an den Rand gedrängt. Aber weder das Individuum noch die Gesellschaft kann und darf es sich leisten, auf kreative Fähigkeiten zu verzichten. Wir müssen Begabung herausfordern und fördern!

Jedes Kind hat schon seine eigene Begabung. Eltern und Lehrer z.B. können ein Kind vielfältig fördern. Aber Vorsicht: Bei ausschließlich kognitiver Stimulierung bleibt die Persönlichkeit des Kindes als ganzes unreif. Nur das Zusammenspiel zwischen einer Umgebung, die emotionell wie intellektuell herausfordert, und den Fähigkeiten des Kindes führt zur Verwirklichung seiner Begabung. Die Zusammenhänge von Stimulation, Begabung und Kreativität zeige ich mit vielen Beispielen aus meiner langjährigen Erfahrung in diesem Buch: Mut zur Begabung!"

Erika Landau

2., überarb. u. erw. Auflage 1999
201 Seiten. 11 Abb.
3 Tab.
(3-497-01484-2) kt

Ernst Reinhardt Verlag • München Basel
E-Mail: info@reinhardt-verlag.de
http://www.reinhardt-verlag.de

ℛ reinhardt

Thomas Hülshoff
Emotionen

Eine Einführung für beratende, therapeutische, pädagogische und soziale Berufe

2., überarbeitete Auflage 2001
335 Seiten. 36 Abb.
2 Tab. UTB-M
(3-8252-2051-6) kt

Blinde Wut oder panische Angst, himmelhochjauchzende Freude oder tiefe Depression – Gefühle bestimmen unser Leben ganz wesentlich. Ein sinnvoller Umgang mit den eigenen Gefühlen und den Gefühlen anderer setzt ein Verständnis dieser oft höchst komplizierten Vorgänge voraus. Dies ist elementar für alle sozialen Berufe.

Thomas Hülshoffs Buch, das nun in 2. überarbeiteter Auflage vorliegt, ist eine fundierte und gut lesbare Einführung in die Emotionspsychologie. Der Autor bezieht aktuelle neurophysiologische Erkenntnisse und biologische Wurzeln unserer Emotionen ebenso ein wie ihre soziale Bedeutung und den kulturellen und familiären Kontext, in den die Gefühle eingebettet sind. Neu hinzugekommen ist ein Kapitel zur emotionalen Dimension von Gesundheit und Krankheit. Dieses Lehrbuch ist didaktisch aufgebaut, praxisnah und verständlich gestaltet mit Fallbeispielen, Übungen sowie zahlreichen Abbildungen.

ℰ𝒱 reinhardt

Ernst Reinhardt Verlag • München Basel
E-Mail: info@reinhardt-verlag.de
http://www.reinhardt-verlag.de

Lawrence A. Pervin
Persönlichkeitstheorien

Die Persönlichkeit eines Menschen hat viele Facetten. Diese Vielfalt spiegelt sich in einer Fülle psychologischer Persönlichkeitstheorien wider. Pervin vermittelt in der nunmehr 4. Auflage dieses Standardlehrbuchs einen Überblick über die wichtigsten Theorieansätze und macht ihre Leistungen und Grenzen im kritisch wertenden Vergleich deutlich. Fallbeispiele und Texte zur klinischen Anwendung zeigen die einzelnen Konzepte in ihrer Praxisrelevanz und ordnen sie in unser Alltagsleben ein. Eine lebendige und verständliche Einführung in eines der spannendsten Gebiete der Psychologie!

Aus dem Inhalt

Persönlichkeitstheorie: Von alltäglichen Beobachtungen zu Theorien
Das wissenschaftliche Studium der Persönlichkeit
Die psychoanalytischen Theorien: Sigmund Freud, Alfred Adler, Carl G. Jung
Eine phänomenologische Theorie: Die klientenzentrierte Persönlichkeitstheorie von Carl Rogers; Die humanistische Bewegung: Kurt Goldstein, Abraham H. Maslow, Der Existentialismus
Ansätze zu den Persönlichkeitswesenszügen: Allport, Eysenck, Cattell
Lerntheoretische Ansätze: Watson, Pawlow, Skinner, Hull, Dollard und Miller
Eine kognitive Persönlichkeitstheorie: George A. Kelly
Die soziale kognitive Theorie: Bandura und Mischel
Ein kognitiver Ansatz innerhalb der Persönlichkeitstheorie mit Schwerpunkt auf der Informationsverarbeitung: Ellis, Beck
Theorie, systematische Einschätzung und Forschung in der Persönlichkeitspsychologie: Ein Überblick

Freud-Adler-Jung-Rogers-Kelly-Cattell-Eysenck-Skinner-Bandura u. a.

Aus dem Amerikanischen von Harald Killius, Gabriele Schäfer-Killius, Joachim Welsch und Elfriede Peschel

4., völlig neu bearb. Auflage 2000
536 Seiten. 88 Abb.
42 Tab. 28 Portraits
UTB-L
(3-8252-8035-7) gb

Ernst Reinhardt Verlag • München Basel
E-Mail: info@reinhardt-verlag.de
http://www.reinhardt-verlag.de